U0782058

e 时代报关实务

王　云◎编著

中国海关出版社

图书在版编目（CIP）数据

e 时代报关实务 / 王云编著 . —北京：中国海关
出版社，2016.6

ISBN 978-7-5175-0142-8

Ⅰ. ①e… Ⅱ. ①王… Ⅲ. ①进出口贸易—海关手续—中国
Ⅳ. ①F752. 5

中国版本图书馆 CIP 数据核字（2016）第 117378 号

e 时代报关实务
E SHIDAI BAOGUAN SHIWU

作　　者：王　云
策划编辑：马　超
责任编辑：马　超
助理编辑：王梦璇
责任监制：王岫岩　赵　宇
出版发行：中国海关出版社

社　　址：北京市朝阳区东四环南路甲 1 号　　　　邮政编码：100023
网　　址：www. hgcbs. com. cn；www. hgbookvip. com
编 辑 部：01065194242-7585（电话）　　　　　01065194234（传真）
发 行 部：01065194221/4238/4246（电话）　　01065194233（传真）
社办书店：01065195616/5127（电话/传真）　　01065194262/63（邮购电话）
印　　刷：北京新华印刷有限公司　　　　　　　经　　销：新华书店
开　　本：710mm×1000mm　1/16
印　　张：17.5　　　　　　　　　　　　　　　字　　数：312 千字
版　　次：2016 年 6 月第 1 版
印　　次：2016 年 6 月第 1 次印刷
书　　号：ISBN 978-7-5175-0142—8
定　　价：40.00 元

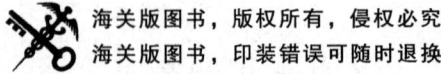

海关版图书，版权所有，侵权必究
海关版图书，印装错误可随时退换

前言

2014年国家，减少了许多资质资格类许可证书，取消了包括报关员资格考试在内的很多从业人员资格考试。同时，国务院制定颁发〔2014〕68号《国务院关于印发落实"三互"推进大通关建设改革方案》，立足更加积极主动地推广对外开放战略，强化跨部门、跨区域的内陆沿海沿边通关协作，提高通关效率，力争到2020年形成大通关管理体制机制，推动一系列通关的改革试点工作，极大改变了报关的相关工作。

此外，伴随着我国电子商务的快速发展和国际贸易形势的发展变化，报关行业形势随即发生改变。很多报关企业也及时转型，他们转变了过去单独提供报关服务的模式，现在还会为客户提供仓储与配送服务、港口服务、航运服务等，逐渐发展成为国际物流服务商。

2014年广东省教育厅以协同创新为引领，全面推进"创新强校工程"。南华工商学院现代物流研究中心在李齐教授、杨鹏强副教授的带领下，基于十几年来校企交互人才培养经验，提出国际物流服务协同育人概念，以国际物流服务商的视角，将报关与国际货运、物流和港口与航运专业进行整合，构建国际物流专业群，进行协同创新育人，培养适应行业发展的专业人才。

南华工商学院报关与国际货运专业是广东省级重点建设专业，一直致力于为行业培养专业人才而不遗余力。我们的教学团队原本是想对杨鹏强老师的《报关实务》进行简单的修订，但在杨鹏强老师地一再坚持下，同时也是为了适应报关行业巨变的形势，因此撰写了《e 时代报关实务》一书。

本书旨在着力培养报关行业需要的实用人才。作为一本创新型教材，本书全新设计书中的学习项目，始终以从法国进口汽车加工中心案例为牵引，并以报关的基本业务流程为顺序，依次学习初识报关、通关各协议签订前的准备工作、通关前期作业阶段、通关现场作业阶段、通关后续作业阶段 5 个工作流程。此外，鉴于我国报关改革推进快速，而无法时时更新的情况，本书特别增加了"项目 6 e 时代通关热点聚焦与展望"，让大家对报关未来改革的整体趋势有一个比较清晰的认识。

为了保证学生学习的有效性，我们将每个工作项目设置为五个环节：第一个环节是在工作项目学习之前，先给学生布置一个与项目有关的任务；第二个环节由学生进行任务的展示和讲解；然后进入第三个环节——知识链接，介绍项目完成所需的相关专业知识；之后进入第四个环节——操练，根据所学项目专业知识，结合汽车加工中心进口通关案例，进行实际操练；之后再进入第五个环节——报关单相关栏目，将本项目有关的报关单栏目的填制整合在一起，方便大家更容易学习。

由于本书的读者群主要是应用型大学本科院校以及普通高职高专学校的学生，因此教学团队在本书的编写过程中，充分考虑了他们学习应用型课程的心理规律，精心以案例作为牵引，贯穿教学过程，尽量给读者提供一个报关实际工作的仿真环境。让读者在获得报关实务知识的同时，在应用理念、实操水平、理解能力等方面得到全面提升。

本书是我们教学团队所编写的报关与国际货运专业系列教材之一，是中国物流学会课题《行业形势变化下的专业转型升级创新探索与实践——基于国际物流专业群协同育人的视角》成果之一。我们希望此书不仅能够成为专业课程体系教材，而且可以成为行业教育与培训的参考。

本书在编写过程中，得到了威时沛运货运有限公司总经理张珩、经理林伟健，挚联集团有限公司总监张延伟、谢飞苑，南华工商学院李齐教授、杨鹏强副教授等有关人士的帮助与支持。此外，本书的案例与报关实际操作的资料收集得到了2012届毕业生林晓彬的帮助，在此一并表示感谢！

由于编者水平有限，书中难免出现错误、疏漏及不足之处，敬请广大读者与各位专家、老师批评指正。您的意见可发至邮箱jackywang58@163.com。您的宝贵意见与建议将使本书更加完善。谢谢！

王云
2016 年 3 月 25 日

目 录

项目 **1** 初识报关

关键术语

　　报关　海关　报关单位

学 习 目 标

【能力目标】

1. 能够正确辨识报关的种类；
2. 能够正确识别海关权力的种类。

【知识目标】

1. 熟悉报关的基本内容；
2. 熟悉报关单位的注册登记；
3. 熟悉海关对报关单位的信用管理；
4. 熟悉货物进出口许可管理制度。

　　进出境的货物通常都包括：通关前期作业阶段、现场作业阶段和后续作业阶段。

◢ 引导任务——从法国进口汽车发动机加工中心

　　深圳长安天马汽车有限公司（4403131234）是一家汽车制造企业，为了保证设备的及时供应和有效控制运营成本，先将设备进口到盐田港保税物流

1

园区。由于生产需要从法国进口 5 套汽车加工中心（见图 1-1），长安天马汽车有限公司和法国出口商经过协商，于 2013 年 9 月 10 日签订贸易合同。10月 10 日，长安天马汽车有限公司从法国进口汽车发动机加工中心到深圳盐田港保税物流园区，并于 10 月 23 日委托深圳富强报关有限公司（4403182345）办理汽车加工中心出区进口通关手续。

图 1-1　汽车加工中心

1. 背景理解

深圳长安天马汽车有限公司根据生产需要，从法国进口汽车加工中心。其中，进出口贸易由长安天马汽车有限公司完成，同时由它注册的一家报关企业——深圳富强报关有限公司完成通关工作。

2. 提出任务

实训小组认真讨论案例，并推选发言代表，在老师的引导下提出相应的问题并试着解答：

任务一　汽车加工中心的进境报关属于哪一类报关？

任务二　汽车加工中心的进境报关活动有哪些相关主体？

任务三　进口汽车加工中心有哪些海关监管条件？

1.1 任务一　报关的分类

1.1.1　任务分析

长安天马汽车有限公司委托深圳富强报关有限公司办理汽车加工中心进口通关手续。为了顺利学习报关相关知识，必须掌握报关的定义和分类。

1.1.2　任务实施

实训小组查询报关和报关分类的相关资料，写出一份分析报告，详细解说每个细节，最后制成 PPT，在课堂展示给其他同学，老师可边点评边鼓励同学课堂讨论，发问。

1.1.3　知识链接——报关的分类

1. 报关

报关是指进出口货物收发货人、进出境运输工具负责人、进出境物品的所有人或者他们的代理人向海关办理货物、物品或运输工具进出境手续及相关海关事务的过程。

《中华人民共和国海关法》第八条规定："进出境运输工具、货物、物品，必须通过设立海关的地点进境或者出境。在特殊情况下，需要经过未设立海关的地点临时进境或者出境的，必须经国务院或者国务院授权的机关批准，并依照本法规定办理海关手续。"

因此，通过设立海关的地点进境或者出境并办理海关手续是运输工具、货物、物品进出境的基本规则，也是进出境运输工具负责人、进出境货物收发货人、进出境物品的所有人应履行的一项基本义务。报关是与报关对象——运输工具、货物、物品进出境密切相关的一个概念，从海关行政管理相对人的角度出发指向海关办理进出境手续及相关海关事务的过程。报关是海关确认报关对象合法进出境的先决条件。《中华人民共和国海关法》除了用"报关"外，也用"办理报关纳税手续"、"从事报关业务"、"进行报关活动"来表示。出具相关的许可证件、缴纳相应的进出口税费是报关的主要义务。

而"通关"不同于报关，其涉及监管的双方，不仅包括海关行政管理相对人向海关办理进出境手续及相关海关事务的过程，还包括海关对进出境运输工具、货物、物品依法进行监督管理，核准其进出境的管理过程。通关的法律依据是以《中华人民共和国海关法》为主的，还包括与进出境运输工具、货物、物品本身直接相关的各项法律法规等。

另外，在货物的进出境过程中，有时还需要办理"报检、报验"手续，目前统称报检手续。"报检"是指按照国家有关法律、行政法规的规定，向出入境检验检疫部门办理进出口商品检验、国境卫生检疫、动植物检疫和其他检验检疫手续。一般而言，报检、报验先于办理报关手续。

2. 报关的分类

不同的报关行为（报关方式），其报关形式、报关程序及报关要求也有所不同，海关的监管要求也有所不同。

（1）按报关的对象划分

按报关的对象划分，报关分为进出境运输工具报关、进出境货物报关和进出境物品报关三类。

1）进出境运输工具报关

进出境运输工具作为货物、人员及其携带物品的进出境载体，其报关主要是向海关直接交验随附的、符合国际商业运输惯例、能反映运输工具进出境合法性及其所承运货物、物品情况的合法证件、清单和其他运输单证，其报关手续较为简单。进出境申报是运输工具申报的主要内容。报关内容主要是交验有关单证。

2）进出境货物报关

这部分最复杂，本书的大部分内容都是关于进出境货物报关的。海关根据对进出境货物的监管要求，制定了一系列报关管理规范，并要求必须由具备一定的专业知识和技能且经海关核准的专业人员代表报关单位专门办理。

3）进出境物品报关

进出境物品以自用合理数量为限，其报关手续简单。

（2）按报关的目的划分

按报关的目的划分，报关分为进境报关、出境报关和转关报关三类。

由于海关对报关对象的进境和出境有不同的管理要求，运输工具、货物、物品根据进境或出境的目的分别形成了一套进境报关手续和出境报关手续。另外，由于运输其他方面的需要，有些海关监管货物需要办理从一个设关地点运至另一个设关地点的海关手续，在实践中产生了"转关"的需要，转关货物也需要办理相关的报关手续。

（3）按报关的行为性质划分

按报关的行为性质划分，报关可分为自理报关、代理报关两类。

《中华人民共和国海关法》第九条规定："进出口货物，除另有规定的外，可以由进出口货物收发货人自行办理报关纳税手续，也可以由进出口货物收发货人委托海关准予注册登记的报关企业办理报关纳税手续。进出境物品的所有人可以自行办理报关纳税手续，也可以委托他人办理报关纳税手续。"进出口货物报关是一项专业性很强的工作，进出境运输工具负责人、进出境货物收发货人、进出境物品的所有人，由于经济、时间、地点等方面的原因，不能或者不愿意自行办理报关手续，在实践中产生了委托报关的需要，委托代理人代为报关，从而形成了自理报关和代理报关两种报关类型。《中华人民共和国海关法》对接受进出境物品所有人的委托，代为办理进出境物品报关

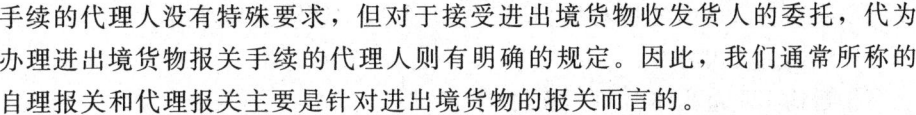

手续的代理人没有特殊要求，但对于接受进出境货物收发货人的委托，代为办理进出境货物报关手续的代理人则有明确的规定。因此，我们通常所称的自理报关和代理报关主要是针对进出境货物的报关而言的。

　　1）自理报关

　　进出口货物收发货人自行办理报关业务称为自理报关。自理报关单位同时具有进出口经营权、报关权。

　　2）代理报关

　　代理报关指接受进出口货物收发货人的委托代理其办理报关业务的行为。我国海关法律把有权接受他人委托办理报关业务的企业称报关企业。报关企业必须依法取得注册登记许可并且进行注册登记后方能从事代理报关业务。以委托人的名义办理报关手续的，属于委托代理行为，报关企业与委托人之间是代理人与被代理人的关系，代理人的代理权限的取得、行使和效力是基于委托人的委托授权。因此，报关企业必须得到委托人的明确授权，才能行使报关代理权。这个明确授权的表现形式是向海关递交的《代理报关委托书》，它载明双方的法律责任、代理事项、代理权限等。根据代理报关法律行为责任承担者的不同，代理报关又可分为直接代理报关和间接代理报关。在报关实践中，大多报关企业都是以直接代理的形式办理报关手续的。

　　①直接代理报关：以委托人的名义报关纳税。在直接代理报关中，法律后果直接作用于被代理人即委托人。

　　②间接代理报关：是报关企业在进行报关的时候以自己的名义进行报关。在间接代理报关中，报关企业承担与委托人自己报关时所应当承担的相同的法律责任。目前，我国间接代理报关只适用于经营快件业务的国际货物运输代理业务。

　　3.报关的基本内容

　　报关的基本内容包括进出境运输工具、货物、物品三个方面的基本内容。

　　（1）进出境运输工具报关的基本内容

　　国际贸易的交货、国际间人员往来及其携带物品的进出境，除经其他特殊运输方式外，都要通过各种运输工具的国际运输来实现。根据我国海关法律规定，进出我国关境的运输工具必须经由设立海关的港口、车站、机场、国界孔道、国际邮件互换局（交换站）和其他可办理海关业务的场所申报进出境。进出境申报是运输工具报关的主要内容。根据海关监管的要求，进出境运输工具负责人或其代理人在运输工具进入或驶离我国关境时均应如实向海关申报运输工具所载旅客人数、进出口货物数量、装卸时间等基本情况。

　　1）运输工具申报的基本内容

　　根据海关监管要求的不同，不同种类的运输工具报关时所需递交的单证及所要申明的具体内容也不尽相同。总的来说，运输工具进出境报关时须向海关申明的主要内容有：

①运输工具进出境时间、航次；

②运输工具进出境时所载运货物情况，包括过境货物、转运货物、通运货物、溢短卸（装）货物的基本情况；

③运输工具服务人员名单及其自用物品、货币、金银情况；

④运输工具所载旅客情况；

⑤运输工具所载邮递物品、行李物品的情况；

⑥其他需要向海关申报清楚的情况，《中华人民共和国海关法》第二十二条规定："进出境船舶和航空器，由于不可抗力的原因，被迫在未设立海关的地点停泊、降落或者抛掷、起卸货物、物品，运输工具负责人应当立即报告附近海关。"

⑦运输工具从事国际合法性运输设备相关证明文件，如船舶国籍证书、吨税证书、海关监管簿、签证簿等，必要时还需出具保证书或缴纳保证金。

进出境运输工具负责人或其代理人就以上情况向海关申报后，有时还需应海关的要求配合海关检查，经海关审核确认符合海关监管要求的，可以上下旅客、装卸货物。

2）运输工具舱单申报

运输工具的申报内容当中，一个重要的事项是运输工具舱单的申报。

进出境运输工具舱单（以下简称舱单）是指反映进出境运输工具所载货物、物品及旅客信息的载体，包括原始舱单、预配舱单、装（乘）载舱单。进出境运输工具载有货物、物品的，舱单内容应当包括总提（运）单及其项下的分提（运）单信息。进出境运输工具负责人即舱单电子数据传输义务人应当按照海关备案的范围在规定时限向海关传输舱单电子数据。原始舱单是指舱单传输人向海关传输的反映进境运输工具装载货物、物品或者乘载旅客信息的舱单。预配舱单是指反映出境运输工具预计装载货物、物品或者乘载旅客信息的舱单。装（乘）载舱单是指反映出境运输工具实际配载货物、物品或者载有旅客信息的舱单。

进境运输工具载有货物、物品的，舱单传输人应当在规定时限向海关传输原始舱单主要数据，并在进境货物、物品运抵目的港以前向海关传输原始舱单其他数据。海关接受原始舱单主要数据传输后，收货人、受委托报关企业方可向海关办理货物、物品的申报手续。

出境运输工具预计载有货物、物品的，舱单传输人应当在办理货物、物品申报手续以前向海关传输预配舱单主要数据；以集装箱运输的货物、物品，出口货物发货人应当在货物、物品装箱以前向海关传输装箱清单电子数据。海关接受预配舱单主要数据传输后，舱单传输人应当在规定时限向海关传输预配舱单其他数据。出境货物、物品运抵海关监管场所时，海关监管场所经营人应当以电子数据方式向海关提交运抵报告后，海关即可办理货物、物品的查验、放行手续。舱单传输人应当在运输工具开始装载货物、物品的 30 分钟以前向海关传输装载舱单电子数据。出境运输工具预计载有旅客的，运输工具负责人应当在货物、物品装载完毕或者旅客全部登机（船、车）后向海关提交结关申请，经海关办结手续后，出境运输工具方可离境。

进出境航空器、铁路列车以及公路车辆办理进出境报关手续时也应按海关规定传输舱单数据。

（2）进出境货物报关的基本内容

进出境货物的报关比较复杂，报关单位除了要向海关报告其进出境的情况外，还需要对部分货物缴纳进出口税费及办理其他手续。详细的内容本书后面的章节将一一展开。

（3）进出境物品报关的基本内容

《中华人民共和国海关法》第四十六条规定："个人携带进出境的行李物品、邮寄进出境的物品，应当以自用、合理数量为限，并接受海关监管。""自用"是指进出境物品为进出境旅客本人自用、馈赠亲友而非出售、出租，或者说是非牟利性的；"合理数量"指海关根据进出境旅客的旅行目的、居留时间所规定的正常数量或者按照规定的免税数量；对于邮递物品，则指的是海关对进出境邮递物品规定的征、免税限制。《中华人民共和国进出口关税条例》规定，在海关总署规定数额以内的个人自用进境物品，免征进口税；超过规定数额但仍在合理数量以内的个人自用进境物品，由进境物品的纳税义务人在进境物品放行前按照规定缴纳进口税；超过自用、合理数量的进境物品应当按照进境货物办理相关手续。自用、合理数量是海关对进出境物品监管的基本原则，也是对进出境的物品报关的基本要求。需要注意的是，随身携带或者邮寄的货物必须按照货物来报关。

1）进出境行李物品的报关

世界大多数国家都规定旅客进出境采用"红绿通道制度"，我国也采用"红绿通道制度"。

①"绿色通道制度"是指带有绿色标志的通道适用于：携带物品在数量上和价值上都没有超过免税限额，且无国家限制或禁止进出境物品的旅客。无需填写"中华人民共和国海关进出境旅客行李物品申报单"（以下简称"申报单"）（图 1-2）。

中华人民共和国海关
进出境旅客行李物品申报单

请仔细阅读申报单背面的填单须知后填报

| 姓 | | 名 | | 男 | 女 |

出生日期 □□□□ 年 □□ 月 □□ 日 国籍（地区）

护照（进出境证件）号码 □□□□□□□□□□□□□□□

| 进境旅客填写 | 出境旅客填写 |

进境旅客填写

来自何地

进境航号/车次/船名

进境日期： 年 月 日

出境旅客填写

前往何地

出境航号/车次/船名

出境日期： 年 月 日

携带有下列物品请在"□"画 √

□1. 动植物及其产品、微生物、生物制品、人体组织、血液及其制品
□2. 居民旅客在境外获取总值超过人民币5,000元的物品
□3. 非居民旅客拟留在境内总值超过人民币2,000元的物品
□4. 超过1,500毫升的酒精饮料（酒精含量12°以上），或超过400支香烟，或超过100支雪茄，或超过500克烟丝
□5. 超过20,000元人民币现钞，或超过折合美元5,000元外币现钞
□6. 分离运输行李、货物、货样、广告品
□7. 其他需要向海关申报的物品

携带有下列物品请在"□"画 √

□1. 文物、濒危动植物及其制品、生物物种资源、金银等贵重金属
□2. 居民旅客携带需复带进境的单价超过人民币5,000元的照相机、摄像机、手提电脑等旅行自用物品
□3. 超过20,000元人民币现钞，或超过折合美元5,000元外币现钞
□4. 货物、货样、广告品
□5. 其他需要向海关申报的物品

携带有上述物品的，请详细填写如下清单

品名/币种	型 号	数 量	金 额	海关批注

我已经阅读本申报单背面所列事项,并保证所有申报属实。

旅客签名：

图 1-2 进出境旅客行李物品申报单

②"红色标志的通道制度"适用于除海关免予监管的人员以及随同成人旅行的 16 周岁以下旅客以外，携运有上述绿色通道适用物品以外的其他物品的旅客。对于选择红色通道的旅客，必须填写"中华人民共和国海关进出境

旅客行李物品申报单"。

非居民旅客返程出境时，如需要选择"申报通道"通关，可在其原进境时填写并经海关批注和签章的"中华人民共和国海关进出境旅客行李物品申报单"上出境栏目内填写相关内容，或者另填写一份"中华人民共和国海关进出境旅客行李物品申报单"，向海关办理出境申报手续。

居民旅客回程进境时，如需要选择"申报通道"通关，可在其原出境时填写并经海关批注和签章的"中华人民共和国海关进出境旅客行李物品申报单"上进境栏目内填写相关内容，或者另填写一份"中华人民共和国海关进出境旅客行李物品申报单"，向海关办理进境申报手续。

持有中华人民共和国政府主管部门给予外交、礼遇签证的进出境旅客，通关时应主动向海关出示本人有效证件，海关予以免验礼遇。违反海关规定，逃避海关监管，携带国家禁止、限制进出境或者依法应当缴纳税款的货物、物品进出境的，海关将依据《中华人民共和国海关法》和《中华人民共和国海关行政处罚实施条例》予以处罚。

进出境物品的查验由一般查验和重点查验相结合，海关依据物品外表特征分析和判断决定采用何种查验方式。海关加施的封志，任何人不得擅自开启或者损毁。

缴纳税款：税率参照"入境旅客行李物品和个人邮递物品进口税税则归类表"。征税的完税价格：进境以海关审定完税价格见"入境旅客行李物品和个人邮递物品完税价格表"为准，出境以国内法定商业发票为准。

《中华人民共和国海关法》第五十条规定："经海关登记准予暂时免税进境或者暂时免税出境的物品，应当由本人复带出境或者复带进境。过境人员未经海关批准，不得将其所带物品留在境内。"

2）进出境邮递物品的报关

①海关对进出邮袋的管理：邮政企业使用邮件路单申报，通知海关开拆及封发时间配合查验，在海关放行后方可投递或者交付。

《中华人民共和国海关法》第四十八条规定："进出境邮袋的装卸、转运和过境，应当接受海关监管。邮政企业应当向海关递交邮件路单。邮政企业应当将开拆及封发国际邮袋的时间事先通知海关，海关应当按时派员到场监管查验。"

第四十九条规定："邮运进出境的物品，经海关查验放行后，有关经营单位方可投递或者交付。"

②个人邮包：我国是《万国邮政公约》的签约国，根据规定，进出口邮包必须由寄件人填写"报税单"（小包邮件同时填写绿色标签），列明所寄物

品的名称、价值、数量，向邮包寄达国家的海关申报。"报税单"和"绿色标签"随同物品通过邮政企业或快递公司呈递给海关。

③海关对进出境邮递物品的弃物处理规定：《中华人民共和国海关法》第五十一条规定："进出境物品所有人声明放弃的物品、在海关规定期限内未办理海关手续或者无人认领的物品，以及无法投递又无法退回的进境邮递物品，由海关依照本法第三十条的规定处理。"

3）其他物品的进出境通关

《中华人民共和国海关法》第五十二条规定："享有外交特权和豁免的外国机构或者人员的公务用品或者自用物品进出境，依照有关法律、行政法规的规定办理。"

这些物品主要为以下三类：

①外国使领馆公务用品及自用物品；

②国际组织机构公用物品及自用物品；

③对驻我国常驻机构进出境物品。

1.1.4　操练

长安天马汽车有限公司（4403131234）委托深圳富强报关有限公司（4403182345）办理汽车加工中心进口通关手续，属于代理报关。富强报关有限公司以委托人的名义，即长安天马汽车有限公司，进行报关，属于直接代理报关。

1.2 任务二　了解报关活动的相关主体

1.2.1　任务分析

深圳长安天马汽车有限公司委托深圳富强报关有限公司办理汽车加工中心进口通关手续，通过任务一的学习，我们知道这种报关属于直接代理报关。为了顺利办理进境通关，我们必须掌握报关活动相关的主体及其职能。

1.2.2　任务实施

实训小组查询报关活动相关主体的资料，写出一份分析报告，详细解说每个细节，最后制成 PPT，在课堂展示给其他同学，老师可边点评边鼓励同学课堂讨论，发问。

1.2.3　知识链接——与报关活动相关的主体

1. 海关的性质和任务

《中华人民共和国海关法》第二条规定："中华人民共和国海关是国家的

进出关境（以下简称进出境）监督管理机关。海关依照本法和其他有关法律、行政法规，监管进出境的运输工具、货物、行李物品、邮递物品和其他物品（以下简称进出境运输工具、货物、物品），征收关税和其他税、费，查缉走私，并编制海关统计和办理其他海关业务。"

（1）海关的性质

1）海关是国家的行政机关

海关从属国家行政管理体制，是国务院的直属机构，代表国家依法独立行使行政管理权。

2）海关是国家进出境监督管理机关

海关的监督管理职责属于行政监督。

①海关实施监督管理的范围是：进出关境及与之有关的活动（报关人的行为）。

关境，它是海关专用词，是指适用于同一海关法或实行同一个关税制度的领域。我国关境范围是指享有单独关境地位的地区以外的中华人民共和国的全部领域，包括领陆、领水和领空，而享有单独关境地位的地区是指中国香港、中国澳门和中国台、澎、金、马，在这些地区实行单独的海关制度。

我国是国境大于关境。欧盟则相反，是国境小于关境。海关实施监督管理的地域范围是关境。

②海关实施监督管理的对象是：所有进出关境的运输工具、货物、物品。

3）海关的监督管理是国家行政执法活动

海关是国家行政监督管理机关，是行政执法机关。

①海关的监督管理是国家行政执法活动。

②海关实施监督管理有明确的执法依据，即《中华人民共和国海关法》及其他与进出境监督管理相关法律、行政法规以及海关总署制定的部门规章。《中华人民共和国海关法》是管理海关事务的基本法律规范。

③海关的监督管理包括了行政监督、行政处理、行政处罚、行政强制执行等各种行政执法行为，并拥有典型的行政执法手段，如行政指令手段、法律手段、纪律手段、思想政治工作手段。

④海关的行政执法是国家宏观管理中不可缺少的组成部分。

（2）海关的任务

海关的四项基本任务包含监管、征税、查缉走私和编制海关统计，其中海关监管是四项基本任务中最基本的任务。监管是基础，别的任务是在此基础上的延伸，同时它们又反过来为监管服务。除了这四项基本任务外，海关的任务还包括知识产权海关保护、海关对反倾销及反补贴的调查等。

1）监管

海关监管是指海关运用国家赋予的权力，通过一系列管理制度与管理程序，依法对进出境运输工具、货物、物品及相关人员的进出境活动所实施的一种行政管理。海关监管是一项国家职能，其目的在于保证一切进出境活动符合国家政策和法律的规范，维护国家主权和利益。海关监管不是海关监督管理的简称，而海关监督管理是海关全部行政执法活动的统称。

根据监管对象的不同，海关监管分为运输工具监管、货物监管和物品监管三大体系，每个体系都有一整套规范的管理程序与方法。

海关监管除了通过备案、审单、查验、放行、后续管理等方式对进出境运输工具、货物、物品的进出境活动实施监管外，还要执行或监督执行国家其他对外贸易管理制度的实施，如进出口许可制度、对外贸易经营者管理制度、出入境检验检疫制度、进出口货物收付汇管理制度、贸易救济制度以及其他有关的管理制度等，从而在政治、经济、文化道德、公众健康等方面维护国家利益。

2）征税

征税是海关的另一项重要任务，近年来这项任务显得越来越重要。关税征收的法律依据是《中华人民共和国海关法》、《中华人民共和国进出口关税条例》、《进出口关税规定》、《中华人民共和国关税表》。关税税率由国家关税委员会确定，委员会成员包括国务院的一位副总理和主管经济事务和工业的各个重要政府机构的代表。征收的税费主要有"关税和其他税、费"。"关税"是海关按照《中华人民共和国海关法》和进出口税则，对进出口货物、进出境物品征收的一种税，关税是规范进出口活动的有力工具。"其他税、费"目前主要是海关代征收进出口环节税如增值税和消费税、船舶吨位税以及海关监管手续费等。

关税的征收主体是国家，海关代表国家征收。

3）查缉走私

查缉走私是海关为保证顺利完成监管和征税等任务而采取的保障措施。查缉走私是海关依照法律赋予的权力，在海关监管场所和海关附近的沿海沿边规定地区，为发现、制止、打击、综合治理走私活动的一种调查和惩处活动。

《中华人民共和国海关法》第五条规定："国家实行联合缉私、统一处理、综合治理的缉私体制。海关负责组织、协调、管理查缉走私工作。有关规定由国务院另行制定。各有关行政执法部门查获的走私案件，应当给予行政处罚的，移送海关依法处理；涉嫌犯罪的，应当移送海关侦查走私犯罪公安机构、地方公安机关依据案件管辖分工和法定程序办理。"海关是打击走私的主管机关，海关缉私警察负责走私犯罪的侦查、拘留、执行逮捕和预审工作。公安、工商、税务、烟草专卖等部门都有缉私权力，但这些部门查获的走私案件，应当给予行政处罚的，他们查获的案件要统一移交海关依法处理。

4）编制海关统计和办理其他海关业务

海关统计以实际进出口货物作为统计和分析的对象，通过收集、整理、加工处理进出口货物报关单或经海关核准的其他申报单证，对进出口货物的品名及编码、数（重）量、价格、经营单位、贸易方式、运输方式、进口货物的原产国（地区）、起运国（地区）、境内目的地、出口货物的最终目的国（地区）、运抵国（地区）、境内货源地、进出口日期、关别等项目分别进行统计和综合分析，全面、准确地反映对外贸易的运行态势，及时提供统计信息和咨询，实施有效的统计监督，开展国际贸易统计的交流与合作，促进对外贸易的发展。海关统计范围，是实际进出境并引起境内物质存量增加或者减少的货物，进出境物品超过自用、合理数量的，列入海关统计。不列入海关统计的货物和物品，实施单项统计。

海关统计是海关依法对进出口货物贸易的统计，是国民经济统计的组成部分。海关的统计任务是对进出口货物贸易进行统计调查、统计分析和统计监督，进行进出口监测预警，编制、管理和公布海关统计资料，提供统计服务。

（3）我国海关的法律体系

我国对"海关法律体系"采取了国家最高权力机关、国务院和海关总署三级立法的体制。即以海关法为母法，以国务院审定的有关单行条例和海关总署单独制定或会同国家其他行政机关共同制定的实施细则和单行管理办法为补充的三级海关法律体系。其他相关法律是指由全国人民代表大会或全国人民代表大会常务委员会制定的与海关监督管理相关的法律规范，主要包括《宪法》，基本法律如《刑法》、《刑事诉讼法》、《行政复议法》、《行政处罚法》等，以及其他行政管理法律《对外贸易法》、《商品检验法》、《固体废物污染环境防治法》等。

海关立法事权为中央立法事权，立法者为最高国家权力机关全国人民代表大会及其常务委员会和国家最高执行机关国务院，海关是国务院的直属机构。国家机关包括享有立法权的立法机关、享有司法权的司法机关、享有行政管理权的行政机关。

1）海关法

海关法于1987年1月22日通过，并于同年7月1日实施。

第九届全国人民代表大会常务委员会第十六次会议在2000年7月8日通过

了对海关法进行修改的决定，修正后的海关法是在 2001 年 1 月 1 日实施的。

2）行政法规

由国务院审定的法律规范主要有 6 个：

《中华人民共和国进出口关税条例》、《中华人民共和国海关稽查条例》、《中华人民共和国知识产权海关保护条例》、《中华人民共和国海关行政处罚实施条例》、《中华人民共和国海关统计条例》、《中华人民共和国进出口货物原产地条例》。

3）海关规章及其他规范性文件

海关管理方面的规章主要是由海关总署单独或会同国务院有关部门制定的，是海关日常工作引用数量最多、内容最广、操作性最强的法律依据，其效力等级低于法律和行政法规。海关行政规章以海关总署令的形式对外公布，例如《中华人民共和国海关对报关单位注册登记管理规定》、《报关员记分考核办法》等。

其他的规范性文件，是指海关总署及各直属海关按照规定程序制定的涉及行政管理相对人权利、义务，具有普遍约束力的文件。海关总署制定的规范性文件要求行政管理相对人遵守或执行的，应当以海关总署公告形式对外发布，但不得设定对行政管理相对人的行政处罚。直属海关在限定范围内制定的关于本关区某方面行政管理关系的涉及行政管理相对人权利、义务的规范，应当以公告形式对外发布。

2. 海关的权力和组织机构

海关作为国家行政管理机关，管理国家行政事务，必须享有权力，这是由行政机关的性质所决定的。因此，海关具有一般行政机关所必需的权力，如行政许可权、税费征收权、行政监督检查权、行政强制权、行政处罚权等。除此之外，海关作为进出境的监督管理机关，还具有一些特定的、独立的权力，即对进出境运输工具、货物、物品的监督管理权，它是公共行政职权，如行政裁定权、佩带和使用武器权和连续追缉权等特殊的权力。

（1）海关的权力

海关的监督管理包括了行政监督、行政处理、行政处罚、行政强制执行等各种行政执法行为，这些执法行为来自其所拥有的国家权力，《中华人民共和国海关法》第六条规定了海关大部分的权力，具体内容主要表现为 6 大类 20 余种海关权力。

1）行政审批权

包括海关对进出口货物收发货人提出的转关运输申请的审核、海关派员驻厂监管的保税工厂资格审批、减免税审批。

2）税费征收权（行政征收权）

征、减、免、补征、追征权。

3）行政检查权

行政检查权是海关保证其行政管理职能能得到履行的基本权力，主要包括如下 7 个方面的内容：

①检查权；

实施对象是有走私嫌疑的运输工具、有藏匿走私嫌疑货物、物品的场所和走私嫌疑人（见表 1-1）。

表 1-1　检查权的行使

对象	限制区域	授权限制
进出境运输工具	"两区"内	海关有关部门可直接行使
	"两区"外	
有走私嫌疑的运输工具	"两区"内	海关有关部门可直接行使
	"两区"外	须经直属海关关长或者其授权的隶属海关关长批准
有藏匿走私嫌疑货物、物品的场所	"两区"内	海关有关部门可直接行使
	"两区"外	①直属海关关长或者其授权的隶属海关关长批准方可；②当事人在场；当事人未到场，须有见证人在场；③不能对公民住所实施检查
走私嫌疑人身体	"两区"内	海关有关部门可直接行使
	"两区"外	无授权，不能行使

注："两区"指海关监管区和海关附近沿海沿边规定地区。

"授权"包括一般性授权和一事一授权。

②查验权；

海关有权查验进出境货物、物品，鉴别其合法性，必要时可以径行提取货样。

③施加封志权；

海关对所有未办结海关手续、尚处在监管状态的运输工具、货物、物品，有权施加封志。

④查阅、复制权；

查阅出入境人员的证件，查阅、复制与进出境运输工具、货物、物品有关的合同、发票、账册、单据、记录、文件、业务函电、录音录像制品和其他资料。

⑤查问权；

查问违反《中华人民共和国海关法》或者其他有关法律、行政法规的嫌疑人，调查其违法行为。

⑥查询权；

海关在调查走私案件时，经直属海关关长或者其授权的隶属海关关长批准，可以查询案件涉嫌单位和涉嫌人员在金融机构、邮政企业的存款、汇款。

⑦稽查权；

稽查权的监管期限：自进出口放行之日起 3 年内或者保税货物、减免税进口货物监管期限内及其后的 3 年内，海关可以对与进出口货物直接有关的企业、单位的企业账簿、会计凭证、报关单证以及其他有关资料和有关进出口货物实施稽查。

依据《海关稽查条例》规定，海关进行稽查时，可以行使下列职权：查阅、复制被稽查人的账簿、单证等有关资料；进入被稽查人的生产经营场所、货物存放场所，检查与进出口活动有关的生产经营情况和货物；询问被稽查人的法定代表人、主要负责人员和其他有关人员与进出口活动有关的情况和问题；经海关关长批准，查询被稽查人在商业银行或者其他金融机构的存款账户；经海关关长批准，可以暂时封存其有可能被转移、隐匿、篡改、毁弃的账簿、单证等有关资料。采取该项措施时，不得妨碍被稽查人正常的生产经营活动；经海关关长批准，可以封存被稽查人有违法嫌疑的有关进出口货物等。

4）行政强制权

海关行政强制权是《中华人民共和国海关法》及相关法律、行政法规得以贯彻实施的重要保障。具体包括：

①扣留权：海关在下列情况下可以行使扣留权。

A. 海关对违反海关法律的进出口合同、发票、单据等资料，有走私嫌疑的运输工具、货物、物品和走私犯罪嫌疑人可以扣留；

B. 在海关监管区和海关附近沿海沿边规定地区，对有走私嫌疑的运输工具、货物、物品和走私犯罪嫌疑人，经直属海关关长或者其授权的隶属海关关长批准，可以扣留。对走私犯罪嫌疑人，扣留时间不超过 24 小时，在特殊情况下可以延长至 48 小时；

C. 在海关监管区和海关附近沿海沿边规定地区以外，对其中有证据证明有走私嫌疑的运输工具、货物、物品，可以扣留。

海关对查获的走私犯罪嫌疑案件，应扣留走私犯罪嫌疑人，移送海关侦查走私犯罪公安机构。

②提取货物变卖、先行变卖权：进口货物超过 3 个月未向海关申报的，海关可以依法提取变卖处理；进口货物收货人或其所有人申明放弃的，海关有权

提取依法变卖处理；海关依法扣留、不宜长期保留的，必须经直属海关关长或其授权的隶属海关关长批准，可以先行依法变卖；在规定期限内未申报的以及误卸或溢卸的不宜长期保留的货物，海关可以按实际情况提前变卖处理。

③强制扣缴权和变价抵缴关税权：进出口货物的纳税义务人、担保人超过规定期限未缴纳税款的，经直属海关关长或者其授权的隶属海关关长批准，海关可以：

书面通知其开户银行或者其他金融机构从其存款内扣缴税款；

将应税货物依法变卖，以变卖所得抵缴税款；

扣留并依法变卖其价值相当于应纳税款的货物或者其他财产，以变卖所得抵缴税款。

④抵缴、变价抵缴罚款权：当事人逾期不履行处罚决定又不申请复议或提起诉讼时，海关可以将其保证金抵缴罚款，或者将其被扣留的货物、物品或运输工具变价抵缴罚款。

⑤其他特殊行政强制：

A. 滞报、滞纳金征收权。海关对超期申报货物征收滞报金；对于逾期缴纳进出口税费的，征收滞纳金。

B. 处罚担保。根据《中华人民共和国海关法》及有关行政法规的规定，对于有走私嫌疑的运输工具、货物、物品无法或不便扣留的，或者有违法嫌疑但依法不应予以没收的运输工具、货物、物品，当事人申请先予放行或解除扣留的，海关可要求当事人或者运输工具负责人提供等值担保。未提供等值担保的，海关可以扣留当事人等值的其他财产；受海关处罚的当事人出境前未缴清罚款、或未缴清被没收的违法所得和依法被追缴货物、物品、走私运输工具的等值价款的，应当提供相当上述款项的担保。

C. 税收担保。根据《中华人民共和国海关法》的规定，进出口货物纳税义务人在规定的纳税期限内有明显的转移、藏匿其应税货物以及其他财产迹象的，海关可以依法责令其提供纳税担保，经海关批准的暂准进出境、保税货物，其收发货人须缴纳相当于税款的保证金或者提供其他形式的担保后，才可准予暂时免纳关税。

其他海关事务担保：商品归类、估价、提供有效单证、办结其他海关手续前，要求先行放行。

D. 税收保全。进出口货物纳税义务人在规定的纳税期限内有明显的转移、藏匿其应税货物以及其他财产迹象的，海关依法责令其提供纳税担保，而纳税义务人不能提供纳税担保的，经直属海关关长或者其授权的隶属海关关长批准，海关可以采取下列税收保全措施：

书面通知纳税义务人开户银行或者其他金融机构暂停支付纳税义务人相当于应纳税款的存款；

扣留纳税义务人价值相当于应纳税款的货物或者其他财产。

关税保全措施是一种比较激烈的强制行政行为，对纳税人造成的后果往往是严重的，对此海关法律也规定了具体要求。因此，海关在采取税收保全措施时必须有事实依据。

5）行政处罚权

海关有权对未构成走私罪的违法当事人处以行政处罚，包括对走私货物、物品及违法所得处以没收，对有走私行为和违反海关监管规定行为的当事人处以罚款，对有违法情事的报关企业的报关员处以暂停资格和取消资格的处罚等。

6）其他行政处理权

①佩带和使用武器权。

适用范围：执行缉私任务；

使用对象：走私者和走私嫌疑人；

使用条件：不能制服被追缉逃逸的走私团体或遭遇武装掩护走私，不能制止走私分子或者走私嫌疑人以暴力劫夺查扣的走私货物、物品和其他物品，以及以暴力抗拒检查、抢夺武器和警械、威胁海关工作人员生命安全非开枪不能自卫时。

②连续追缉权。

进出境运输工具或者个人违抗海关监管逃逸的，海关可以连续追至海关监管区和海关附近沿海沿边规定地区之外，将其带回处理。这里所称的逃逸，既包括进出境运输工具或者个人违抗海关监管，自海关监管区和海关附近沿海沿边规定地区向内陆地一侧逃逸，也包括向外海域一侧逃逸。海关追缉时需保持连续状态。

③行政裁定权。

包括应对外贸易经营者的申请，对进出口商品的归类、进出口货物原产地确认、禁止进出口措施和许可证的适用等海关事物的行政裁定的权力。

④行政奖励权。

包括对举报或者协助海关查获违反《中华人民共和国海关法》的案件的有功单位或个人给予精神或者物质奖励的权力。

（2）海关的组织机构

海关组织机构是国务院根据国家政革开放的形势及经济发展战略的需要，依照《中华人民共和国海关法》、《中华人民共和国国务院组织法》（以下简称《国务院组织法》）及其他法律、法规而设立的。目前，海关组织机构分为海关总署、直属海关和隶属海关三级。第一级是海关总署，以及作为派出机构的广东分署，天津、上海两个特派员办事处；第二级是 41 个直属海关；第三级是各直属海关下辖的隶属海关机构。隶属海关由直属海关领导，向直属海关负责；直属海关由海关总署领导，向海关总署负责。

1）海关总署

海关总署是国务院下属的正部级直属机构，负责统一管理全国海关，是海关系统的最高领导部门。海关总署现有 17 个内设部门、6 个直属单位，管理 4 个社会团体（海关学会、报关协会、口岸协会、保税区出口加工区协会），并在欧盟、俄罗斯、美国等派驻海关机构。中央纪委、监察部在海关总署派驻纪检组、监察局。海关总署下设广东分署，在上海和天津设立特派员办事处，作为其派出机构。海关总署的基本任务是在国务院领导下，组织和领导全国海关贯彻执行《中华人民共和国海关法》和国家的有关政策、法律、行政法规，积极履行依法行政、为国把关的职能，促进和保障社会主义现代化建设。

2）直属海关

直属海关是指直接由海关总署领导，负责管理一定区域范围内海关业务的海关。目前直属海关共有 41 个，除中国香港、中国澳门特别行政区以及中国台湾地区外，分布在全国 31 个省、自治区、直辖市。直属海关就本关区内的海关事务独立行使职权，向海关总署负责。直属海关承担着在关区内组织开展海关各项业务和关区集中审单作业，全面有效地贯彻执行海关各项政策、法律、法规、管理制度和作业规范的重要职责，在海关三级业务职能管理中发挥着承上启下的作用。

3）隶属海关

隶属海关是指由直属海关领导，负责办理具体海关业务的海关，是海关进出境监督管理职能的基本执行单位，一般设在口岸和海关业务集中的地点。

4）海关缉私警察机构

1998 年 7 月，党中央国务院决定由海关总署、公安部联合组建海关缉私警察队伍，实行"联合缉私，统一处理，综合治理"的反走私斗争新体制。1999 年 1 月 5 日，我国第一支以缉私为主要职责的警察队伍正式成立。海关总署成立走私犯罪侦查局，2002 年 12 月更名为缉私局。根据《中华人民共和国海关法》的规定："国家在海关总署设立专门侦查走私犯罪的公安机构，配备专职缉私警察，负责对其管辖的走私犯罪案件的侦查、拘留、执行逮捕、预审。"缉私局既是海关总署的一个内设局，又是公安部的一个序列局，实行海关总署和公安部双重领导，以海关领导为主的体制。海关总署缉私局下辖广东分署缉私局、各直属海关缉私局，直属海关缉私局下辖隶属海关缉私分局。

3. 报关单位的注册登记

（1）报关单位的概念

报关单位是指依法在海关注册登记的报关企业和进出口货物收发货人。除法律、行政法规或者海关规章另有规定外，报关企业、进出口货物收发货人办理报关手续，必须依法经海关注册登记。因此，依法向海关注册登记是法人、其他组织或者个人成为报关单位的法定要求和前提条件。

（2）报关单位的类型

《中华人民共和国海关法》将报关单位划分为报关企业和进出口货物收发货人两种类型。

1）报关企业

报关企业，是指依法经海关准予注册登记，接受进出口货物收发货人的委托，以进出口货物收发货人的名义或者以自己的名义，向海关办理代理报关业务，从事报关服务的中华人民共和国关境内的企业法人。

目前，我国从事报关服务的报关企业主要有两类：一类是经营国际货物运输代理等业务，兼营进出口货物代理报关业务的国际货物运输代理公司等；另一类是主营代理报关业务的报关公司或报关行。

2）进出口货物收发货人

进出口货物收发货人，是指依法直接进口或者出口货物的中华人民共和国关境内的法人、其他组织或者个人。

一般而言，进出口货物收发货人指的是依法向国务院对外贸易主管部门即商务部或者其委托的机构办理备案登记的对外贸易经营者。除法律、行政法规、部门规章规定不需要备案登记的，对外贸易经营者未依法办理备案登记的，海关不予办理其货物进出境海关手续。

对于未取得对外贸易经营者备案登记表但按照国家有关规定需要从事非贸易性进出口活动的单位，如境外企业、新闻、经贸机构、文化团体等依法在中国境内成立的常驻代表机构，少量货样进出境的单位，国家机关、学校、科研院所等组织机构，临时接受捐赠、礼品、国际援助的单位等，在进出口货物时，海关也视其为进出口货物收发货人。

（3）报关单位的注册登记

报关注册登记制度是指报关企业、进出口货物收发货人依法向海关提交规定的注册登记申请材料，经注册地海关依法对其申请注册登记的材料进行审核，准予其办理报关业务的管理制度。

考虑到报关单位的性质不同，海关对报关单位规定了不同的报关注册登记条件。对于报关企业，海关要求其必须具备规定的设立条件并取得海关报

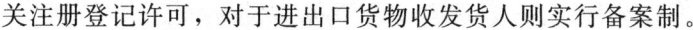

关注册登记许可，对于进出口货物收发货人则实行备案制。

1）报关企业的注册登记

报关企业注册登记属于行政许可范畴，未经许可不得报关。基于便民、高效的原则，以及报关企业注册登记行政许可改为后置的做法，2014 年公布施行的《报关单位注册登记管理规定》采用了两步并一步的简化做法，即在申请行政许可的同时办理注册登记。

①报关企业注册登记的设立条件：

A. 具备境内企业法人资格条件；

B. 法定代表人无走私记录；

C. 无因走私违法行为被海关撤销注册登记许可的记录；

D. 有符合从事报关服务所必需的固定经营场所和设施；

E. 海关监管所需要的其他条件。

②报关企业应当提交的文件材料：

A. "报关单位情况登记表"；

B. 企业法人营业执照副本复印件及组织机构代码证书副本复印件；

C. 报关服务营业场所所有权证明或者使用权证明；

D. 其他与申请注册登记许可相关的材料。

申请人按照上述规定提交复印件的，应当同时向海关交验原件。

③报关单位注册登记证书的核发：

经海关审查，如果申请人的申请符合法定条件，海关依法作出准予注册登记许可的书面决定，并送达申请人，同时核发"中华人民共和国海关报关单位注册登记证书"（以下简称报关注册登记证书）。经海关审查，如果申请人的申请不符合法定条件，海关依法作出不准予注册登记许可的书面决定，并且告知申请人享有依法申请行政复议或者提起行政诉讼的权利。

报关企业注册登记许可期限为 2 年。需要延续注册登记许可有效期的，应当办理注册登记许可延续手续。

报关企业在取得注册登记许可的直属海关关区外从事报关服务的，应当依法设立分支机构，并且向分支机构所在地海关备案。报关企业在取得注册登记许可的直属海关关区内从事报关服务的，可以设立分支机构，并且向分支机构所在地海关备案。

2）进出口货物收发货人注册登记

进出口货物收发货人应当按照规定到所在地海关办理报关单位注册登记手续。进出口货物收发货人在海关办理注册登记后可以在中华人民共和国关境内口岸或者海关监管业务集中的地点办理本企业的报关业务。

申请办理注册登记应当提交下列文件材料，另有规定的除外：

①"报关单位情况登记表"；

②营业执照副本复印件及组织机构代码证书副本复印件；

③对外贸易经营者备案登记表复印件或者外商投资企业（台港澳侨投资企业）批准证书复印件；

④其他与注册登记有关的文件材料。

注册地海关依法对申请注册登记材料进行核对。经核对，申请材料齐全、符合法定形式的，应当核发报关单位注册登记证书。除海关另有规定外，进出口货物收发货人报关单位注册登记证书长期有效。

3）临时注册登记

①临时注册登记单位在向海关申报前，应当向所在地海关办理备案手续。特殊情况下可以向拟进出境口岸或者海关监管业务集中地海关办理备案手续。

②办理临时注册登记，应当持本单位出具的委派证明或者授权证明及非贸易性活动证明材料。临时注册登记的，海关可以出具临时注册登记证明，但是不予核发注册登记证书。

③临时注册登记有效期最长为1年，有效期届满后应当重新办理临时注册登记手续。

4. 海关对报关单位的信用管理

为了鼓励企业守法自律，提高海关管理效能，保障进出口贸易的安全与便利，2011年，海关总署颁布了《中华人民共和国海关企业分类管理办法》（海关总署令第197号，以下简称《企业分类管理办法》），通过对不同类别企业的差别管理措施，倡导守法便利。在该办法中，海关根据企业遵守法律、行政法规、海关规章、相关廉政规定和经营管理状况，以及海关监管、统计记录等，对在海关注册登记的进出口货物收发货人、报关企业进行评估，按照AA、A、B、C、D五个管理类别进行管理，并对企业的管理类别予以公开。海关按照守法便利原则，对适用不同管理类别的企业，制定相应的差别管理措施，其中AA类和A类企业适用相应的通关便利措施，B类企业适用常规管理措施，C类和D类企业适用严密监管措施。全国海关实行统一的企业分类标准、程序和管理措施。

为进一步优化企业信用管理制度，根据国家《社会信用体系建设规划纲要2014－2020》总体要求和海关管理需要，海关改革了企业分类管理制度。自2014年12月1日起，《中华人民共和国海关企业信用管理暂行办法》（海关总署令225号，以下简称《企业信用管理暂行办法》）开始施行。该办法是在《企业分类管理办法》基础上重新制定的。

（1）企业分类管理与企业信用管理的过渡措施

为确保《企业分类管理办法》与《企业信用管理暂行办法》的顺利衔接，海关总署公布了《关于〈中华人民共和国海关企业信用管理暂行办法〉实施相关事项》（海关总署公告 2014 年第 81 号），明确了分类管理与信用管理的衔接过渡办法。

①自 2014 年 12 月 1 日起，按照《企业分类管理办法》适用 AA 类管理的企业过渡为高级认证企业；适用 A 类管理的企业过渡为一般认证企业；适用 B 类管理的企业过渡为一般信用企业；适用 C 类、D 类管理的企业，海关按照《企业信用管理暂行办法》重新认定企业信用等级。

②C 类、D 类企业经重新认定后信用等级为失信企业的，企业信用等级适用时间仍按原适用 C 类、D 类时间计算。

（2）企业信用信息采集和公示

海关根据社会信用体系建设和国际合作需要，与国家有关部门及其他国家或者地区海关建立合作机制，推进信息互换、监管互认、执法互助。

海关采集能够反映企业进出口信用状况的信息，建立企业信用信息管理系统，包括企业在海关注册登记信息、企业进出口经营信息、AEO 互认信息、企业在其他行政管理部门的信息以及其他与企业进出口相关的信息。

海关在保护国家秘密、商业秘密和个人隐私的前提下，公示企业如下信用信息：企业在海关注册登记信息、海关对企业信用状况的认定结果、企业行政处罚信息以及其他应当公示的企业信息。海关对企业行政处罚信息的公示期限为 5 年。

公民、法人或者其他组织认为海关公示的企业信用信息不准确的，可以向海关提出异议，并提供相关资料或者证明材料。海关应当自收到异议申请之日起 20 日内复核。公民、法人或者其他组织提出异议的理由成立的，海关应当采纳。

（3）企业信用状况的认定标准和程序

1）认证企业

认证企业是中国海关经认证的经营者（AEO），中国海关依法开展与其他国家或者地区海关的 AEO 互认，并给予互认 AEO 企业相应通关便利措施，充分体现了与国际海关接轨的要求。"经认证的经营者"在世界海关组织制定的《全球贸易安全与便利标准框架》中被定义为"以任何一种方式参与货物国际流通，并被海关当局认定符合世界海关组织或相应供应链安全标准的一方，包括生产商、进口商、出口商、报关行、承运商、理货人、中间商、口岸和机场、货站经营者、综合经营者、仓储业经营者和分销商"。经双方海关认证的 AEO 企业进口货物，可以享受通关便利措施。

企业向海关申请成为认证企业的，海关按照《海关认证企业标准》对企业实施认证。《海关认证企业标准》分为一般认证企业标准和高级认证企业标准。

①一般认证企业标准：分为内部控制标准、财务状况标准、守法规范标准、贸易安全标准和附加标准，共5类18条29项（见表1-2）。其中，前4类为基础标准，第5类为附加标准。

企业向海关提出适用认证企业管理申请前，应当按照该认证标准进行自我评估，并将自我评估报告随认证申请一并提交海关。

除该认证标准第9、10、11、12、14、19、20项外，其他项不达标或者部分达标的，允许企业规范改进。规范改进期限由海关确定，最长不超过90日。根据企业规范改进情况，海关认定其是否通过认证。

表 1-2　海关企业标准

（一般认证）

认证标准		
一、内部控制标准		
（一） 组织机构控制	1. 内部组织架构	指定高级管理人员负责关务，对企业认证建立书面或者电子档案。
	2. 海关业务培训	（1）企业应当建立海关法律法规等相关管理规定的内部培训制度。
		（2）法定代表人或其授权人员、负责关务的高级管理人员应当每年至少参加1次海关法律法规等相关管理规定的内部培训，及时了解、掌握相关管理规定。
（二） 进出口业务控制	3. 单证控制	具备进出口单证复核或者纠错制度或者程序。 进出口货物收发货人：在申报前或者委托申报前有专门部门或者岗位人员对进出口单证涉及的价格、归类、原产地、数量、品名、规格等内容的真实性、准确性和规范性进行内部复核。 报关企业：代理申报前，有专门部门或者岗位人员对委托人提供的监管证件、商业单据、进出口单证等资料的真实性、完整性和有效性进行合理审查。 物流企业：有专门部门或者岗位人员对运输工具进出境申报信息、舱单及相关电子数据、转关单（载货清单）等物流信息的准确性、一致性进行复核。
	4. 单证保管	（1）按海关要求建立进出口单证管理制度，确保企业保存的进出口纸质和电子报关单证、物流信息档案的及时性、完整性、准确性与安全性。
		（2）妥善保管报关专用印章，以及海关核发的证书、法律文书。

表 1-2 续表 1

认证标准		
（三） 内部审计控制	5. 内审制度	（1）设立专门的内部审计机构或者岗位，或者聘请外部专职人员独立对进出口业务等实施内部审计。
		（2）每年至少内审 1 次，建立内审书面或者电子档案。
	6. 责任追究	（1）建立对进出口业务发现的问题或者违法行为的责任追究制度或者措施。
		（2）建立对企业人员和报关人员私揽货物报关、假借海关名义牟利、向海关人员行贿等行为的责任追究制度或者措施。
	7. 改进机制	（1）建立改进制度或者措施。
		（2）对海关要求的规范改进事项，应由负责关务的高级管理人员直接负责具体的规范改进实施。
（四） 信息系统控制	8. 信息安全	（1）建立信息安全管理制度，保护信息系统安全，并对员工进行相关培训。
		（2）有专门程序或者制度，识别信息系统的非正常使用，包括非法入侵信息系统，篡改或者更改业务数据，并对上述行为有严格的责任追究。信息系统要使用专人账户和密码，并且定期更改用户密码。
		（3）有专门程序或者制度，保护系统和数据，有数据恢复、备份等手段防止信息丢失，应用反病毒软件和防火墙技术。
二、财务状况标准		
（五） 财务状况	9. 会计信息	会计账簿和财务会计报告等会计资料真实、准确、完整记录和反映进出口活动的有关情况，财务处理及时、规范。
	10. 偿付能力	（1）企业财务的速动比率在安全或者正常范围内。
		（2）企业财务的资产负债率在安全或者正常范围内。
	11. 盈利能力	企业主营业务利润率在安全或者正常范围内。
	12. 缴税能力	生产型进出口货物收发货人：上月末固定资产净值不低于其 3 年内向海关单笔纳税最高额。 非生产型进出口货物收发货人：上年度经营性现金净流量不为负。

表1-2 续表2

认证标准		
三、守法规范标准		
（六） 遵守法律法规	13. 人员违法记录	企业法定代表人（负责人）、负责关务的高级管理人员、财务负责人连续2年无故意犯罪记录。
	14. 违法记录	（1）连续2年无走私犯罪、走私行为。
		（2）非报关企业：1年内因违反海关监管规定被处罚金额超过3万元且10万元以下的行为不超过1次。 报关企业：1年内因违反海关监管规定被处罚金额超过1万元且3万元以下的行为不超过1次。
		（3）非报关企业：1年内违反海关监管规定行为的处罚金额累计10万元以下，且违法次数在5次以下或者虽然超过5次，但违规次数与上年度企业进出口相关单证（报关单及进出境备案清单、运输工具进出境申报信息、舱单及相关电子数据、转关单（载货清单））总票数比率不超过千分之一。（企业自查发现并主动向海关报明，被海关处以警告以及3万元以下罚款的除外） 报关企业：1年内违反海关监管规定行为的次数不超过企业上年度代理申报报关单及进出境备案清单总票数的万分之三，且处罚金额累计5万元以下。（企业自查发现并主动向海关报明，被海关处以警告以及1万元以下罚款的除外）
（七） 进出口业务规范	15. 注册信息	报关单位：按规定报送《报关单位注册信息年度报告》，企业及报关人员在海关的注册登记内容与实际相符。 其他企业：在海关的注册登记内容与实际相符。
	16. 进出口记录	上年度或者本年度有进出口活动或者为进出口活动提供相关服务。
	17. 申报（传输）规范	（1）报关企业：连续4个季度单季报关差错率不超过同期全国平均报关差错率。 进出口货物收发货人：连续4个季度单季报关差错率或者所委托报关企业报关差错率不超过同期全国平均报关差错率。 物流企业：连续4个季度单季舱单及相关电子数据传输差错率不超过同期全国平均传输差错率，连续4个季度单季运输工具进出境申报信息、转关单（载货清单）等物流信息的申报差错率不超过同期全国平均申报差错率。
		（2）连续2个季度单季规范申报率超过85%。
		（3）上年度及本年1至上月手（账）册超期未报核情事不超过1次。
	18. 税款缴纳	（1）上年度以及本年度1至上月滞纳税款报关单率不超过5%。
		（2）截至认证期间，没有超过法定缴款期限尚未缴纳的税款及罚没款项情事。

表 1-2　续表 3

认证标准		
（八）符合海关管理要求	19. 管理要求	（1）连续 2 年未发现有向海关提供虚假情况或者隐瞒重要事实、拒绝或者拖延提供账簿单证资料、故意转移、隐匿、篡改、毁弃账簿单证资料等逃避海关稽查、逃避税款征缴的情形，或者无正当理由拒不配合海关执法或者海关管理的情形。
		（2）连续 2 年未发现企业报送信息有隐瞒真实情况、弄虚作假的情形。
		（3）连续 2 年未发现有假借海关或者其他企业名义获取不当利益的情形。
		（4）连续 2 年未发现有向海关人员行贿的行为。
（九）未有不良外部信用	20. 外部信用	企业或者其企业法定代表人（负责人）、负责关务的高级管理人员、财务负责人连续 1 年在工商、商务、税务、银行、外汇、检验检疫、公安、检察院、法院等部门未被列入经营异常名录、失信企业或者人员名单、黑名单企业、人员。
四、贸易安全标准		
（十）场所安全控制措施	21. 场所安全	企业有检查、阻止未经许可的人员进入企业生产经营场所的书面制度和程序。 （1）大门和传达室：车辆、人员进出的大门配备人员驻守。 （2）建筑结构：建筑物的建造方式确保能够防止非法闯入。定期对建筑物进行检查和修缮，确保其完好无损。 （3）锁闭装置及钥匙保管：所有内外窗户，大门和围栏都设有足够数量的锁闭装置。管理层或者保安人员要保管所有锁和钥匙。
（十一）进入安全控制措施	22. 进入安全	企业实施员工和访客进出管理，有保护公司资产的书面制度和程序。（1）员工：具有员工身份识别系统，对员工进行身份识别和进入控制。对员工、访客的身份标识（比如钥匙、钥匙卡等）的发放和回收进行统一管理和登记。 （2）访客：对进入企业的访客要检查带有照片的身份证件并进行登记，访客要佩戴临时身份标识并且有内部人员陪同。
（十二）人员安全控制措施	23. 人员安全	企业有审查拟聘员工和定期审查现有员工的书面制度和程序，提供动态的员工清单，包含姓名、出生日期、身份证号码、担任职位。 （1）聘用前审核：聘用员工前，应对其应聘申请信息（例如就业经历、推荐信等）进行核实。 （2）背景调查：聘用员工前，应对其进行有无违法犯罪记录进行安全背景的检查或者调查。一经录用，要根据员工表现，以及对处于重要敏感工作岗位的员工进行定期审查和重新调查。 （3）员工离职程序：应有书面制度和程序，对离职或者停职员工及时收回工作证件、设备，并禁止其进入企业生产经营场所及使用企业信息系统。

表 1-2　续表 4

认证标准		
（十三）商业伙伴安全控制措施	24. 商业伙伴安全	企业有要求商业伙伴供应链安全的书面制度和程序。 书面文件：在合同、协议或者其他书面资料中要求商业伙伴按照本认证标准优化和完善贸易安全管理。
（十四）货物安全控制措施	25. 货物安全	企业有确保供应链中货物在运输、搬运和存放过程中的完整性和安全性的措施和程序。 （1）装运和接收货物：运抵的货物要与货物单证的信息相符，核实货物的重量、标签、件数或者箱数。离岸的货物要与购货订单或者装运订单上的内容进行核实。在货物关键交接环节有签名、盖章等保护制度。 （2）货物差异：在出现货物溢、短装或者其他异常现象时要及时报告或者采取其他应对措施，并有书面制度和程序。
（十五）集装箱安全控制措施	26. 集装箱安全	企业有确保集装箱的完整性，以防止未经许可的货物或者人员混入的措施和程序。 集装箱检查：在装货前检查集装箱结构的物理完整性和可靠性，包括门的锁闭系统的可靠性，并做好相关登记。
（十六）运输工具安全控制措施	27. 运输工具安全	企业有确保运输工具（拖车和挂车）的完整性，防止未经许可的人员或者物品混入的书面制度和程序。 （1）运输工具存储：运输工具要停放在安全的区域，以防止未经许可的进入或者其他损害，有报告和解决未经许可擅自进入或者损害的程序。 （2）司机身份核实：在货物被接收或者发放前，应对装运或者接收货物的驾驶员进行身份认定。
（十七）危机管理控制措施	28. 危机管理	企业有应对灾害或者紧急安全事故等异常情况的书面制度和程序。 应急机制：具备对灾害或者紧急安全事故等异常情况的报告、处置等应急程序或者机制。
五、附加标准		
（十八）加分标准	29. 加分项目	有下列情形之一的，经海关确认后可以加分： （1）属于海关特殊监管区域内企业。 （2）属于国家鼓励和扶持的信息技术、节能环保、新能源、高端装备制造、新材料等产业之一的企业。 （3）被中国报关协会等全国性行业组织评为优秀报关企业等荣誉称号的。 （4）属于中国外贸出口先导指数样本企业，且 1 年内填报问卷及时率在 90% 以上、问卷答案与出口增速的吻合度在 0.3 以上的；或者属于进口货物使用去向调查样本企业、其他统计专项调查样本企业，且 1 年内填报问卷及时率和复核准确率在 90% 以上的。 （5）属于积极配合海关开展报关单证企业存单，且连续 4 个季度单季存单及时率、准确率高于全国平均水平的企业。

②高级认证企业标准：本认证标准分为内部控制标准、财务状况标准、守法规范标准、贸易安全标准和附加标准，共5大类18条32项（见表1-3）。其中前4类为基础标准，第5类为附加标准。

企业向海关提出适用认证企业管理申请前，应当按照本认证标准进行自我评估，并将自我评估报告随认证申请一并提交海关。

除本认证标准第12、13、14、15、17、22、23项外，其他项不达标或者部分达标的，允许企业规范改进。规范改进期限由海关确定，最长不超过90日。根据规范改进情况，海关认定是否通过认证。

表1-3　海关企业标准
（高级认证）

认证标准			
一、内部控制标准			
（一） 组织机构控制	1. 内部组织架构	（1）进出口业务、财务、内部监督等部门职责分工明确。	
		（2）指定高级管理人员负责关务，对企业认证建立书面或者电子档案。	
	2. 海关业务培训	（1）企业应当建立海关法律法规等相关管理规定的内部培训制度。	
		（2）法定代表人或者其授权人员，负责关务的高级管理人员应当每年至少参加1次海关法律法规等相关管理规定的内部培训，及时了解、掌握相关管理规定。	
（二） 进出口 业务控制	3. 单证控制	具备进出口单证复核或者纠错制度或者程序。 进出口货物收发货人：在申报前或者委托申报前有专门部门或者岗位人员对进出口单证涉及的价格、归类、原产地、数量、品名、规格等内容的真实性、准确性和规范性进行内部复核。 报关企业：代理申报前，有专门部门或者岗位人员对委托人提供的监管证件、商业单据、进出口单证等资料的真实性、完整性和有效性进行合理审查。 物流企业：有专门部门或者岗位人员对运输工具进出境申报信息、舱单及相关电子数据、转关单（载货清单）等物流信息的准确性、一致性进行复核。	
	4. 单证保管	（1）按海关要求建立进出口单证管理制度，确保企业保存的进出口纸质和电子报关单证、物流信息档案的及时性、完整性、准确性与安全性。	
		（2）妥善保管报关专用印章，以及海关核发的证书、法律文书。	
	5. 进出口活动	进出口业务管理流程设置合理、完备，涉及的货物流、单证流、信息流能够得到有效控制，经抽查，未发现有不符合海关监管规定的情形。	

表 1-3 续表 1

		认证标准
（三） 内部审计控制	6. 内审制度	(1) 设立专门的内部审计机构或者岗位，或者聘请外部专职人员独立对进出口业务等实施内部审计。
		(2) 每年至少内审 1 次，建立内审书面或者电子档案。
	7. 责任追究	(1) 建立对进出口业务发现问题或者违法行为的责任追究制度或者措施。
		(2) 建立对企业人员和报关人员私揽货物报关、假借海关名义牟利、向海关人员行贿等行为的责任追究制度或者措施。
	8. 改进机制	(1) 建立改进制度或者措施。
		(2) 对海关要求的规范改进事项，应由负责关务的高级管理人员直接负责具体规范改进实施。
（四） 信息系统控制	9. 信息系统	具备真实、准确、完整、有效记录企业生产经营、进出口或者代理报关活动的信息系统，特别是财务控制、关务、物流控制等功能模块有效运行。
	10. 数据管理	(1) 生产经营数据以及与进出口活动有关的数据及时、准确、完整录入系统。系统数据自进出口货物办结海关手续之日起保存 3 年以上。
		(2) 进出口或者代理报关活动等主要环节在系统中能够实现流程检索、跟踪。
	11. 信息安全	(1) 建立信息安全管理制度，保护信息系统安全，并对员工进行相关培训。
		(2) 有专门程序或者制度，识别信息系统的非正常使用，包括非法入侵信息系统、篡改或者更改业务数据，并对上述行为有严格的责任追究。信息系统要使用专人账户和密码，并且定期更改用户密码。
		(3) 有专门程序或者制度，保护系统和数据，有数据恢复、备份等手段防止信息丢失，应用反病毒软件和防火墙技术。

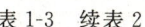

表 1-3　续表 2

认证标准			
二、财务状况标准			
（五） 财务状况	12. 会计信息	（1）会计账簿和财务会计报告等会计资料真实、准确、完整记录和反映进出口活动的有关情况，财务处理及时、规范。	
		（2）企业申请认证的，提交当年度会计师事务所审计报告，审计报告所反映的企业财务状况真实、完整、规范、合法；重新认证的，企业自成为高级认证企业起每年接受会计师事务所审计，审计报告所反映的企业财务状况真实、完整、规范、合法。	
	13. 偿付能力	（1）企业财务的速动比率在安全或者正常范围内。	
		（2）企业财务的资产负债率在安全或者正常范围内。	
	14. 盈利能力	企业主营业务利润率在安全或者正常范围内。	
	15. 缴税能力	生产型进出口货物收发货人：上月末固定资产净值不低于其 3 年内向海关单笔纳税最高额； 非生产型进出口货物收发货人：上年度经营性现金净流量不为负。	
三、守法规范标准			
（六） 遵守法律法规	16. 人员违法	企业法定代表人（负责人）、负责关务的高级管理人员和财务负责人连续 2 年无故意犯罪记录。	
	17. 企业违法	（1）连续 2 年无走私犯罪、走私行为。	
		（2）非报关企业：连续 1 年无因违反海关监管规定被处罚金额超过 3 万元的行为； 报关企业：连续 1 年无因违反海关监管规定被处罚金额超过 1 万元的行为。	
		（3）非报关企业：1 年内违反海关监管规定行为的处罚金额累计 5 万元以下，且违法次数在 5 次以下或者虽然超过 5 次，但违法次数与上年度企业进出口相关单证（报关单及进出境备案清单、运输工具进出境申报信息、舱单及相关电子数据、转关单（载货清单））总票数比率不超过千分之一。（企业自查发现并主动向海关报明，被海关处以警告以及 3 万元以下罚款的除外） 报关企业：1 年内违反海关监管规定行为的次数不超过上年度代理申报报关单及进出境备案清单总票数的万分之一，且处罚金额累计 3 万元以下。（企业自查发现并主动向海关报明，被海关处以警告以及 1 万元以下罚款的除外）	

表 1-3 续表 3

认证标准		
（七） 进出口 业务规范	18. 注册信息	报关单位：按规定报送《报关单位注册信息年度报告》，企业及报关人员在海关的注册登记内容与实际相符。 其他企业：在海关的注册登记内容与实际相符。
	19. 进出口记录	上年度或者本年度有进出口活动或者为进出口活动提供相关服务。
	20. 申报（传输）规范	（1）报关企业：连续 4 个季度单季报关差错率不超过同期全国平均报关差错率。 进出口货物收发人：连续 4 个季度单季报关差错率或者所委托报关企业报关差错率不超过同期全国平均报关差错率。 物流企业：连续 4 个季度单季舱单及相关电子数据传输差错率不超过同期全国平均传输差错率，连续 4 个季度单季运输工具进出境申报信息、转关单（载货清单）等物流信息的申报差错率不超过同期全国平均申报差错率。
		（2）连续 2 个季度单季规范申报率超过 90%。
	21. 税款缴纳	（3）上年度及本年 1 至上月手（账）册超期未报核情事不超过 1 次。
		（1）上年度以及本年度 1 至上月滞纳税款报关单率不超过 5%。
		（2）截至认证期间，没有超过法定缴款期限尚未缴纳税款及罚没款项情事。
（八） 符合海关 管理要求	22. 管理要求	（1）连续 2 年未发现有向海关提供虚假情况或者隐瞒重要事实、拒绝或者拖延提供账簿单证资料、故意转移、隐匿、篡改、毁弃账簿单证资料等逃避海关稽查、逃避税款征缴的情形，或者无正当理由拒不配合海关执法或者管理的情形。
		（2）连续 2 年未发现企业报送信息有隐瞒真实情况、弄虚作假的情形。
		（3）连续 2 年未发现有假借海关或者其他企业名义获取不当利益的情形。
		（4）连续 2 年未发现有向海关人员行贿的行为。
（九） 未有不良 外部信用	23. 外部信用	企业或者其法定代表人（负责人）、负责关务的高级管理人员、财务负责人连续 1 年在工商、商务、税务、银行、外汇、检验检疫、公安、检察院、法院等部门未被列入经营异常名录、失信企业或者人员名单、黑名单企业、人员。

表1-3 续表4

认证标准		
四、贸易安全标准		
（十） 场所安全 控制措施	24.场所安全	企业有检查、阻止未载明的货物和未经许可的人员进入场所、货物装卸和储存区域的书面制度和程序；进出口货物进出的区域设有隔离设施，以防止未经许可的人员进入。 （1）大门和传达室：车辆、人员进出的大门配备人员驻守。 （2）建筑结构：建筑物的建造方式能够防止非法闯入。定期对建筑物进行检查和修缮，确保其完好无损。 （3）照明：企业生产经营场所配备充足的照明，包括以下区域：出入口，货物装卸和储存区，围墙周边及停车场/停车区域。 （4）报警系统及视频监控摄像机：装配报警系统和视频监控摄像机，监测以下区域：出入口，货物装卸和储存区，围墙周边及停车场/停车区域，防止未经许可进入货物存储以及装卸区。 （5）存储区域：在货物装卸和储存区域，以及用于存放进出口货物的区域，设有隔离设施，以阻止任何未经许可的人员进入。 （6）锁闭装置及钥匙保管：所有内外窗户，大门和围栏都设有足够数量的锁闭装置。管理层或者保安人员要保管所有锁和钥匙。
（十一） 进入安全 控制措施	25.进入安全	企业实行门禁管理，有实施员工和访客进出、保护公司资产的书面制度和程序。 （1）员工：具有员工身份识别系统，对员工进行身份识别和进入控制。对员工、访客的身份标识（比如钥匙、钥匙卡等）的发放和回收进行统一管理和登记。 （2）访客：对进入企业的访客要检查带有照片的身份证件并进行登记，访客要佩戴临时身份标识并且有内部人员陪同。 （3）未经许可进入、身份不明的人员：有识别、质询和确认未经许可进入、身份不明的人员的程序；发现可疑人员进入的，企业员工要及时报告。
（十二） 人员安全 控制措施	26.人员安全	企业有审查拟聘员工和定期审查现有员工的书面制度和程序，提供动态的员工清单，包含姓名、出生日期、身份证号码、担任职位。 （1）聘用前审核：聘用员工前，要对其应聘申请信息（例如就业经历、推荐信等）进行核实。 （2）背景调查：聘用员工前，要对其进行有无违法犯罪记录等安全背景的检查或者调查。一经录用，要根据员工表现，以及对处于重要敏感工作岗位的员工进行定期审查和重新调查。 （3）员工离职程序：有书面制度和程序，对离职或者停职员工及时收回工作证件、设备，并禁止其进入企业生产经营场所及使用企业信息系统。 （4）安全培训：要对员工进行供应链安全意识的日常性培训，员工要了解企业应对某种状况以及进行报告的程序。

表 1-3　续表 5

认证标准		
（十三） 商业伙伴安全控制措施	27. 商业伙伴安全	企业有评估、要求、检查商业伙伴供应链安全的书面制度和程序。 （1）全面评估：在筛选商业伙伴时根据本认证标准对商业伙伴进行全面评估，重点评估守法合规和贸易安全，并有书面制度和程序。 （2）书面文件：在合同、协议或者其他书面资料中要求商业伙伴按照本认证标准优化和完善贸易安全管理。 （3）监控检查：定期监控或者检查商业伙伴遵守贸易安全要求的情况，并有书面制度和程序。
（十四） 货物安全控制措施	28. 货物安全	企业有确保供应链中货物在运输、搬运和存放过程中的完整性和安全性的措施和程序。 （1）装运和接收货物：运抵的货物要与货物单证的信息相符，核实货物的重量、标签、件数或者箱数。离岸的货物要与购货订单或者装运订单上的内容进行核实。在货物关键交接环节有签名、盖章等保护制度。 （2）货物差异：在出现货物溢、短装或者其他异常现象时要及时报告或者采取其他应对措施，并有书面制度和程序。
（十五） 集装箱安全控制措施	29. 集装箱安全	企业有确保集装箱的完整性，以防止未经许可的货物或者人员混入的措施和程序。 （1）集装箱检查：在装货前检查集装箱结构的物理完整性和可靠性，包括门的锁闭系统的可靠性，并做好相关登记。检查建议采取"七点检查法"（即对集装箱按照以下顺序检查：前壁、左侧、右侧、地板、顶部、内/外门、外部/起落架）。 （2）集装箱封条：已装货集装箱要施加高安全度的封条，所有封条都要符合或者超出现行 PAS ISO 17712 对高度安全封条的标准，封条有专人管理、登记。要建立施加和检验封条的书面制度和程序，以及封条异常的报告机制。 （3）集装箱存储：集装箱要保存在安全的区域，以防止未经许可的进入或者改装，有报告和解决未经许可擅自进入集装箱或者集装箱存储区域的程序。
（十六） 运输工具安全控制措施	30. 运输工具安全	企业有确保运输工具（拖车和挂车）的完整性，防止未经许可的人员或者物品混入的书面制度和程序。 （1）运输工具的检查程序：有专门程序或者制度检查出入运输工具，防止藏匿可疑物品。 （2）运输工具存储：运输工具要停放在安全的区域，以防止未经许可的进入或者其他损害，有报告和解决未经许可擅自进入或者损害的程序。 （3）司机身份核实：在货物被接收或者发放前，应对装运或者接收货物的驾驶员进行身份认定。

表 1-3　续表 6

认证标准		
（十七）危机管理控制措施	31. 危机管理	企业有应对灾害或者紧急安全事故等异常情况的书面制度和程序。 (1) 应急机制：具备对灾害或者紧急安全事故等异常情况的报告、处置等应急程序或者机制。 (2) 应急培训：要对员工进行应急培训。 (3) 异常报告：发现有灾害或者紧急安全事故等异常情况、非法或者可疑活动，要报告海关或者其他有关执法机关。
五、附加标准		
（十八）加分标准	32. 加分项目	有下列情形之一的，经海关确认后可以加分： (1) 属于海关特殊监管区域内企业。 (2) 属于国家鼓励和扶持的信息技术、节能环保、新能源、高端装备制造、新材料等产业之一的企业。 (3) 被中国报关协会等全国性行业组织评为优秀报关企业等荣誉称号的。 (4) 属于中国外贸出口先导指数样本企业，且1年内填报问卷及时率在90%以上、问卷答案与出口增速的吻合度在0.3以上的；或者属于进口货物使用去向调查样本企业、其他统计专项调查样本企业，且1年内填报问卷及时率和复核准确率在90%以上的。 (5) 属于积极配合海关开展报关单证企业存单，且连续4个季度单季存单及时率、准确率高于全国平均水平的企业。

海关或者申请企业可以委托具有法定资质的社会中介机构对企业进行认证；中介机构认证结果经海关认可的，可以作为认定企业信用状况的参考依据。

海关自收到企业书面认证申请之日起 90 日内作出认证结论。特殊情形下，海关认证时限可以延长 30 日。

企业有下列情形之一的，海关终止认证：发生涉嫌走私或者违反海关监管规定的行为被海关立案侦查或者调查的，主动撤回认证申请的，其他应当终止认证的情形。

2）失信企业

企业有下列情形之一的，海关认定为失信企业：

①有走私犯罪或者走私行为的；

②非报关企业 1 年内违反海关监管规定行为次数超过上年度报关单、进出境备案清单等相关单证总票数千分之一，且被海关行政处罚金额超过 10 万元的违规行为 2 次以上的，或者被海关行政处罚金额累计超过 100 万元的；

报关企业 1 年内违反海关监管规定行为次数超过上年度报关单、进出境备案清单总票数万分之五的，或者被海关行政处罚金额累计超过 10 万元的；

③拖欠应缴税款、应缴罚没款项的；

④上一季度报关差错率高于同期全国平均报关差错率 1 倍以上的；

⑤经过实地查看，确认企业登记的信息失实且无法与企业取得联系的；

⑥被海关依法暂停从事报关业务的；

⑦涉嫌走私、违反海关监管规定拒不配合海关进行调查的；

⑧假借海关或者其他企业名义获取不当利益的；

⑨弄虚作假、伪造企业信用信息的；

⑩其他海关认定为失信企业的情形。

3）一般信用企业

企业有下列情形之一的，海关认定为一般信用企业：

①首次注册登记的企业；

②不再符合认证企业规定条件，且未发生失信企业所列情形的；

③适用失信企业管理满 1 年，且未再发生失信企业规定情形的。

4）企业信用状况的调整

海关对企业信用状况的认定结果实施动态调整。海关对高级认证企业每 3 年重新认证一次，对一般认证企业不定期重新认证。未通过认证的企业，不再适用认证企业管理，1 年内不得再次申请成为认证企业；未通过高级认证但符合一般认证企业标准的，适用一般认证企业管理。

适用失信企业管理满 1 年，且未再发生失信企业规定情形的，海关应当将其调整为一般信用企业管理。

失信企业被调整为一般信用企业满 1 年的，可以向海关申请成为认证企业。

（4）管理原则和措施

1）认证企业适用的管理原则和措施

①一般认证企业适用的管理原则和措施：

A. 较低进出口货物查验率；

B. 简化进出口货物单证审核；

C. 优先办理进出口货物通关手续；

D. 海关总署规定的其他管理原则和措施。

②高级认证企业适用的管理原则和措施：

高级认证企业除适用一般认证企业管理原则和措施外，还适用下列管理措施：

A. 在确定进出口货物的商品归类、海关估价、原产地或者办结其他海关手续前先行办理验放手续；

B. 海关为企业设立协调员；

C. 从事加工贸易的企业，不实行银行保证金台账制度；

D. AEO互认国家或者地区海关提供的通关便利措施。

高级认证企业适用的管理措施优于一般认证企业。

2）失信企业适用的管理原则和措施

①较高进出口货物查验率；

②进出口货物单证重点审核；

③加工贸易等环节实施重点监管；

④海关总署规定的其他管理原则和措施。

3）信用状况认定不一致的企业适用的管理原则和措施

因企业信用状况认定结果不一致导致适用的管理措施相抵触的，海关按照就低原则实施管理。

认证企业涉嫌走私被立案侦查或者调查的，海关暂停适用相应管理措施，按照一般信用企业进行管理。

4）名称及海关注册编码发生变更的企业适用的管理原则和措施

企业名称或者海关注册编码发生变更的，海关对企业信用状况的认定结果和管理措施继续适用。

5）其他情况下的企业适用的管理原则和措施

企业有下列情形之一的，按照以下原则作出调整：

①企业发生存续分立，分立后的存续企业承继分立前企业的主要权利义务的，适用海关对分立前企业的信用状况认定结果和管理措施，其余的分立企业被视为首次注册企业；

②企业发生解散分立，分立企业被视为首次注册企业；

③企业发生吸收合并，合并企业适用海关对合并后存续企业的信用状况认定结果和管理措施；

④企业发生新设合并，合并企业被视为首次注册企业。

5. 报关单位的海关法律责任

报关单位在办理报关业务时，应遵守国家有关法律、行政法规和海关的各项规定，并对所申报货物、物品的品名、规格、价格、数量等的真实性、合法性负责，承担相应的法律责任。

报关单位的海关法律责任，是指报关单位违反海关法律规范所应承担的法律后果，并由海关及有关司法机关对其违法行为依法予以追究，实施法律制裁。《中华人民共和国海关法》、《海关行政处罚实施条例》和有关海关行政规章等都对报关单位的法律责任进行了规定。《中华人民共和国刑法》（以下简称《刑法》）关于走私犯罪的规定，《中华人民共和国行政处罚法》（以下简称《行政处罚法》）关于行政处罚的原则、程序、时效、管辖、执行等规定，也都适用于对报关单位海关法律责任的追究。

（1）报关单位海关法律责任的原则性规定

①报关单位违反《中华人民共和国海关法》及有关法律、行政法规，逃避海关监管，偷逃应纳税款，逃避国家有关进出境的禁止性或者限制性管理，非法运输、携带、邮寄国家禁止、限制进出口或者依法应当缴纳税款的货物、物品进出境，或者未经海关许可并且未缴纳应纳税款、交验有关许可证件，擅自将保税货物、特定减免税货物以及其他海关监管货物、物品、进境的境外运输工具在境内销售，构成犯罪的，将被依法追究刑事责任。

②报关单位违反《中华人民共和国海关法》及有关法律、行政法规，逃避海关监管，偷逃应纳税款，逃避国家有关进出境的禁止性或者限制性管理，非法运输、携带、邮寄国家禁止、限制进出口或者依法应当缴纳税款的货物、物品进出境，或者未经海关许可并且未缴纳应纳税款、交验有关许可证件，擅自将保税货物、特定减免税货物以及其他海关监管货物、物品、进境的境外运输工具在境内销售，尚不构成犯罪的，由海关没收走私货物、物品及违法所得，可以并处罚款；对专门或者多次用于掩护走私的货物、物品，专门或者多次用于走私的运输工具，海关将予以没收；对藏匿走私货物、物品的特制设备，海关将责令拆毁或者没收。

③报关单位有违反《中华人民共和国海关法》及有关法律、行政法规、海关规章或海关规定程序、手续，尚未构成走私的行为，海关按《海关行政处罚实施条例》的有关规定处理。

（2）报关单位违反海关监管规定的行为及其处罚

①违反国家进出口管理规定，进出口国家禁止进出口的货物的，责令退运，处100万元以下罚款。

②违反国家进出口管理规定，进出口国家限制进出口的货物的，进出口货物的收发货人向海关申报时不能提交许可证件的，进出口货物不予放行，处货物价值30%以下罚款。

③违反国家进出口管理规定，进出口属于自动进出口许可管理的货物，进出口货物的收发货人向海关申报时不能提交自动许可证明的，进出口货物不予放行。

④报关单位在办理报关业务的过程中，进出口货物的品名、税则号列、

数量、规格、价格、贸易方式、原产地、起运地、运抵地、最终目的地或者其他应当申报的项目未申报或者申报不实的，分别依照下列规定予以处罚，有违法所得的，没收违法所得：

影响海关统计准确性的，予以警告或者处 1 000 元以上 1 万元以下罚款；

影响海关监管秩序的，予以警告或者处 1 000 元以上 3 万元以下罚款；

影响国家许可证件管理的，处货物价值 5％ 以上 30％ 以下罚款；

影响国家税款征收的，处漏缴税款 30％ 以上 2 倍以下罚款；

影响国家外汇、出口退税管理的，处申报价格 10％ 以上 50％ 以下罚款。

在代理报关业务中，因进出口货物收发货人未按照规定向报关企业提供所委托报关事项的真实情况，致使发生上述情形的，有关法律责任由委托人承担；因报关企业对委托人所提供情况的真实性未进行合理审查，或者因工作疏忽致使发生上述情形的，可以对报关企业处货物价值 10％ 以下罚款，暂停其 6 个月以内从事报关业务，情节严重的，撤销其报关注册登记。

⑤报关单位有下列行为之一的，处货物价值 5％ 以上 30％ 以下罚款，有违法所得的，没收违法所得：

未经海关许可，擅自将海关监管货物开拆、提取、交付、发运、调换、改装、抵押、质押、留置、转让、更换标记、移作他用或者进行其他处置的；

未经海关许可，在海关监管区以外存放海关监管货物的；

经营海关监管货物的运输、储存、加工、装配、寄售、展示等业务，有关货物灭失、数量短少，或者记录不真实，不能提供正当理由的；

经营保税货物的运输、储存、加工、装配、寄售、展示等业务，不依照规定办理收存、交付、结转、核销等手续，或者中止、延长、变更、转让有关合同不依照规定向海关办理手续的；

未如实向海关申报加工贸易制成品单位耗料量的；

未按照规定期限将过境、转运、通运货物运输出境，擅自留在境内的；

未按照规定期限将暂时进出口货物复运出境或者复运进境，擅自留在境内或者境外的；

有违反海关规定的其他行为，致使海关不能或者中断对进出口货物实施监管的。

上述规定中所涉货物属于国家限制进出口需要提交许可证件的，当事人在规定期限内不能提交许可证件的，另处货物价值 30％ 以下罚款；漏缴税款的，可以另处漏缴税款 1 倍以下罚款。

⑥报关单位有下列行为之一的，予以警告，可以处 3 万元以下罚款：

擅自开启或者损毁海关封志的；

遗失海关制发的监管单证、手册等凭证，妨碍海关监管的。

⑦伪造、变造、买卖海关单证的，处 5 万元以上 50 万元以下罚款，有违法所得的，没收违法所得；构成犯罪的，依法追究刑事责任。

⑧进出口侵犯知识产权的货物的，没收侵权货物，并处货物价值 30％以下罚款；构成犯罪的，依法追究刑事责任。

需要向海关申报知识产权状况，而未按规定向海关如实申报的，或者未提交合法适用有关知识产权的证明文件的，可以处 5 万元以下罚款。

⑨报关企业有下列情形之一的，责令改正，给予警告，可以暂停其 6 个月以内从事报关业务：

拖欠税款或者不履行纳税义务的；

报关企业出让其名义供他人办理进出口货物报关纳税事宜的；

损坏或者丢失海关监管货物，不能提供正当理由的；

有需要暂停其从事报关业务的其他违法行为的。

⑩报关企业有下列情形之一的，海关可以撤销其注册登记：

报关企业构成走私犯罪或者 1 年内有 2 次以上走私行为的；

被海关暂停从事报关业务，恢复从事报关业务后 1 年内再次发生拖欠税款或者不履行纳税义务、出让企业名义供他人办理进出口货物报关纳税事宜、损坏或者丢失海关监管货物且不能提供正当理由等情形的；

有需要撤销其注册登记的其他违法行为的。

⑪报关企业非法代理他人报关或者超出海关准予的从业范围进行报关活动的，责令改正，处 5 万元以下罚款，暂停其 6 个月以内从事报关业务；情节严重的，撤销其报关注册登记。

⑫进出口货物收发货人、报关企业向海关工作人员行贿的，撤销其报关注册登记，并处 10 万元以下罚款；构成犯罪的，依法追究刑事责任，并不得重新注册登记为报关企业。

⑬提供虚假资料骗取海关注册登记的，撤销其注册登记，并处 30 万元以下罚款。

⑭海关对于未经海关注册登记从事报关业务的，予以取缔，没收违法所得，可以并处 10 万元以下罚款。

⑮报关单位有下列情形之一的，海关予以警告，责令其改正，并可以处 1 万元以下罚款：

报关单位企业名称、企业性质、企业住所、法定代表人（负责人）等海关注册登记内容发生变更，未按照规定向海关办理变更手续的；

向海关提交的注册信息中隐瞒真实情况、弄虚作假的。

6. 报关人员

报关人员，即报关员，是指经报关单位向海关备案，专门负责办理所在单位报关业务的人员。

海关对报关员的管理主要体现在报关单位向海关的报备、报关单位与报关员法律关系的确认和法律责任的承担3个方面。

（1）海关对报关员的管理内容

海关对报关员的管理主要体现在报关单位向海关的报备、报关单位与报关员法律关系的确认和法律责任的承担3个方面。

①《报关单位注册登记管理规定》明确规定：报关单位对其所属报关人员的报关行为应当承担相应的法律责任。这进一步强化了报关单位对所属报关人员的管理责任及其应当承担的法律责任。

报关员的报关行为是基于报关单位的授权，并以报关单位的名义来办理的，因此，是一种职业行为。职业行为的法律责任应该由所在报关单位承担，但如果报关员利用执业之便而违法则要自行承担。如果明知报关单位的行为违法而故意实施，则应当与报关单位一并承担连带责任。

②报关单位与所属报关员的劳动合同关系的真实性和有效性由报关单位负责，在"报关员情况登记表"中注明并加盖公章确认。

③《报关单位注册登记管理规定》明确由报关单位为所属报关员办理海关有关手续。

报关单位所属人员从事报关业务的，报关单位应当到海关办理备案手续，海关予以核发证明。它包含3层含义：

由所在报关单位向海关提出和办理备案手续。只有在海关注册登记的报关单位才能够向海关申请为其所属的报关从业人员办理备案手续。海关不接受以个人名义提出的备案申请。

报关员只能受聘于一家报关单位。

报关单位所属人员从事报关业务到海关备案的，海关收取"报关单位情况登记表"（所属报关人员），并验核拟备案报关人员有效身份证件原件后，核发"报关人员备案证明"，如图1-3所示。

（2）报关员的权利

1）报关权

作为从事报关业务的专门人员，有权以所属报关单位的名义执业，办理报关业务。报关员可以办理的业务包括：

①如实申报进出口货物的商品编码、商品名称、规格型号、实际成交价格、原产地及相应优惠贸易协定代码等报关单有关项目，并办理填制报关单、

```
                           报关人员备案证明

        （报关单位名称）：
          你单位（海关注册编码：_____）所属报关人员_____（（身份证件类型）号码：_____）
        已完成海关备案，备案编号：_____，备案日期：_____。

                                                              海关
                                                          （注册登记印章）
                                                              年 月 日
```

图 1-3　报关人员备案证明

提交报关单证等与申报有关的事项。

②申请办理缴纳税费和退税、补税事宜。

③申请办理加工贸易合同备案（变更）、深加工结转、外发加工、内销、放弃核准、余料结转、核销及保税监管等事宜。

④申请办理进出口货物减税、免税等事宜。

⑤协助海关办理进出口货物的查验、结关。

2）监督权

报关员有权对违反国家规定、逃避海关监管的行为进行举报，有权对海关及其工作人员违法、违纪行为进行控告、检举。

3）查询权

报关员有权向海关查询其办理的报关业务情况。

（3）报关员的义务

1）依法报关

报关员应当遵守海关法律法规和规章，依法办理报关业务。

2）合理审查

报关员应该熟悉所申报货物的基本情况，对申报内容和有关材料的真实性、完整性进行合理审查，提交齐全、正确、有效的单证，准确、清楚、完整地填制报关单证。

3）配合执法

具体包括：海关查验进出口货物时，报关员应配合海关查验，配合海关稽查和对涉嫌走私违规案件的查处，协助落实海关对报关单位管理的具体措施。

4）协助工作

报关员需配合所属报关单位完整保存各种原始报关单证、票据、函电等资料，协助报关单位办理有关事项。

7. 报关协会

(1) 中国报关协会

中国报关协会（China Customs Brokers Association，简称 CCBA）成立于 2002 年 12 月。中国报关协会是由地方报关协会、在海关注册的报关单位和个人自愿结成的非营利性质的具有法人资格的全国性行业组织。其宗旨是：配合政府部门加强对我国报关行业的管理；维护、改善报关市场的经营秩序；促进会员间的交流与合作；依法代表本行业利益，保护会员的合法权益；促进我国报关服务行业的健康发展。中国报关协会登记管理机关为民政部，业务主管单位为海关总署。

中国报关协会的业务范围是：指导协调、行业自律、培训考试、信息交流、咨询服务、出版刊物、国际合作。

①贯彻《中华人民共和国海关法》及国家有关法律、法规和政策，协助政府部门加强对报关行业的自律管理。

②调查研究各有关方面对报关行业的要求，综合分析报关市场的供求关系和发展趋势，为会员提供信息咨询服务，同时向有关部门反映会员的意见和要求，为政府制定行业发展规划和管理政策提出建议。

③规范行业行为，提倡行业道德操守。

④接受国家主管的委托授权，制定报关服务行业标准，规范报关作业程序，促进通关效率的提高。

⑤代表本行业协调与有关业务主管部门、企业的工作关系；反映会员的建议和要求，协助解决有关问题，维护会员的合法权益。

⑥协调、指导地方报关协会的业务开展和工作交流。

⑦经国家主管部门委托授权，组织报关从业人员的职业等级评定、颁发证书，组织报关从业人员的培训，编写培训教材，提高报关从业人员素质及报关经理人的经营管理水平。

⑧收集、整理、发送报关行业的信息，组织相关的研讨、论坛、展示活动，依据国家规定出版会刊及专业刊物，创办网站。

⑨代表本行业参加国际性同行业组织，出席有关国际会议，与国际和地区的同行业组织建立业务联系，促进国际合作与交流。

⑩兴办与宗旨、业务相关的实体。

⑪经有关政府主管部门批准，对报关企业和报关从业人员进行表彰、奖励。

⑫承担政府部门、相关团体和会员委托的工作。

(2) 地方报关协会

地方报关协会是由当地报关单位、相关社会团体及个人自愿结成的自律性、具有法人资格的非营利性报关行业组织。由于报关业务的特殊性，地方报关协会业务所覆盖的地区与当地海关的关区相吻合，所在地相应的民政部门是地方报关协会的登记管理机关，当地的直属海关是协会的业务主管部门。地方报关协会的章程，如业务范围、会员管理、组织机构等，基本与中国报关协会章程一致，地方报关协会一般是中国报关协会的常务理事单位。目前，全国已经成立的地方报关协会有北京、上海、天津、厦门、福州等几十个。

1.2.4 操练

长安天马汽车有限公司 （4403131234） 由于业务发展的需要，需进口汽车发动机加工中心，集团董事会考虑到集团的长期发展，成立报关企业——深圳富强报关有限公司 （4403182345） 办理汽车加工中心进口通关手续。

2014 年公布施行的《报关单位注册登记管理规定》采用了两步并一步的简化做法，即在申请行政许可的同时办理注册登记，应当提交的文件材料：

A. 报关单位注册登记业务受理作业表；

B. 企业法人授权委托书原件和被委托人的身份证原件和加盖公章的复印件或代理报关委托书和报关人员身份证原件和加盖公章的复印件；

C. 报关单位情况登记表；

D. 外资企业提供政府主管部门对合同章程 （批准公司成立） 的批准文件原件和加盖公章的复印件，及公司成立时的章程；

E. 中华人民共和国台、港、澳、侨投资企业批准证书或中华人民共和国外商投资企业批准书原件和加盖公章的复印件；

F. 企业法人营业执照副本原件和加盖公章复印件；

G. 组织机构代码证副本原件和加盖公章复印件；

H. 法定代表人身份证原件及加盖公章的复印件。

申请人按照上述规定提交复印件的，应当同时向海关交验原件。

经海关审查，申请人的申请符合法定条件的，海关依法作出准予注册登记许可的书面决定，并送达申请人，同时核发"中华人民共和国海关报关单位注册登记证书"（以下简称报关注册登记证书）。

根据 2014 年《中华人民共和国海关企业信用管理暂行办法》（海关总署令 225 号）规定，首次注册登记的企业为一般信用企业。

1.2.5 报关单相关栏目

1. 进口口岸/出口口岸

(1) 定义

指货物实际进入 (运出) 我国关境口岸海关的名称, 这栏一般从所给出的单据中能找到相应的内容。这里要注意的地方就是进口口岸是进入我国关境的第一个海关, 出口口岸是运离我国关境的最后一个海关。

本栏目应根据货物实际进 (出) 口的口岸海关选择填报 "关区代码表" 中相应的口岸海关名称及代码。

(2) "关区代码表"

口岸海关名称及四位数代码 (前两位直属海关代码, 后两位隶属海关)。关区代码表有隶属海关关别及代码时, 则应填报隶属海关名称及代码。如关区代码表没有隶属海关关别及代码时, 则应填报直属海关名称及代码。

(3) 填报要求

①实际进 (出) 境的货物, 填报实际进 (出) 口的海关。

②加工贸易合同项下货物必须在海关核发的登记手册 (或分册, 下同) 限定或指定的口岸。与货物实际进出境口岸不符的, 应向合同备案主管海关办理电子底账的变更手续后填报。

③进口转关运输货物应填报货物进境地海关名称及代码, 出口转关运输货物应填报货物出境地海关名称及代码。

④按转关运输方式监管 (境内转关) 的跨关区深加工结转货物, 出口报关单填报转出地海关名称及代码, 进口报关单填报转入地海关名称及代码。

⑤在不同海关特殊监管区域或保税监管场所之间调拨、转让的货物, 填报对方特殊监管区域或保税监管场所所在的海关名称及代码。

2. 经营单位

(1) 定义

对外贸易经营者 (经营单位), 是指依法办理工商登记或者其他执业手续, 依照《对外贸易法》和其他有关法律、行政法规的规定从事对外贸易经营活动的法人、其他组织或者个人。

经营单位有权自行对外签订合同, 进口或出口各类国家允许进出口的货物与技术, 并实际履行合同。报关单中的经营单位更看中的是具体执行进出口贸易合同的中国境内企业、单位或个体工商户。合同签订者与执行者不是同一企业的经营单位应该按执行合同的企业填报。谁跟国外的客户进行货款的结算, 经营单位就填谁。此情况通常指总公司签订合同而由分公司来执行,现在这样的情况已不多见。例如中国化工进出口公司对外统一签约，而由辽宁省化工进出口公司负责合同的具体执行，则经营单位为辽宁省化工进出口公司。

（2）编码结构

经营单位编码为 10 位数字，企业在所在地主管海关办理注册登记手续时，海关发证时给企业设置的注册登记编码。这个编码包含了不在经营单位栏目填报的报关企业和不拥有报关权的加工贸易加工企业。

经营单位编码是每个企业在全国范围内唯一的、始终不变的代码标识。通过经营单位的编码能够了解一个企业的所在地区和企业的经济类型。10 位编码结构设置是有规则的，规则如下：

"行政区划（4）" ＋ "经济区划（1）" ＋ "企业经济类型（1）" ＋ "顺序码（4）"

①第 1—4 位：为经营单位属地的行政区划代码，其中 1—2 位表示省（自治区、直辖市），例如上海市为 "31"，广东省为 "44"。3—4 位表示省辖市（地区、省直辖行政单位），包括省会城市、计划单列城市、沿海开放城市，第 3、4 位为 "90" 的表示未列明的省直辖行政单位。例如广东省广州市为 "4401"，广东省珠海市为 "4404"，广东省其他未列名地区为 "4490"。

②第 5 位：表示市内经济区域。应记住此前 5 位代码的含义，因为这前 5 位代码也是企业所在地的国内地区代码。可以根据此遍码的前 5 位判断和填写 "境内目的地" 或 "境内货源地" 栏目。第 5 位其数字含义分别如下：

"1" ——表示经济特区；

"2" ——表示经济技术开发区和上海浦东新区；

"3" ——表示高新技术开发区；

"4" ——表示保税区；

"5" ——表示出口加工区；

"7" ——表示物流园区；

"9" ——其他未列名地区。

例如 广州经济技术开发特区为 "44012"、中山市高新技术开发区为 "44203"、中山市其他地区为 "44209"。

因为境内目的地和货源地栏目要求填写到经济区划，也就是代码的第 5 位表示出的地区。因此应该特别记住第 5 位是 2、9 的含义，因为报关单考试题目中涉及的企业其海关经营单位编码第 5 位多是 2、9 的，也就是说多是开发区内的企业或者是其他未列明经济区域的企业。比如收货单位的编码是44209×××××，则表示该收货单位是位于广东中山市其他未列明经济区域，境内目的地栏目应该填"广东中山其他"。学到境内目的地或境内货源地栏目的时候应该再次看看这部分内容。

③第6位：为企业经济类型的代码，表示企业性质（应熟记此位代码，报关员考试题目可能需要根据企业性质来判断填写经营单位或判断贸易方式、征免性质等）。第6位其数字含义分别如下：

"1"——表示国有企业（包括专业外贸公司、工贸公司及其他有进出口经营权的国有企业）；

"2"——表示中外合作企业；

"3"——表示中外合资企业；

"4"——表示外商独资企业；

"5"——表示有进出口经营权的集体企业；

"6"——表示有进出口经营权的私营企业；

"7"——表示有进出口经营权的个体工商户；

"8"——表示有报关权而无进出口经营权的企业（主要包括报关行和有报关权的货代公司等）；

"9"——表示其他（包括外商企业驻华机构、外国驻华使领馆等机构和临时有进出口经营权的单位）。

中外合资：是外国的公司、企业和其他经济组织或个人经中国政府批准在中国境内同中国的公司、企业或其他经济组织共同举办合营企业。形式为有限责任公司。合营各方按注册资本的比例分享利润和分担风险和亏损。

中外合作：是外国的企业和经济组织或者个人同中国的企业或者经济组织在中国境内举办中外合作经营企业。中外合作企业是在合同中约定投资或者合作条件、收益或者产品的分配、风险和亏损的分担、经营管理方式和企业终止时财产的归属等事项。特点是契约式合营，大都为"非法人式"，少数为法人。

中外合资与中外合作企业的区别主要是一个是按投入资本的比例来分享利润、分担风险和亏损，而另一个是根据合同确定。

外资企业：是在中国境内设立的全部资本由外国投资者投资的企业。也就是外商独资企业。"外资企业"是专指外商独资企业。

以上中外合资、中外合作及外商独资企业合称三资企业，即本教材及相关的法律法规中使用的"外商投资企业"，其余为全内资企业。

重点应该记住该位数字是 2、3、4、8 的所表示的企业性质。

例 1："浙江嘉宁皮革有限公司 331392××××"，公司名称后面的 10 数字代表该企业的海关编码，其中前 2 位数字"33"表示的是浙江省，3、4 位数字"13"表示的是海宁市，第 5 位"9"表示其他地区，第 6 位"2"表示是中外合作企业。所以这家公司是浙江海宁的一家中外合作企业。

例 2："浙江浙海服装进出口公司 331391××××"，其中前 2 位数字"33"表示的是浙江省，3、4 位数字"13"表示的是海宁市，第 5 位"9"表示其他地区，第 6 位"1"表示国有进出口公司。所以这是一家浙江海宁的国有进出口公司。

例 3："沈阳贝沈钢帘有限公司（210123××××）"，"21"是辽宁省的代码，"01"是代表沈阳，第 5 位数字"2"表示经济技术开发区，第 6 位"3"表示中外合资企业。因此这家公司是辽宁沈阳经济技术开发区的一家中外合资企业。

例 4："万威微型电机大连有限公司（210224××××）"，"2102"是辽宁大连的区域代码，第 5 位"2"代表经济技术开发区，第 6 位"4"代表外商独资企业。根据我国的工商注册原则，企业名称中都带有企业属地的城市名称。因此根据该公司名称中带有"大连"2 字就可以确定该企业经营单位编码中的前 4 位"2102"的编码含义是表示行政区划辽宁大连。再根据第 5 位是"2"知道该企业位于大连开发区内。

例 5："辽宁龙信国际货运公司（210298××××）"，前 5 位"21029"表示区域为辽宁大连其他，第 6 位数是"8"表示有报关权而无进出口经营权的企业，实际在海关注册的性质就是一家报关企业。

④第 7—10 位：为顺序号。

（3）填报要求

填报格式："经营单位中文名称"＋"经营单位编码"，经营单位名称和编码都要填写，只填报其中一个为错。

特殊情况下经营单位填报原则如下：

①进出口企业之间相互代理进出口，或没有进出口经营权的企业委托有进出口经营权的企业代理进出口的，填报代理方。

例如：大连万凯化工贸易公司（210291××××）代理大连万凯化工有限公司（210225××××）对外签约出口三氯硝基甲烷。

经营单位栏目的正确填写是："大连万凯化工贸易公司 210291××××"。

应该注意代理进出口与代理报关的区别。代理进出口是代理人与外方签订进出口合同，是一种贸易上的代理行为。代理报关是报关服务的行为，代理方报关企业不能作为经营单位填写在此栏。

要掌握普通的代理和委托与代理外商投资企业进口投资设备物品的在填报上的不同。要会区别代理外商投资企业进口的是投资设备、物品，还是非投资设备、物品，要掌握它们填写的不同。

②外商投资企业委托有进出口经营权的企业在投资总额内进出口投资设备、物品的，经营单位应填外商投资企业名称及代码，并在标记唛码及备注栏注明"委托××公司进口"。

例如："广州轻工机械进出口公司（440191××××）受广州粤港服装有限公司（440123××××）委托在投资总额内进口服装加工设备。货物于×××年×月×日运抵口岸，次日广州轻工机械进出口公司持编号为Z××× ×××××××的征免税证明向海关报关"。

从例子的描述中可以看到广州粤港服装有限公司其经营单位编码"440123××××"中的第6位是"3"，是一家中外合资企业属于外商投资企业，并且其委托进口的是在投资总额内享受特定减税的设备（有Z字头的征免税证明）。这种情形下报关单的经营单位栏目应该填写："广州粤港服装有限公司440123××××"，并且在标记唛码及备注栏注明"委托广州轻工机械进出口公司（440191××××）进口"。

需要注意的是如果外商投资企业委托外贸企业进口非投资设备、物品，如一般贸易货物的生产原料的或者委托出口产品，此栏目还应该按上面1）的填报要求填被委托的外贸企业。

例如："中外合资沈阳贝沈钢帘有限公司（210123××××）使用自有资金，委托上海新元五矿贸易公司（310591××××）进口镀黄铜钢丝"。

此例中虽然沈阳贝沈钢帘有限公司（210123××××）是一家中外合资企业，但其委托进口的货物不是投资设备物品，而是使用自有资金进口的原材料。因此不符合②的要求，而应该按①的要求经营单位栏目填报代理方：上海新元五矿贸易公司310591××××。

"投资进口的设备、物品"是专指外商投资企业在投资总额内进口自用的、经批准享受特定减免税政策的，使用"征免税证明"进口的货物。这样的进口形式，海关为其定义有特定的"贸易方式"，关于哪些贸易方式进口的属于"投资设备、物品"还将在贸易方式栏目的填写中讲到。

外商投资企业包括中外合资企业、中外合作企业和外商独资企业（也称外资企业），也既是经营单位编码第6位是"2、3、4"的企业。如果企业注册编码第6位是"2、3、4"的企业委托外贸公司进口投资设备物品时经营单位栏目填写外商投资企业的中文名称及其10位数代码。

③进口援助、赠送、捐赠的货物填写直接接受货物的单位的名称及海关编码（多为临时的编码）。

④经营单位编码第6位是"8"的单位，是只有报关权而没有进出口经营权的企业，不得作为经营单位填报。经营单位栏目填写的经营单位实际就是进出口货物收发货人，而报关企业、报关活动相关人也需要在海关注册或登记，也有一个10的编码。但他们不是经营单位，不能够做为经营单位填写在本栏目。

⑤境外企业不得作为经营单位填报，如委托我驻港澳机构成交的，经营单位填国内委托人。例如，上海汽车进出口公司委托香港大兴汽车进出口公司进口企业，其经营单位为上海汽车进出口公司。

3. 收/发货单位

(1) 定义

收货单位是指已知的进口货物在境内的最终消费、使用单位，包括自行从境外进口货物的单位（自理外贸）或者委托有外贸进出口经营权的企业进口货物的单位（代理外贸）。

发货单位是指已知的出口货物在境内的生产货物销售单位，包括自行出口货物的单位（自理外贸）或者委托有外贸进出口经营权的企业出口货物的单位（代理外贸）。

(2) 填报要求

有海关注册编码或加工企业编码的收、发货单位，本栏目应填报其中文名称及编码；没有编码的应填报其中文名称。使用"加工贸易手册"管理的货物，报关单的收、发货单位应与"加工贸易手册"的"经营企业"或"加工企业"一致；减免税货物报关单的收、发货单位应与"征免税证明"的"申请单位"一致。进口构成整车特征的汽车零部件，收货单位栏应填汽车生产企业名称。

4. 境内目的地/境内货源地

(1) 定义

境内目的地指已知的进口货物在国内的消费、使用地或最终运抵地，即收货单位所在地。已知收货人将货物转让销售的，以转让后去往地区为准，其中最终运抵地为最终使用单位所在的地区。最终使用单位难以确定的，填报货物进口时预知的最终收货单位所在地。

境内货源地指出口货物在国内的产地或原始发货地，即发货单位所在地。出口货物产地难以确定的，填报最早发运该出口货物的单位所在地。出口报关单填货源地，顾名思义，货源地就是货物产地，工业品则是制造商所在地。

（2）填报要求

本栏目应根据进口货物的收货单位、出口货物生产厂家或发货单位所属国内地区，并按海关规定的"国内地区代码表"选择填报相应的国内地区名称及代码，即收发货单位企业编码的前 5 位代码。

填制报关单时，"境内目的地"栏北京等四个直辖市只写到区、县一级，其余省只写到省辖市（地区、省直辖行政单位），尽管实际可能是××街道、××镇。

境内目的地栏中的代码的编排内涵与经营单位编码前 5 位完全相同，即第 1、2 位代表省、自治区、直辖市，第 3、4 位代表省辖市（地区、省市辖行政单位），第 5 位代表市经营区划。境内目的地栏要填写行政地区名称即社会地址名称，不能填收货单位名称，前 4 位代表了行政区划。

5. 申报单位

本栏目指报关单左下方用于填报申报单位（报关单位）有关情况的总栏目。

申报单位指对申报内容的真实性直接向海关负责的企业或单位。自理报关的，应填报进（出）口货物的经营单位名称及代码；委托代理报关的，应填报经海关批准的报关企业名称及代码。

本栏目还包括报关单位地址、邮编和电话等分项目，由申报单位的报关员填报。

▶ 1.3 任务三　海关监管条件的确认

1.3.1　任务分析

长安天马汽车有限公司因生产需要，需从法国进口汽车加工中心，通过任务二的学习，我们知道报关活动相关的主体及其职能，为了顺利通关，我们必须掌握汽车加工中心进口所需的海关监管条件。

1.3.2　任务实施

实训小组查询海关监管条件相关资料，写出一份分析报告，详细解说每个细节，最后制成 PPT，在课堂展示给其他同学，老师可边点评边鼓励同学课堂讨论，发问。

1.3.3　知识链接——对外贸易管制

1. 对外贸易管制概述

（1）对外贸易管制的概念及分类

1）对外贸易管制的概念

对外贸易管制是指一国政府为了国家的宏观经济利益、国内外政策需要以及履行所缔结或加入国际条约的义务，确立实行各种管制制度、设立相应管制机构和规范对外贸易活动的总称。

2）对外贸易管制的分类

对外贸易管制涉及面较广，在进出口活动的各方面领域中，像工农业、技术、医药、军事、环境保护、资源保护，还有税收、外汇、金融、保险以及外商投资企业管理政策等都有对外贸易管制。对外贸易管制通常有三种分类形式：

①按管理目的分为进口贸易管制和出口贸易管制；

②按其管制手段分为关税措施和非关税措施；

③按管制对象分为货物进出口贸易管制、技术进出口贸易管制和国际服务贸易管制。

（2）对外贸易管制目的及特点

1）对外贸易管制目的

①保护本国经济利益、发展本国经济；

②推行本国的外交政策；

③实现其国家职能。

2）对外贸易管制的特点

①贸易管制政策是一国对外政策的体现；

②贸易管制会因时因势而变化；

③以对进口的管制为重点。

（3）对外贸易管制目标的实现

1）海关监管是实现贸易管制的重要手段

实现对外贸易管制，主要是依靠国家行政机关的行政管理，各职能部门通过行政管理方式、方法和不同的管理手段，达到有效管制对外贸易的目的。海关代表国家依据法律赋予的权力，在口岸行使监督管理的职能，监管货物、技术以及运输工具和物品的合法进出境。海关是对外贸易法律、行政法规的执行和监督管理机关。国家通过颁布对外贸易法律、行政法规，制定各项规章制度，维护对外贸易的正常秩序。海关监管正是以这些法律行政法规及规章为依据，通过对进出境货物、技术的实际监管，实现对外贸易管制的目标。因此，确保货物、技术进出口的合法性是海关监管工作的重要内容。

进出口货物或技术都需要通过设有海关的地点进出境，而国家制定的各项贸易管制政策与相关管制措施能否得到贯彻和落实，主要集中表现在进出境环节上，这就取决于海关在进出境环节能否对货物、技术实施有效的监管。我国海关是进出境的监督管理机关，对于任何进出我国关境的货物或技术，海关都有权力进行监督和管理。海关肩负为国家把关的职责，通过监管执行国家对外贸易管制政策，实现对外贸易管制目标。商务主管部门签发的进出口许可证件虽然可以证明货物或技术已经取得进出口的许可，但是，对外贸易经营者实际进出口的货物或技术是否符合国家的管制要求，只有通过海关在进出境环节上进行实际的有效的监管来加以验证。因此，海关监管是保证货物与技术合法进出口、确保国家贸易管制制度真正实施的一个重要手段和重要环节。

海关在进出境环节依法实施监管、验放货物的重要依据就是国家进出口贸易政策与各类进出口许可证件，国家通过颁布法律、法规和行政规章，制定各种对外贸易具体措施，海关监管正是以此为重要依据，通过对进出口货物与技术的实际监控，确保货物或技术的合法进出口，从而有效实现贸易管制目标。因此，确保货物与技术合法进出口是海关监管工作的重要内容。

2）报关是海关确认进出口货物合法性的先决条件

"单"（包括报关单在内的各类报关单据及其电子数据）、"证"（各类许可证件、相关文件及其电子数据）、"货"（实际进出口货物）三要素相符是海关确认货物合法进出口的必要条件，而这三要素中的"单"和"证"正是通过报关环节中的申报手续向海关递交的。虽然海关监管是实现贸易管制的重要手段，但没有进出口的报关，也就无法达到贸易管制的目的，因此，进出口报关与对外贸易管制有必然的联系。按照海关法的规定，对国家限制进出口的货物，应当向海关递交进出口许可证件，否则，海关不予放行。所以，进出口报关不仅仅是通关程序的内容，更重要的是应当证明进出口货物的合法性，这是报关人员应履行的义务，也是海关确认货物合法进出口的先决条件。

贸易管制是国家对进出口贸易的管理措施，行使的是国家职能，对外贸易主管部门依据相关法律，制定、调整进出口有关政策，在对外贸易经营活动中产生重要影响，对外贸易经营者执行国家贸易管制措施，最重要的表现形式是报关，通过向海关报关，实现货物与技术的合法进出口，因此，"报关"是贯彻执行国家对外贸易政策不可或缺的重要环节，也只有通过报关，才能表现进出口贸易政策的执行情况，向海关递交进出口许可证件，才能具体表现出货物与技术的合法与否。从报关角度来看，报关不仅与货物与技术、运输工具、物品进出境的状况有关，更与国家贸易管制相联系。按海关法律规定，进出口货物、技术属于国家贸易管制的，应当向海关递交进出口许可证件，否则，海关不予放行。因此，报关时递交进出口许可证件，是报关人义不容辞的责任。所以，在进出口贸易活动中，报关不仅是重要的环节，也在执行贸易管制政策方面起着重要作用。虽然海关是进出境的执法机关，监督管理进出口活动，执行国家对外贸易政策，但没有报关提供真实、准确的许可证件，不能配合、协调海关工作，就很难实现贸易管制目标，因此，贯彻执行国家对外贸易政策是海关、报关单位、报关员以及对外贸易经营者共同的任务。

（4）我国对外贸易管制的基本框架与法律体系

我国对外贸易管制制度是由海关监管制度、关税制度、进出口许可制度（包括货物、技术进出口许可和经营许可）、对外贸易经营者资格管理制度、出入境检验检疫制度、进出口货物收付汇管理制度、贸易救济制度以及其他有关的管理制度组成的一种综合性制度。我国对外贸易管制制度的主要内容除海关监管制度外可以概括为："证"、"备"、"检"、"核"、"救"五个字。

对外贸易管制的法律渊源不包括：地方性法规、地方性规章、各民族自治区政府的地方条例和单行条例，其法律渊源只限于宪法、法律、行政法规、部门规章以及相关的国际条约 5 个方面。为保障贸易管制各项制度的实施，我国已基本建立并逐步健全了以《对外贸易法》为核心的对外贸易管制的法律体系，并依照这些法律、行政法规、部门规章和我国履行国际公约的有关部门规定，自主实行对外贸易管制。

1）宪法

宪法是国家的根本大法，具有最高法律效力，是制定包括《对外贸易法》、《中华人民共和国海关法》在内的所有法律的依据。一切法律、行政法规和地方性法规都不得同宪法相抵触。

2）法律

法律是由全国人大或它的常务委员会制定的，可分为由全国人大全体大会通过的基本法律及全国人大常务委员会通过的基本法律以外的法律。我国现行的与贸易管制有关的法律主要有《中华人民共和国对外贸易法》、《中华人民共和国海关法》、《中华人民共和国进出口商品检验法》、《中华人民共和国进出境动植物检疫法》、《中华人民共和国野生动物保护法》、《中华人民共和国药品管理法》、《中华人民共和国食品卫生法》、《中华人民共和国文物保护法》等。

3）行政法规

行政法规是国务院为了实施宪法和其他法律而制定的行政规范文件。我国现行的与贸易管制有关的行政法规主要有《中华人民共和国货物进出口管理条例》、《中华人民共和国技术进出口管理条例》、《中华人民共和国关税条

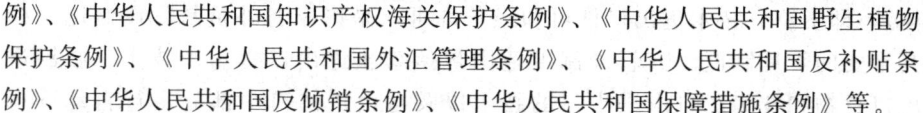

例》、《中华人民共和国知识产权海关保护条例》、《中华人民共和国野生植物保护条例》、《中华人民共和国外汇管理条例》、《中华人民共和国反补贴条例》、《中华人民共和国反倾销条例》、《中华人民共和国保障措施条例》等。

4）部门规章

部门规章是国务院各部门、部委根据法律和国务院的行政法规、决定和命令，在其行政管辖的范围内所发布的规范性文件。我国现行的与贸易管制有关的部门规章很多，例如《货物进口许可证管理办法》、《货物出口许可证管理办法》、《货物进出口许可证管理办法》、《货物自动进口许可管理办法》、《出口收汇核销管理办法》、《进口药品管理办法》、《精神药品管理办法》、《放射性药品管理办法》、《两用物项技术进出口许可证管理办法》等。

5）国际条约

国际条约是国家及其他国际法主体间所缔结的以国际法为准则，并确定其相互关系中权利和义务的一种国际书面协议。也是国际法主体间相互交往的一种最普遍的法律形式，可以将其视为我国的法律渊源。我国目前加入或缔结的涉及贸易管制的国际条约主要有：

①加入 WTO 所签订的各类贸易协定，我国加入世界贸易组织的承诺对本章的内容影响很大，是这些内容年年变动的主要原因；

②《关于简化和协调海关业务制度的国际公约》（亦称《京都公约》）；

③《濒危野生动物种国际贸易公约》（亦称《华盛顿公约》）；

④《关于消耗臭氧层物质的蒙特利尔议定书》；

⑤《关于麻醉品和精神药物的国际公约》；

⑥《关于化学品国际贸易资料交换的伦敦准则》；

⑦《关于国际贸易中对某些危险化学品和农药采用事先知情同意程序的鹿特丹公约》；

⑧《控制危险废物越境转移及其处置的巴塞尔公约》；

⑨《建立世界知识产权组织公约》。

2. 货物、技术进出口许可管理制度（证）

进出口许可制度是指国家根据《中华人民共和国货物进出口管理条例》、《中华人民共和国技术进出口管理条例》等相关法律、行政法规对进出口贸易所实行的一种行政管理制度，包括准许进出口的有关证件的审批和管理制度本身的程序，也包括以国家各类许可为条件的其他行政管理手续。进出口许可制度作为一种非关税措施，是世界各国管理进出口贸易的一种常见手段，在国际贸易中长期存在，并广泛运用。

货物、技术进出口许可管理制度是进出口许可制度的核心内容（主体），即货物、技术进出口许可和经营许可，是国家对外贸易管制制度中极其重要的管理制度。其管理制度范围包括禁止进出口货物和技术、限制进出口货物和技术、自由进出口的技术以及自由进出口中部分实行自动许可管理的货物。

范围：实行目录管理，通过相关目录来划定或调整。禁止或限制进出口货物、技术目录由商务部会同国务院有关经济管理部门，依照《对外贸易法》的规定，制定、调整并公布。

海关管制原则：对列入国家公布的禁止或限制进出口货物、技术目录以及其他法律、法规明令禁止或限制进出口的货物、技术，禁止或限制任何对外贸易经营者从事该类商品的进出境行为。

根据我国外经贸业务的发展，禁止或限制进出口货物、技术目录可能会进行调整，其具体内容和变化，可参见《中华人民共和国商务部文告》或在商务部网站 www.moftec.gov.cn 上查阅。

（1）禁止进出口货物管理

1）禁止进口货物管理

①列入《禁止进口货物目录》的商品，包括以下三类：

A.《禁止进口货物目录》（第一批、第六批）是为了保护我国的自然生态环境和生态资源，从我国国情出发，履行我国所缔结或者参加的与保护世界自然生态环境相关的国际条约和协定而发布的，需要禁止进口的货物名称。例如四氯化碳（破坏臭氧层物质）、犀牛角和虎骨（世界濒危物种）等；

B.《禁止进口货物目录》（第二批）均为旧机电产品类，是国家对涉及生产安全（压力容器类）、人身安全（电器、医疗设备类）和环境保护（汽车、工程及车船机械类）的旧机电所实施的禁止进口管理；

C.《禁止进口固体废物目录》所涉及的是对环境有污染的固体废物类，包括废动物产品、废动植物油脂、冶炼矿渣、废药物、废橡胶、杂项化学品废物、废纺织品、废玻璃等。

②国家有关法律、法规明令禁止进口的商品。例如，依据《中华人民共和国进出境动植物检疫法》，国家禁止下列货物进境：

A. 来自动植物疫情流行的国家和地区的有关动植物、动植物产品和其他检疫物；

B. 动植物病源（包括菌种、毒种等）及其他有害生物、动物尸体、土壤；

C. 带有违反"一个中国"原则内容的货物及其包装；

D. 以氯氟羟物质为制冷剂、发泡剂的家用电器产品和以氯氟羟物质为制冷剂、发泡剂的家用电器用压缩机。

③其他各种原因停止进口的商品：

A. CFC－12 为制冷工质的汽车和汽车空调压缩机（含空调器）；

B. 右方向盘汽车；

C. 旧服装、Ⅷ因子制剂等血液制品；

D. 氯酸钾和硝酸铵。

2）禁止出口货物管理

①列入《禁止出口货物目录》的商品，共五批。

A. 《禁止出口货物目录》（第一、三批），根据我国所缔结或者参加的国际条约、协定，需要禁止出口的货物名称。是为了保护我国自然生态环境和生态资源，禁止出口的商品。例如四氯化碳、犀牛角、虎骨、麝香等、有防风固沙作用的发菜和麻黄草等植物；

B. 《禁止出口货物目录》（第二批）主要是为了保护我国的森林资源，例如禁止出口木炭；

C. 《禁止出口货物目录》（第四批）主要包括硅砂及石英砂以及其他天然砂；

D. 《禁止出口货物目录》（第五批）包括森林凋落物及泥炭（草炭）。

②国家有关法律法规明令禁止出口的商品。

A. 依据《中华人民共和国野生植物保护条例》，禁止出口未定名或新发现并有重要价值的野生植物；

B. 原料血浆；

C. 商业性出口的野生红豆杉及其部分产品；

D. 劳改产品；

E. 以氯氟羟物质为制冷剂、发泡剂的家用电器产品和以氯氟羟物质为制冷剂、发泡剂的家用电器用压缩机。

（2）禁止进出口技术

1）禁止进口技术管理

根据《对外贸易法》、《技术进出口管理条例》以及《禁止进口限制进口技术管理办法》的有关规定，国务院商务主管部门会同国务院有关部门，制定、调整并公布禁止进口的技术目录。属于禁止进口技术的，不得进口。

目前《中国禁止进口限制进口技术目录》（第一批）所列明的禁止进口的技术涉及钢铁冶金、有色金属冶金、化工、石油炼制、石油化工、消防、电工、轻工、印刷、医药、建筑材料等技术领域。

2）禁止出口技术管理

根据《对外贸易法》、《技术进出口管理条例》以及《禁止出口限制出口技术管理办法》的有关规定，国务院商务主管部门会同国务院有关部门，制定、调整并公布禁止出口的技术目录。属于禁止出口技术的，不得出口。

目前《中国禁止出口限制出口技术目录》所列明的禁止出口的技术涉及检核、测绘、地质、药品生产、农业等技术领域。

（3）限制进出口货物管理

《中华人民共和国货物进出口管理条例》规定对有数量限制的进出口货物实行配额管理，对其他限制进出口的货物实行许可证件管理（授权的许可）。

1）配额管理（配额限制）

配额管理是指在一个时期内根据国内政治、工业、农业、商业、军事、技术、卫生、环保、资源保护等领域的需要，以及为履行我国所加入或缔结的有关国际条约的规定，需要对货物的进出口数量进行总量控制的管理方式。按其限制方式又可分为绝对数量限制（如出口配额限制）和相对数量限制（如进口关税配额管理）。

①进口关税配额管理：指一个时期内（一般是 1 年），国家对部分商品的进口制定关税配额税率并规定该商品进口数量总额。

在限额内，经国家批准后允许按照关税配额税率征税进口，如超出限额则按照配额外税率征税进口的措施。一般情况下，关税配额税率优惠幅度很大，有的商品如小麦，关税配额税率与最惠国税率相差 65 倍。国家通过这种管理行政手段对一些重要商品，以关税这个成本杠杆来达到限制进口的目的。

关税配额分配采用直接分配，其分配依据为：

申请单位以往的进口实绩；

申请单位的生产能力、经营规模、销售状况；

以往分配的配额是否得到充分使用；

申请配额的数量情况；

新的进口经营者的申请情况；

其他需要考虑的因素。

②出口配额限制：有两种管理形式，即出口配额许可证管理和出口配额招标管理。

A. 出口配额许可证管理；

出口配额许可证管理是国家对部分出口商品，在一个时期内（一般是 1

年）规定数量总额，经国家批准获得配额的允许出口，否则不准出口的配额管理措施，它是以规定绝对数量的方式达到限制出口的目的。

出口配额许可证管理是通过直接分配的方式，由商务部和国务院有关部门在各自的职责范围内根据申请者的需求并结合其出口实绩、能力的条件，按照公开、公平、公正和效益的原则进行分配。国家各配额主管部门对经申请有资格获得配额的申请者发放各类配额证明，申请者在取得配额证明后，凭配额证明申领出口许可证。

B. 出口配额招标管理。

出口配额招标管理是国家对出口的商品，在一个时期内（一般是1年）规定数量总额，采取招标分配的原则，经招标获得配额的允许出口，否则不准出口的管理配额措施，它也是以规定绝对数量的方式达到限制出口的目的。

国家各配额主管部门对中标者发放各类配额证明，中标者取得配额证明后，凭配额证明申领出口许可证。

2) 许可证件管理（非配额限制）

许可证件管理是指一个时期内根据国内政治、工业、农业、商业、军事、技术、卫生、环保、资源保护等领域的需要，以及为履行我国所加入或缔结的有关国际条约的规定，以经国家各主管部门签发许可证件的方式来实现各类货物限制进出口的措施。许可证件管理主要涉及对货物品种的限制，是国家对限制进出口货物采取的一种非数量控制的措施。由于国家主要通过许可证件而不是通过配额来进行管理，因而也被称为非配额限制。许可证件（海关监管证件）含许可证和具有许可性质的证明、文件。进口非配额限制主要包括进口许可证、濒危物种进口、可利用废物进口、进口药品、进口音像制品、黄金及其制品进口管理，出口非配额限制主要包括出口许可证、濒危物种、两用物项和技术出口等许可管理。

①进出口许可证：指国家批准对外贸易经营者进出口某些货物或技术的证明文件。

适用范围：商务部负责制定相关的规章制度，商务部或者会同国务院有关部门，根据《中华人民共和国对外贸易法》和《中华人民共和国货物进出口管理条例》每年以商务部、海关公告的形式制定并调整和公布进出口许可管理目录，以签发进出口许可证的形式对该目录商品实行的行政许可管理。

发证机构：经过商务部的授权，由商务部配额许可证事务局来统一管理、指导全国各发证机构的进出口许可证签发工作。具体的发证机构为以下三级：

A. 配额许可证事务局;

B. 商务部驻各地特派员办事处;

C. 授权的各省市的商务厅（局）、外经贸委（厅、局）。

（各省、自治区、直辖市、计划单列市，商务部授权的其他省会城市）

● 相关链接

（1）2016年进口许可证管理货物

依据《中华人民共和国对外贸易法》、《中华人民共和国货物进出口管理条例》和《重点旧机电产品进口管理办法》，商务部、海关总署、质检总局联合公告2015年第75号公布《2016年进口许可证管理货物目录》，实行进口许可证管理的货物两种，为重点旧机电产品、消耗臭氧层物质。

（2）2016年出口许可证管理货物

商务部、海关总署联合公告2015年第76号《2016年出口许可证管理货物目录》列入目录的货物有48种，分别属于出口配额或出口许可证管理。

1）属于出口配额管理的货物为：活牛（对港澳出口）、活猪（对港澳出口）、活鸡（对港澳出口）、小麦、小麦粉、玉米、玉米粉、大米、大米粉、甘草及甘草制品、蔺草及蔺草制品、滑石块（粉）、镁砂、锯材、棉花、煤炭、原油、成品油（不含润滑油、润滑脂、润滑油基础油）、锑及锑制品、锡及锡制品、白银、铟及铟制品、磷矿石。

出口本款所列上述货物的，需按规定申请取得配额（全球或国别、地区配额），凭配额证明文件申领出口许可证。其中，出口甘草及甘草制品、蔺草及蔺草制品、镁砂、滑石块（粉）的，需凭配额招标中标证明文件申领出口许可证。

2）属于出口许可证管理的货物为：活牛（对港澳以外市场）、活猪（对港澳以外市场）、活鸡（对港澳以外市场）、冰鲜牛肉、冻牛肉、冰鲜猪肉、冻猪肉、冰鲜鸡肉、冻鸡肉、矾土、稀土、焦炭、成品油（润滑油、润滑脂、润滑油基础油）、石蜡、钨及钨制品、碳化硅、消耗臭氧层物质、铂金（以加工贸易方式出口）、部分金属及制品、钼、钼制品、天然砂（含标准砂）、柠檬酸、青霉素工业盐、维生素C、硫酸二钠、氟石、摩托车（含全地形车）及其发动机和车架、汽车（包括成套散件）及其底盘等。其中，对向港、澳、台地区出口的天然砂实行出口许可证管理，对标准砂实行全球出口许可证管理。

　　3）属于"非一批一证"制的货物为：外商投资企业出口货物，加工贸易方式出口货物，补偿贸易项下出口货物，小麦、玉米、大米、小麦粉、玉米粉、大米粉、活牛、活猪、活鸡、牛肉、猪肉、鸡肉、原油、成品油、煤炭、摩托车（含全地形车）及其发动机和车架、汽车（包括成套散件）及其底盘。

　　4）为维护对外贸易秩序，对目录内部分货物实行指定口岸报关出口。

　　①甘草出口的报关口岸指定为天津海关、上海海关、大连海关，甘草制品出口的报关口岸指定为天津海关、上海海关。

　　②镁砂项下产品"按重量计含氧化镁 70% 以上的混合物"（海关商品编码为 3824909200）的出口不再指定报关口岸，镁砂项下其他产品的出口指定大连（大窑湾、营口、鲅鱼圈、丹东、大东港）、青岛（莱州海关）、天津（东港、新港）、长春（图们）、满洲里为报关口岸。

　　③稀土出口的报关口岸指定为天津海关、上海海关、青岛海关、黄埔海关、呼和浩特海关、南昌海关、宁波海关、南京海关和厦门海关。

　　④锑及锑制品出口的报关口岸指定为黄埔海关、北海海关、天津海关。

　　⑤对台港澳地区出口天然砂的报关口岸限定于企业所在省的海关。

　　②具有许可性质的证明、文件：主要指国家各相关主管部门所签发的准许特定种类的货物进出口的证明文件，发放主体为专业职能部门（如国家环保总局、药监局、农业部、质检总局、人民银行、外汇管理局、新闻出版总署等）。

　　A. 濒危物种进出口管理；

　　濒危物种是人类宝贵的自然资源，它包括野生动物、动植物、动植物产品和一些人工培育的植物。为了保护濒危物种，国际上成立了保护濒危野生动植物组织，制定了《濒危野生动植物国际贸易公约》，我国是该组织的成员国，并且我国也成立了专门对濒危物种进行保护的组织机构，濒危物种进出口管理是由国家濒危物种进出口管理办公室会同有关部门制定相关的法律和行政法规，对应受保护的濒危物种实行进出口限制管理的行政行为，对《濒危野生动植物种国际贸易公约》制定了《进出口野生动植物种商品目录》，并以签发"濒危野生动植物种国际贸易公约允许进出口证明书"（简称"公约证明"）的形式进行保护。对于属于我国自主管理的濒危物种，采取签发"濒危物种进出口管理办公室野生动植物允许进出口证明书"（简称"非公约证明"）的形式进行保护，超出两证明范围的濒危物种以"物种证明"的形式来加强进出口的管理。

法律依据:《濒危野生动植物种国际贸易公约》、《中华人民共和国森林法》、《中华人民共和国野生动物保护法》、《中华人民共和国野生植物保护条例》等法律法规及《国务院对确需保留的行政审批项目设定行政许可的决定》(国务院令第412号)的有关规定。

B. 废物进口管理;

进口废物管理是国家主管部门根据《中华人民共和国固体废物污染防治法》和《废物进口环境保护管理暂行规定》等法律、法规,对进口废物所实施的禁止、限制以及自动许可措施的总和。这里所说的废物是能够用作原料的固体废物,如进口废塑料,加工成塑料颗粒用于其他产品的生产成为再生原材料。为了防治固体废物污染环境、保障人体健康,国家禁止进口不能用作原料的固体废物,而对进口可用作原料的固体废物实行限制管理和自动进口许可管理。也就是说,国家对废物实行分类管理,既禁止进口废物、限制进口的废物、限制进口类可用作原料的废物及自动进口许可管理类可用作原料的废物。进口可用作原料的废物不同于其他商品,经营单位须向国家环保总局提出申请,取得"进口废物批准证书"才能组织进口。

法律依据:《中华人民共和国固体废物污染防治法》、《废物进口环境保护管理暂行规定》。

程序:向国家环境保护部提出申请——获取"废物进口许可证"——向口岸检验机构报检——检验检疫机构出具"入境货物通关单"——凭"废物进口许可证"(第一联)、"入境货物通关单"办理通关手续。

适用范围:列入国家《限制进口类可用作原料的废物目录》的废物,列入国家《自动进口许可管理类可用作原料的废物目录》的废物。

C. 危险废物出口核准管理;

法律依据:《控制危险废物越境转移及其处置巴塞尔公约》(简称《巴塞尔公约》)、《危险废物出口核准管理办法》。

程序:向国务院环境保护行政主管部门提出申请——获取"危险废物出口核准通知单"。

适用范围:列入国家危险废物名录或者根据国家规定的危险废物鉴别标准和鉴别方法认定的具有危险特性的固体废物。《巴塞尔公约》规定的"危险废物"和"其他废物",以及进口缔约方或者过境缔约方立法确定的"危险废物"。

D. 进出口药品管理;

法律依据:《中华人民共和国药品管理法》、《精神药品管理办法》、《麻醉药品管理办法》、《中华人民共和国药品管理法实施条例》。

　　适用范围：进出口药品从管理角度可分为进出口麻醉药品、进出口精神药品（除上述特殊用途以外的其他药品，即一般药品）及进口一般药品，分别列入《精神药品管制品种目录》、《麻醉药品管制品种目录》、《进口药品目录》。

　　E. 音像制品进口管理；

　　法律依据：《音像制品管理条例》、《音像制品进口管理办法》。

　　根据《音像制品管理条例》等有关规定，申请设立中外合作音像制品批发企业、设立全国性音像制品连锁经营企业，应报新闻出版总署审批；申请设立中外合作音像制品零售企业、音像制品批发企业、地方性音像制品连锁经营企业，应报企业所在地省、自治区、直辖市的新闻出版行政部门审批；申请设立音像制品零售、出租业务企业，应报所在地县级新闻出版行政部门审批。其中，申请设立中外合作音像制品分销企业的，还须凭新闻出版行政部门的批准文件按照《中外合作音像制品分销企业管理办法》的有关规定到商务主管部门办理外商投资的批准手续。

　　申请进口音像制品成品以及进口用于出版的音像制品，进口单位初审后，填写"进口录音制品报审表"或"进口录像制品报审表"，按有关规定提交申请材料，报新闻出版总署审查。自 2009 年 1 月 1 日起，进口单位应持新闻出版总署签发的"新闻出版总署音像制品（成品）进口批准单"、"新闻出版总署音像制品（版权引进）批准单"，到海关办理音像制品成品或者母带（母盘）的进口手续，此前新闻出版总署签发的证件仍可继续使用。

　　文化部已审查通过的音像制品应在 2008 年 12 月 31 日前到海关办理音像制品进口手续。用于出版的音像制品，应在文化部原批准之日起一年内出版发行。超过以上时限的，应当报新闻出版总署重新办理审批手续。

　　启用"新闻出版总署音像制品（成品）进出口审查专用章"和"新闻出版总署进口音像制品审查专用章"，分别用于加盖音像制品成品和用于出版的音像制品进口批准文件。

　　为促进国产音像制品出口，继续实行方便快捷的出口审核验放机制，即在"有效监管、快速通关"的前提下，国产音像制品出口单位可自愿选择将音像制品送新闻出版总署进行预先审核。经新闻出版总署审核，在"新闻出版总署音像制品（成品）出口审核单"上加盖"新闻出版总署音像制品（成品）进出口审查专用章"后，海关按规定直接办理通关手续。

　　F. 黄金及其制品进出口管理；

　　主管部门：中国人民银行、中华人民共和国商务部。

法律依据：《中华人民共和国金银管理条例》。

适用范围：《黄金及其产品进出口管理目录》主要包括：氰化金、氰化金钾（含金 40％）、其他金化合物、非货币用金粉、非货币用未锻造金、非货币用半制成金、货币用未锻造金（包括镀铂的金）、金的废碎料、镶嵌濒危物种制品的金首饰及零件、其他黄金制首饰及其零件、金制工业制品、实验室用制品等。

G. 有毒化学品管理；

法律依据：国家根据《关于化学品国际贸易资料交流的伦敦准则》，发布了《中国禁止或严格限制的有毒化学品名录》。

H. 进出口农药登记证明管理。

法律依据：国家根据《中华人民共和国农药管理条例》和《行政许可法》（PIC），制定了《中华人民共和国进出口农药登记证明管理名录》（简称《农药名录》）。

（4）限制进出口技术管理——许可证管理

1）限制进口技术管理

根据《对外贸易法》、《技术进出口管理条例》以及《禁止进口限制进口技术管理办法》的有关规定，国务院商务主管部门会同国务院有关部门，制定、调整并公布限制进口的技术目录。属于目录范围内的限制进口的技术，实行许可证管理，未经国家许可，不得进口。

目前，列入《中国禁止进口限制进口技术目录》（第一批）中属限制进口的技术包括生物技术、化工技术、石油炼制技术、石油化工技术、生物化工技术和造币技术等。

各省、自治区、直辖市商务主管部门（以下简称地方商务主管部门）是限制进口技术的审查机关，负责本行政区域内限制进口技术的许可工作。中央管理企业，按属地原则到地方商务主管部门办理许可手续。

技术进口经营者进口限制进口技术时，应填写"中国限制进口技术申请书"（以下简称"申请书"），报送地方商务主管部门履行进口许可手续。地方商务主管部门自收到"申请书"之日起 30 个工作日内，组织技术和贸易专家对申请进口的技术进行技术和贸易审查，并决定是否准予进口。如果申请人提供的申请材料不完备、申请内容不清或其他申请不符合规定，地方商务主管部门可要求申请人对申请材料进行修改或补充。

限制进口技术的贸易审查应包括以下内容：

①是否符合我国对外贸易政策，有利于对外经济技术合作的发展；

②是否符合我国对外承诺的义务；

③是否对建立或加快建立国内特定产业造成不利影响。

限制进口技术的技术审查应包括以下内容：

①是否危及国家安全、社会公共利益或者公共道德；

②是否危害人的健康或安全和动物、植物的生命或健康；

③是否破坏环境；

④是否符合国家产业政策和经济社会发展战略，有利于促进我国技术进步和产业升级，有利于维护我国经济技术权益。

进口申请获得批准后，由地方商务主管部门颁发由商务部统一印制和编号的《中华人民共和国技术进口许可意向书》（以下简称《技术进口许可意向书》）。《技术进口许可意向书》的有效期为3年。技术进口经营者取得《技术进口许可意向书》后，可对外签订技术进口合同。技术进口经营者签订技术进口合同后，应持《技术进口许可意向书》、合同副本及其附件、签约双方法律地位证明文件到地方商务主管部门申请技术进口许可证。

地方商务主管部门应自收到本办法第十条所规定的文件之日起10个工作日内，对技术进口合同的真实性进行审查，并决定是否准予许可。技术进口经营者依照本办法第五条向地方商务主管部门提出技术进口申请，履行进口许可手续时，可一并提交已签订的技术进口合同副本及其附件和签约双方法律地位证明文件。

地方商务主管部门应在收到前款规定的文件之日起30个工作日内，组织技术和贸易专家对申请进口的技术进行技术和贸易审查，决定是否准予进口。地方商务主管部门自批准进口之日起10个工作日内，对技术进口合同的真实性进行审查，并决定是否准予许可。

如果申请人提供的申请材料不完备、申请内容不清或其他申请不符合规定，地方商务主管部门可要求申请人对申请材料进行修改或补充。

技术进口经许可的，地方商务主管部门向进口经营者颁发由商务部统一印制和编号的"中华人民共和国技术进口许可证"（以下简称"技术进口许可证"）。限制进口技术的进口合同自技术进口许可证颁发之日起生效。

技术进口经营者到地方商务主管部门领取技术进口许可证前，应登录商务部网站上的"技术进出口合同信息管理系统"（网址：jsjckqy.fwmys.mofcom.gov.cn），按程序录入合同内容。

需经有关部门审批或核准的投资项目，如涉及限制进口技术，技术进口经营者依照规定向地方商务主管部门提出技术进口申请时，应提交有关部门的批准文件。技术进口经营者获得"技术进口许可证"后，如需更改技术进口内容，应按本办法规定的程序重新履行技术进口许可手续。技术进口经营者凭"技术进口许可证",办理外汇、银行、税务、海关等相关手续。

凡进口《中国禁止进口限制进口技术目录》中限制进口技术的,技术进口经营者应主动向海关出具"技术进口许可证",海关凭"技术进口许可证"办理验放手续。商务部负责对地方商务主管部门的技术进口许可进行监督检查。

地方商务主管部门应在每年 1 月 31 日前将上年度批准的技术进口许可事项向商务部备案。凡违反规定的,将依据《中华人民共和国技术进出口管理条例》,追究有关当事人和单位的责任。国防军工专有技术的进口不适用以上相关规定。

2)限制出口技术管理

根据《对外贸易法》、《技术进出口管理条例》以及《中华人民共和国生物两用品及相关设备和技术出口管制条例》、《中华人民共和国核两用品及相关技术出口管制条例》、《中华人民共和国导弹及相关物项和技术出口管制条例》、《中华人民共和国核出口管制条例》以及《禁止出口限制出口技术管理办法》等有关规定,限制出口技术实行目录管理,国务院商务主管部门会同国务院有关部门,制定、调整并公布限制出口的技术目录。属于目录范围内的限制出口技术,实行许可证管理,凡出口国家限制出口技术的,应履行出口许可手续。未经国家许可,不得出口。我国目前限制出口的技术目录主要有《中国禁止出口限制出口技术目录》、《两用物项和技术进出口许可证管理目录》等。经营限制出口技术的经营者在向海关申报出口手续时必须主动递交相关技术出口许可证件,否则将承担由此而造成的一切法律责任。限制出口技术的出口许可由技术出口经营者所在地的省、自治区、直辖市商务主管部门(以下简称"地方商务主管部门")会同省、自治区、直辖市科技行政主管部门(以下简称"地方科技行政主管部门)管理。技术出口经营者出口规定的限制出口技术前,应填写"中国限制出口技术申请书"(以下简称"申请书"),报送地方商务主管部门履行出口许可手续。属于国家秘密技术的限制出口技术,在履行许可手续前,应先按《国家秘密技术出口审查规定》办理保密审查手续,并持保密审查主管部门批准的"国家秘密技术出口保密审查批准书"按规定程序办理出口申请。

地方商务主管部门自收到"申请书"之日起 30 个工作日内,会同地方科技行政主管部门分别对技术出口项目进行贸易审查和技术审查,并决定是否准予出口。申请人提供的申请材料不完备、申请内容不清或有其他申请不符合规定的情形,地方商务主管部门可要求申请人对申请材料进行修改或补充。

地方商务主管部门应在收到"申请书"之日起 5 个工作日之内，将相关材料转地方科技行政主管部门。地方科技行政主管部门在收到"申请书"之日起 15 个工作日内，组织专家对申请出口的技术进行技术审查并将审查结果反馈地方商务主管部门，同时报科技部备案。

限制出口技术的贸易审查应包括以下内容：

①是否符合我国对外贸易政策，并有利于促进外贸出口；

②是否符合我国的产业出口政策，并有利于促进国民经济发展；

③是否符合我国对外承诺的义务。

限制出口技术的技术审查应包括以下内容：

①是否危及国家安全；

②是否符合我国科技发展政策，并有利于科技进步；

③是否符合我国的产业技术政策，并能带动大型和成套设备、高新技术产品的生产和经济技术合作。

出口申请获得批准后，由地方商务主管部门颁发由商务部统一印制和编号的"中华人民共和国技术出口许可意向书"（以下简称"技术出口许可意向书"）。"技术出口许可意向书"的有效期为 3 年。企业在申请出口信贷、保险意向承诺时，必须出具"技术出口许可意向书"，金融、保险机构凭"技术出口许可意向书"办理有关业务。对没有取得"技术出口许可意向书"的限制出口技术项目，任何单位和个人都不得对外进行实质性谈判，不得做出有关技术出口的具有法律效力的承诺。技术出口经营者在"技术出口许可意向书"有效期内，未签订技术出口合同的，应按规定的程序向地方商务主管部门重新提出出口申请。

技术出口经营者签订技术出口合同后，持"技术出口许可意向书"、合同副本、技术资料出口清单（文件、资料、图纸、其他）、签约双方法律地位证明文件到地方商务主管部门申请技术出口许可证。地方商务主管部门对技术出口合同的真实性进行审查，并自收到规定的文件之日起 15 个工作日内，对技术出口做出是否许可的决定，对许可出口的技术颁发由商务部统一印制和编号的"中华人民共和国技术出口许可证"限制出口技术的技术出口合同自"技术出口许可证"颁发之日起生效。

技术出口经营者到地方商务主管部门领取"技术出口许可证"前，应登录商务部网站上的"技术进出口合同信息管理系统"（网址：jsjckqy.fwmys.mofcom.gov.cn），按程序录入合同内容。

技术出口经营者获得"技术出口许可证"后，如需更改技术出口内容，应按本办法规定的程序重新履行技术出口许可手续。凡经批准允许出口的国家限制出口技术出口项目，技术出口经营者在办理海关事宜时，应主动出示"技术出口许可证"，海关验核后办理有关放行手续。

商务部会同科技部负责对地方商务主管部门和地方科技主管部门的技术出口许可进行监督检查，同时加强对限制出口技术管理的培训和指导。地方商务主管部门应在每年1月31日前将上年度批准的技术出口许可事项向商务部备案。

"两用物项和技术"是指《中华人民共和国核出口管制条例》、《中华人民共和国核两用品及相关技术出口管制条例》、《中华人民共和国导弹及相关物项和技术出口管制条例》、《中华人民共和国生物两用品及相关设备和技术出口管制条例》、《中华人民共和国监控化学品管理条例》、《中华人民共和国易制毒化学品管理条例》及《有关化学品及相关设备和技术出口管制办法》有关行政法规管制的物项和技术。商务部是全国两用物项和技术进出口许可证的归口管理部门，负责制定两用物项和技术进出口许可证管理办法及规章制度，监督、检查两用物项和技术进出口许可证管理办法的执行情况，处罚违规行为。

两用物项和技术进出口许可证一经签发，任何单位和个人不得更改证面内容，如需对证面内容进行更改，进出口经营者应当在许可证有效期内向相关行政主管部门重新申请进出口许可，并凭原许可证和新的批准文件向发证机构申领两用物项和技术进出口许可证。

两用物项和技术进口许可证证面的进口商、收货人应分别与海关进口货物报关单的经营单位、收货单位相一致，两用物项和技术出口许可证证面的出口商、发货人应分别与海关出口货物报关单的经营单位、发货单位相一致。

（5）自由进出口管理

除国家禁止、限制进出口货物、技术外的其他货物技术均属于自由进出口范围。国家对部分属于自由进口的货物实行自动进口许可管理，对所有自由进出口的技术实行进出口技术合同登记管理。

1）货物自动进口许可管理

自动进口许可管理是在任何情况下对进口申请一律予以批准的进口许可制度。企业在进口前申请办理"自动进口许可证"，办理报关手续时，海关凭"自动进口许可证"放行。

基于监测货物进口情况的需要，由商务部和国务院有关经济管理部门按照国务院规定的职责划分，对部分属于自由进口的货物实行自动进口许可管理（自然的许可），当实行自动进口许可管理的原因发生变化后，取消自动进口许可管理，并予以公布；其他的自由进出口的货物原则上无须申领进出口许可证。

《自动进口许可管理货物目录》包含一般商品、机电产品、重要工业品三个目录。

2）技术进出口合同登记管理

国家对自由进出口技术合同实行网上在线登记管理。技术进出口经营者应登录商务部政府网站上的"技术进出口合同信息管理系统"（网址：jsjckqy.fwmys.mofcom.gov.cn）进行合同登记，并持技术进（出）口合同登记申请书、技术进（出）口合同副本（包括中文译本）和签约双方法律地位的证明文件，到商务主管部门履行登记手续。商务主管部门在收到上述文件起3个工作日内，对合同登记内容进行核对，并向技术进出口经营者颁发"技术进口合同登记证"或"技术出口合同登记证"。

对申请文件不符合《中华人民共和国技术进出口管理条例》规定要求或登记记录与合同内容不一致的，商务主管部门应当在收到申请文件的3个工作日内通知技术进出口经营者补正、修改，并在收到补正的申请文件起3个工作日内，对合同登记的内容进行核对，颁发"技术进口合同登记证"或"技术出口合同登记证"。

管制原则：自动登记方式管理。

（6）贸易管制许可证件汇总

1）主要许可证件的报关规范（见表1-4）

表1-4　主要许可证件的报关规范

涉及类别	许可证件名称（代码）	有效期	使用原则	管理及发证部门
国家进出口许可证管理商品目录	进口许可证（1）	有效期1年，当年有效，跨年度使用不超过次年3月31日	一证一关、一批一证、非一批一证，分批累计不得超过12次。不得擅自更改许可证证面内容	商务部配额许可证事务局及其各特派员办事处、各省、自治区、直辖市、计划单列市及授权的其他省会城市发证机构
	出口许可证（4xy）	有效期不超过6个月，当年有效		

为保证进出口许可证联网核销的实施，实行"非一批一证"的商品，发证机关在签发许可证时必须在备注栏中注明"非一批一证"字样，可在同一口岸多次报关，在有效期内最多可使用12次，由海关在许可证背面"海关验放签注栏"内逐笔核减数量，当12次报关后，进出口许可证虽有余额，海关停止接受报关。

表1-4 续表1

涉及类别	许可证件名称（代码）	有效期	使用原则	管理及发证部门
濒危物种进出口管理	非公约证明、公约证明（EF）		一批一证	中华人民共和国濒危物种进出口管理办公室
	物种证明	一次使用：6个月；多次使用：截至发证当年12月31日		

①非公约证明：列入《进出口野生动植物种商品目录》属我国自主规定管理，海关凭证验放。

②公约证明：列入《进出口野生动植物种商品目录》属《濒危野生动植物种国际贸易公约》成员国应履行保护义务的物种，海关凭证（出口交副本联、进口交正本联）验放。

③物种证明：进出口列入《进出口野生动植物种商品目录》（以下简称商品目录）中适用"野生植物允许进出口证明书"管理的《濒危野生动植物种国际贸易公约》附录及国家重点保护野生动植物以外的其他列入商品目录的野生动植物及相关货物或物品和含野生动植物成分的纺织品，适用"非进出口野生动植物种商品目录物种证明"（简称"物种证明"）管理。

一次性使用：海关应在正本"海关签注"栏内签注并随报关单存档。

多次使用：只适用于同一物种同一货类型在同一报关口岸多次进出口的野生动植物，海关验核正本并将复印件随报关单存档。本年度最后一次使用时，经营者应将正本交由海关随最后一份报关单存档。

废物进口管理	固体废物进口许可证（P）	当年有效。特殊情况需要跨年度使用时，有效期不超过次年的3月31日。	"非一批一证"不能转关（废纸除外）	国务院环境保护行政主管部门
危险废物出口核准管理	危险废物出口核准通知单	有效期限不超过1年		国务院环境保护行政主管部门

对列入国家《限制进口类可用作原料的废物目录》的废物，报关单位应提交"中华人民共和国限制进口类可用作原料的固体废物进口许可证"。

对列入国家《自动进口许可管理类可用作原料的废物目录》的废物，报关单位应提交"中华人民共和国自动许可进口类可用作原料的固体废物进口许可证"。

对未列入这两个目录内容的不能够进口，或虽列入这两个目录内但未取得有效"废物进口许可证"的废物，一律不得进口和存入保税仓库。

进出口药品管理	精神药品进出口准许证（I）、麻醉药品进出口准许证（W）、兴奋剂进出口准许证（L）	进口：有效期限不超过1年；出口：有效期限不超过3个月，当年有效。	"一证一关"、"一批一证"仅限注明口岸海关使用	国家食品药品监督管理局；《兴奋剂目录》由国家体育总局主管
	进口药品通关单（Q）			国家食品药品监督管理局授权的口岸药品检验所

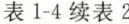

表 1-4 续表 2

涉及类别	许可证件名称（代码）	有效期	使用原则	管理及发证部门
音像制品进口管理	"新闻出版总署音像制品（成品）进口批准单"、"新闻出版总署音像制品（版权引进）批准单"、"新闻出版总署音像制品（成品）出口审核单"（Z）			新闻出版总署，省、自治区、直辖市人民政府新闻出版行政管理部门
对随机器设备同时进口以及进口后随机器复出口的记录操作系统、设备说明、专用软件等内容的音像制品，海关凭进口单位提供的合同、发票等有效单证验放。				
黄金及其制品进出口管理	黄金产品进出口准许证（J）			中国人民银行、商务部
有毒化学品管理	有毒化学品环境管理放行通知单（X）	有毒化学品进出口申请		国家环境保护部
进口关税配额管理	关税配额证（et）	农产品：有效期1年，当年有效，跨年度使用不超过次年2月底	一证多批	商务部及国家发展和改革委员会
		工业品（化肥）		商务部
进出口农药登记证明管理	进出口农药登记证明（S）	《农药名录》内的农药	"一批一证"制	农业部药检所
	非农药登记管理证明	可用作农药，也可用作工业原料的商品，如果企业以工业原料用途进口	加盖"中华人民共和国农业部农药审批专用章"	
两用物项和技术进出口许可证管理	两用物项和技术进口许可证（2）	有效期不超过1年，跨年度使用不超过次年3月31日	"非一批一证""一证一关"制	配额许可证事务局和受商务部委托的省级商务主管部门
	两用物项和技术出口许可证（3G）		"一批一证""一证一关"制	
自动进口许可管理	自动进口许可证（7Ov）	6个月，公历年内有效	"一批一证""非一批一证"制分批累计不得超过6次	商务部、地方机电进出口办公室

71

表 1-4 续表 3

涉及类别	许可证件名称（代码）	有效期	使用原则	管理及发证部门
出入境检验检疫管理	入境货物通关单（AD）、出境货物通关单（BD）	列入《法定检验目录》属于进境、出境管理的商品或实施入境验证的进口商品目录的商品以及其他有关国家的特定商品、非法检目录的商品	"一批一证"	出入境检验检疫局
兽药进口管理	进口兽药通关单	30 日	一单一关一次性使用	农业部

2）主要许可证件的免交情形（见表 1-5）

表 1-5 主要许可证件的免交情形

许可证件名称	免交情形
进口许可证出口许可证	对于大宗、散装货物的溢装货物数量不超过许可证所列数量的 5% 的（一批一证）。对"非一批一证"管理的大宗、散装货物，在每批进出口时按其实际数量进行核扣，最后一批进出口时，其溢装数量在该许可证实际剩余数量 5% 以内的（原油、成品油溢装数量在 3% 以内的）。
自动进口许可证	1. 加工贸易项下进口并复出口的（原油、成品油除外）； 2. 外商投资企业投资总额内进口的自用设备（旧机电产品除外）； 3. 货样广告品、试验品每批价值不超过人民币 5000 元； 4. 暂时进口的海关监管货物； 5. 进入保税区、出口加工区、保税物流园区等海关特殊监管区域以及保税仓库、保税物流中心的货物； 6. 对散装货物溢装数量在货物总量 5% 以内的；对"非一批一证"管理的大宗散装商品，在每批进口时按其实际数量进行核扣，最后一批进口时，其溢装数量在该自动许可证实际剩余数量 5% 以内的（原油、成品油、化肥、钢材在 3% 以内的）。
两用物项和技术进口许可证两用物项和技术出口许可证	任何方式进口或出口（包括保税区、出口加工区、保税物流园区、保税仓库、保税物流中心等海关特殊监管区域和场所的进出境货物）以及过境、转运、通运都需要，无免交情形。

3) 监管证件名称代码表（1-6）

表1-6　监管证件名称代码表

代码	监管证件名称	代码	监管证件名称
1*	进口许可证	P*	固体废物进口许可证
2	两用物项和技术进口许可证	Q	进口药品通关单
3	两用物项和技术出口许可证	R	进口兽药通关单
4*	出口许可证	S	进出口农药登记证明
6	旧机电产品禁止进口	T	银行调运外币现钞进出境许可证
7*	自动进口许可证	W	麻醉药品进出口准许证
8	禁止出口商品	X	有毒化学品环境管理放行通知单
9	禁止进口商品	Y*	原产地证明
A*	入境货物通关单	Z	进口音像制品批准单或节目提取单
B*	出境货物通关单	a	请审查预核签章
D	出/入境货物通关单（毛坯钻石用）	c	加工贸易内销征税联系单
E*	濒危物种出口允许证明书	e	关税配额外优惠税率进口棉花配额证
F*	濒危物种进口允许证明书	r	预归类标志
I	精神药物进（出）口准许证	s	适用ITA税率的商品用途认定证明
J	金产品出口证或人总行进口批件	t	关税配额证明
K*	深加工结转申请表	v*	自动进口许可证（加工贸易）
L	药品进出口准许证	x	出口许可证（加工贸易）
O*	自动进口许可证（新旧机电产品）	y	出口许可证（边境小额贸易）

注：加 * 号为出现频率较高，要重点记忆。

3. 其他贸易管制制度

对外贸易经营者资格管理是我国对外贸易管理的主要制度之一，是指国家根据《中华人民共和国对外贸易法》等相关法律、行政法规对进出口贸易所实行的一种行政管理制度，它主要由对外贸易经营权制度、经营范围管理制度等共同组成。

（1）对外贸易经营资格管理（备）

对外贸易经营者管理制度是我国对外贸易管理制度的重要内容之一，主要内容是获得进出口经营资格，而且通过获得进出口经营资格，能够代理或办理进出口业务，因此这项管理制度非常重要。应当掌握的知识内容有两个方面：一是对外贸易经营者经营资格（也称外贸经营权、进出口经营权、外贸权、进出口权），二是对外贸易经营者经营范围（进出口范围）。

1）对外贸易经营者经营资格

《对外贸易法》第八条规定："对外贸易经营者，是指依法办理工商登记或者其他执业手续，依照本法和其他有关法律、行政法规的规定从事对外贸易经营活动的法人、其他组织或者个人。"这里面"法人、其他组织或者个人"使参与对外贸易经营活动范围扩大了，特别是个人独资经营对外贸易，它说明了我国在对外贸易经营资格方面已全部放开，将有利于鼓励对外贸易的发展。按对外贸易主体所从事的贸易经营活动的性质分为从事进出口货物或技术贸易的对外贸易经营者和从事国际服务贸易的对外贸易经营者。

对外贸易经营者经营资格是指国家赋予对外贸易经营者从事对外贸易，自行对外签订合同，进口或出口各类国家允许进出口的货物与技术，并实际履行合同的权利（资格）。

我国对外贸易经营者资格管理的基本原则：实行备案登记制。

主管部门：商务部。

备案登记机关：商务部或受商务部委托的地方商务主管部门。

备案登记程序：领表——填表——提交资料——备案登记。

我国对外贸易经营资格的取得，在 2001 年 7 月之前采用对外贸易经营权许可制，2001 年 7 月到 2004 年 7 月采用核准制及登记制，2004 年 7 月 1 日起至今采用备案登记制。没有办理备案登记的企业，不具备进出口经营资格，"备案登记"管理不是审批，只要符合进出口经营资格的条件，按照各外贸主管部门的权限分别办理备案登记。有进出口经营资格的企业，享有对外签订进出口贸易合同的权利（自理外贸）。没有进出口经营资格的企业欲从事进出口业务，只能委托有进出口经营资格的经营单位代理签订进出口贸易合同（代理外贸）。

2）对外贸易经营者经营范围

它是国家允许对外贸易经营者从事进出口经营活动的商品类别和经营方式，也是获得对外贸易经营许可的重要条件。对外贸易经营资格与经营者的经营范围是分不开的，企业按照进出口经营范围的不同，向对外贸易主管部门办理备案登记。有加工贸易进出口业务的企业，可到省地方贸易主管部门办理备案登记。按照《对外贸易法》的规定，对关系国计民生的重要进出口商品实行有效的宏观管理，国家对部分货物的进出口实行国营贸易管理，实行国营贸易管理货物的进出口业务只能由经授权的企业经营，但国家也允许部分数量的国营贸易管理货物的进出口业务由非授权企业经营，如经营煤炭出口必须由中国煤炭进出口公司经营出口，非国营贸易的企业出口煤炭，必须由中国煤炭进出口公司或分公司代理出口。未经批准擅自进出口实行国营贸易管理的货物，海关不予放行。

（2）出入境检验检疫制度（检）

出入境检验检疫管理制度是我国对外贸易管制的重要组成部分，在维护国家利益，提高我国对外贸易信誉，保护对外贸易经营者利益不受损害，促进对外贸易事业的发展等方面起到重要作用，是国家主权的具体体现，它的主管部门是国家质量监督检验检疫总局。

1）出入境检验检疫制度的概念

它是指由国家进出境检验检疫部门依据我国有关法律和行政法规以及我国政府所缔结或者参加的国际条约、协定，对进出境的货物、物品及其包装物、交通运输工具、运输设备和进出境人员实施检验检疫监督管理的法律依据和行政手段的总和。

2）出入境检验检疫职责范围

当被列入《出入境检验检疫机构实施检验检疫的进出境商品目录》（《法检目录》）和《实施入境验证的进口商品目录》中的货物进出口时，必须先向口岸检验检疫机构报检，取得"中华人民共和国检验检疫入境货物通关单"或"中华人民共和国检验检疫出境货物通关单"，海关凭此验放。

3）出入境检验检疫制度的组成

出入境检验检疫制度由进出口商品检验制度、进出境动植物检疫制度、国境卫生监督制度组成。

①进出口商品检验制度：是出入境检验检疫的重要组成部分，是国际贸易领域中不可或缺的重要环节。

进出口商品检验依据《进出口商品检验法》及其实施条例规定，由商品检验机构对进出口商品的品质、重量、数量、包装、残损等进行检验和公证鉴定，并出具证明，这个证明文件可以作为双方交接货物、支付货款和处理索赔的依据，也可以确定同商品残损有关的承运人、保险人、装卸等部门承担法律责任的重要依据。按照进出口商品检验和报关的要求，报检员首先对实施检验的进出口商品向商品检验机构进行报检，然后再向海关报关，海关凭商品检验机构出具的证明办理放行手续（动植物检疫亦同）。因此，对进出口商品进行检验是办理通关手续的重要环节。

我国商品检验分为四种，即法定检验、合同检验、公证鉴定和委托检验。法定检验是对被列入《出入境检验检疫机构实施检验检疫的进出境商品目录》内的进出口商品实行法定检验。其余三种检验是法定检验以外的商品，合同检验是根据双方合同约定，应由商品检验机构对货物进行检验并出具证明，如出口货物在出口前要进行商品检验，到进口国家后再进行检验。公证鉴定是应对外贸易关系人的申请，进行有关公证鉴定的业务，包括重量鉴定、残损鉴定以及产地证明和包装证明等。委托检验是接受生产单位的委托,对原材料和成品进行检验,或接受与进出口业务有关的委托检验,以了解商品的品质、规格、等级等情况,作为对外成交时的参考。

②进出境动植物检疫制度:动植物检疫依据《进出境动植物检疫法》及其实施条例规定,国家质量监督检验检疫总局及其口岸进出境检验检疫机构对进出境动物、动物产品、植物、植物产品及生产、加工、存放过程实行监督管理。

其范围与重点是检查发现进出境动植物可能具有或已经具有的各种传染性疾病、寄生虫病和可能携带的各种有害生物。

A. 实施动植物检疫监督管理的方式有:

实行注册登记、疫情调查和防疫指导。

B. 主要内容有:

进境检疫、出境检疫、过境检疫、进出境携带和邮寄物检疫以及出入境运输工具检疫等。

③国境卫生监督制度:国境卫生监督依据《国境卫生检疫法》、《食品卫生法》及其实施细则等规定,对出入境的交通工具、货物、运输容器以及口岸辖区的公共场所、环境、生活设施、生产设备进行卫生检查、鉴定、评价和采样检验。

其监督职能包括:进出境检疫、国境传染病检测、进出境卫生监督。

④进出口商品检验、动植物检疫、国境卫生监督的区别有以下三点:

A. 法律依据不同。

B. 检验检疫的范围和检查的重点不同:进出口商品检验侧重于商业性要求,动植物检疫和国境卫生监督侧重于卫生要求。同时,在检查范围上,相对而言,动植物检疫和国境卫生监督的范围稍小于进出口商品检验。

C. 检查的要求不同:进出口商品检验分成法定检验与非法定检验两种情况。《法检目录》里的商品要实施强制性检验,非《法检目录》里的商品是否要检验一般由对外贸易经营者及其代理人自行决定。而在动植物检疫和国境卫生监督方面,不存在由对外贸易经营者及其代理人自行决定的情况,两者都属于法定性质的检验检疫。其次,进出口商品检验的检验主体可以是国家商检部门,也可以是其他经国家商检部门许可的检验机构。而动植物检疫和国境卫生监督的主体只能是国家主管部门。

(3) 进出口货物收、付汇管理制度(核)

《中华人民共和国对外贸易法》第三十五规定:"对外贸易经营者在对外贸易经营活动中,应当遵守国家有关外汇管理的规定。"外汇是指以外币表示的可以用作国际清偿的支付手段和资产。国家外汇管理制度广义上是政府授权国家的货币金融当局或其他机构，对外汇的收支、买卖、借贷、转移以及国际间结算、外汇汇率和外汇市场等实行的控制和管制行为。狭义指对外币兑换的限制。其管理的一般原则为外汇收支拮据，管理从严；外汇收支宽裕，管理从宽。

我国国家外汇管理制度改革经历了以下几个阶段：

①汇率并轨；

②外汇调剂和交易市场；

③银行结售汇制度（进出口收付汇制度）；

结汇：外汇收入者将外汇卖给外汇指定银行

售汇：外汇指定银行将外汇卖给外汇使用者

④取消外汇指令计划。

1996 年我国成为 IMF 第八款国（即履行第八条义务：经常项目的可自由兑换）。国家外汇管理制度是对外贸易管制的重要组成部分，进出口货物收付汇管理是我国进行外汇管理的主要手段，我国对出口收汇管理和进口付汇管理采取的都是外汇核销形式。按外汇管理规定，境内机构的经常项目外汇收入必须调回境内，不得违反国家规定将外汇擅自存放境外，应当按照国务院关于结汇、售汇及付汇管理的规定卖给外汇指定银行，同时指出境内机构的出口收汇和进口付汇应当按照国家规定办理核销手续。国家外汇管理局及其分支机构是进出口收付汇的管理机关，负责对进出口单位和银行的进出口收付汇相关行为进行监督和管理。

1）出口货物收汇管理

根据我国《出口收汇核销管理办法》，国家主要采用"出口收汇核销单"来对出口货物实施直接收汇控制，通过海关对出口货物的实际监管来监督出口收汇情况，以防止外汇截留境外，提高收汇率。收汇是指国际贸易的外汇收入必须调回大陆卖给指定银行或按照一定比例存放在其外汇结算账户。

"出口收汇核销单"由外汇管理局制发，有统一编号的凭证。出口单位凭以向海关出口报关，向外汇指定银行办理出口收汇，向外汇管理局办理出口收汇核销，向税务机关办理出口退税申报。

核销程序如下：

出口企业在货物出口前应当到外汇管理局领取"出口收汇核销单"，并凭此单向海关报关，报关前通过"中国电子口岸出口收汇系统"向海关进行核销单口岸备案。出口企业填好"出口收汇核销单"，报关时向海关交验，海关核对电子底账。

结关后，经出口单位申请后签发注有核销单编号的报关单（出口收汇证明联），银行收汇后向出口单位出具核销专用联，企业在报关出口后预计收汇日期起 30 天内通过"中国电子口岸出口收汇系统"将核销单送外汇管理局进行核销。国家实施这项制度的主要目的是为了防止套汇行为。

2）进口货物付汇管理

根据我国《贸易进口付汇核销监管办法》，国家主要采用"进口付汇核销单"来对进口货物实施付汇控制，通过海关对进口货物的实际监管来监督进口付汇情况，以防止汇出外汇而实际不进口商品的逃汇行为发生。进口企业在进口付汇前，需申请"贸易进口付汇核销单"并凭此单办理付汇，货物进口后再凭海关出具的报关单付汇联，向指定银行办理核销。付汇是指指定外汇金融机构审核有效凭证和商业单据，将用汇单位或个人的外汇账户或购买的外汇向境外支付的行为。

"进口付汇核销单"由外汇管理局制发，有统一编号的凭证。凭以向外汇指定银行办理进口付汇，向外汇管理局办理进口付汇核销。

（4）对外贸易救济措施（救）

贸易救济措施主要有反倾销、反补贴和保障措施，其基本目的是要限制外国进口产品在我国市场上的恶意竞争和不公平竞争，防止我国经济和市场受到损害。根据 WTO 规则，允许成员方在进口产品倾销、补贴和过激增长时给其国内产业造成损害的，可以使用反倾销、反补贴和保障措施手段。

适用范围：反倾销和反补贴措施针对的是价格歧视这种不公平贸易行为，保障措施针对的则是进口产品激增的情况。实施反倾销、反补贴和保障措施均先采取的是临时贸易救济措施，然后是最终救济措施。

1）反倾销措施

"倾销"是指在正常贸易过程中进口产品以低于其正常价值的出口价格进入我国市场而产生倾销。如果进口产品以倾销方式进入我国市场，由对外贸易主管部门依据《反倾销条例》进行调查实施反倾销措施。

①临时反倾销措施：指进口方主管机构经过调查，初步认定被指控产品存在倾销，并对国内同类产业造成伤害，据此可以依据 WTO 所规定的程序进行调查，在全部调查结束之前，采取临时性的反倾销措施，以防止在调查期间国内产业继续受到损害。

实施形式：征收临时反倾销税，要求提供保证金、保函或者其他形式的担保。

实施的期限：自临时反倾销措施决定公告规定实施之日起，不超过 4 个月，特殊情况可以延长至 9 个月。

②最终反倾销措施：对终裁决定确定倾销成立并由此对国内产业造成损

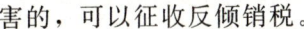

害的，可以征收反倾销税。

2）反补贴措施

"补贴"是指出口国政府或者其他任何公共机构提供的并为接受者带来利益的财政资助以及任何形式的收入或者价格支持。如果进口产品以补贴方式进入我国市场，由对外贸易主管部门依据《反补贴条例》进行调查实施反补贴措施。

①临时反补贴措施：初裁决定补贴成立并由此对国内产业造成损害的，可以采取临时反补贴措施。

实施形式：征收临时反补贴税，要求提供保证金、保函或者其他形式的担保。

实施期限：自临时反补贴措施决定公告规定实施之日起，不超过4个月。

②最终反补贴措施：在完成磋商的努力未取得效果的情况下，终裁决定确定补贴成立并由此对国内产业造成损害的，可以征收反补贴税。征收反补贴税应当符合公共利益。

征收反补贴税，由商务部提出建议，国务院关税税则委员会根据其建议作出决定，商务部予以公告，海关自公告规定实施之日起执行。

3）保障措施

保障措施是因为进口产品数量大量增加，对生产同类产品或者与其直接竞争的产品的国内产业造成严重损害或者严重损害威胁的，由对外贸易主管部门依据WTO《保障措施协议》采取保障措施。

①临时保障措施：在紧急情况下，如果不立即采取措施，将会造成难以弥补的损失，进口成员方可以采取临时保障措施。

实施形式：加征关税、实行配额数量限制或者最终加征关税或实行关税配额。

实施的期限：自临时保障措施决定公告规定实施之日起，不得超过200天，此期限计入保障措施总期限。

②最终保障措施：其实施期限一般不超过4年，特殊情况可延长，但保障措施全部实施期限不得超过10年。

4）反补贴、反倾销、保障措施的区别

①三种措施适用范围不同；

②三种措施实施的具体条件不同；

③三种措施的具体实施形式不同；

④三种措施的具体实施期限不同。

1.3.4 操练

长安天马汽车有限公司（4403131234）因生产需要，需从法国进口汽车加工中心。

　　1. 进口合同（见图 1-4）

合同CONTRACT

Contract No. 合同号：CAPSA2012-WYG-046
Date签订日期：Sep 10th 2012

The Buyers买方：

　　长安天马汽车有限公司

ADDRESS地址：

　　深圳宝安区和平路70号

Zip Code邮编：518110
Contact合同签订：王永刚Wang Yonggang
Tel电话：+86 755 852893

The Sellers卖方：
COMAU FRANCE

ADDRESS地址：5-7 rue Albert Einstein,
78197 Trappes Cedex, France

Tel：+ 33 1 30 16 61 00

This Contract is made by and between the Buyers and the Sellers, whereby the Buyers agree to buy and the Sellers agree to sell the undermentioned commodity according to the terms and conditions stipulated below:
买卖双方就下述产品按规定条款和意见自愿签订此合同：

1. COMMODITY, SPECIFICATIONS, QUALITY AND UNIT PRICE
产品、规格、数量和单价

ITEM No 序号	COMMODITY 产品	MODEL No. 型号	Qty 数量	Unit Price 单价	AMOUNT 合计
1	Machining center 加工中心	Urane 25	14	529 800	7 417 200
2	Machining center 加工中心	SDC700L	2	556 800	1 113 600
3	Special CH cam shaft bore machine 缸盖凸轮轴孔精加工专机	Special made 定制	1	869 200	869 200
	合计 Total）（欧元/EUR）				9 400 000

2. TOTAL VALUE合同总价：　　EUR9,400,000

Trade Term: 交易：　　FOB European main port FOB 欧洲主要港口

3. COUNTRY OF ORIGIN AND MANUFACTURES原产地：
　　Machining centers: France, Special CH cam shaft bore machine: Italy / 加工中心：法国；缸盖凸轮轴孔精加工

4. PORT OF DESTINATION目的港：Shenzhen, China中国深圳

5. TERMS OF PAYMENT付款条件：20% advance payment, 65% L/C paid before delivery, 10% paid after technical acceptance and 5% paid after finial acceptance. 20%预付、65%发货前信用证付款、10%技术验收后支付、5%终验收后付款。

6. DOCUMENT议付文件：

　(1) The Sellers shall present the following document for payment卖方应提交以下文件议付货款：
　　*Three copies of Invoice, indication Contract number and shipping mark 三份发票，标明合同号和唛头。
　　*Three copies of Packing List with indication of shipping weight, number and date of corresponding invoice. 三份装箱单，注明重量、数量和相应的发票日期。
　　*Certificate of Quality/Quantity in 3 originals issued by Comau France 生产厂家出具的质量合格/数量证书3份。
　(2) The Sellers shall immediately air mail after the shipment one copy each of the above-mentioned documents.卖方应在货船确定后立即快递一份上述文件给买方。

FORESTO LUIGI

The Buyers买方：
长安天马汽车有限公司
Authorized signature(s):
授权签字

The Sellers卖方：
COMAU FRANCE
Authorized sig
授权签字

Comau France
5-7 rue Albert Einstein
78197 TRAPPES Cedex
Tél : 01 30 16 61 00 - Fax 01 30 16 61 69
Siret 328 705 009 00194 - SAS au capital de 6 000 000€
328 705 009 RCS Versailles - NAF 2841Z

图 1-4　进口合同

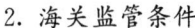

2. 海关监管条件

经查询汽车加工中心的监管条件是 AO，表明在报关时需要提供：入境货物通关单（监管证件代码：A）及自动进口许可证（新旧机电产品）（监管证件代码：O）。

1.3.5 报关单相关栏目

1. 许可证号

（1）含义

应申领进（出）口许可证、两用物项和技术进（出）口许可证、两用物项和技术出口许可证（定向）、出口许可证（加工贸易）、出口许可证（边境小额贸易）这些授权的许可证的货物，必须在此栏目填报商务部配额许可证事务局及其各特派员办事处、授权各省级发证机构三级签发的进（出）口货物许可证的编号，不得为空。

非许可证管理以及申领自动进口许可证的货物（因为它是自然的许可），本栏目为空。

（2）许可证号的组成

许可证号的长度为 10 位字符，其组成为××－××－××××××，第 1、2 位代表年份，第 3、4 位代表发证机关（AA 代表部级发证，AB、AC 代表特派员办事处发证，01、02 代表地方发证），后 6 位为顺序号。例如：06－AA－101882。纺织品临时出口许可证和两用物项和技术进/出口许可证编号的第 5 位为字母。

（3）填报要求

一份报关单只允许填报一个许可证号，如果有许可证号就填，如果没有就不需要填写。

"进出口许可证"是针对于限制进出口货物，而"自动进口许可证"管理的货物是属于自由进出口货物。这两者意思不同，如果说题目中给出的是"自动进口许可证号"，不应该填在这里，而是填写在随付单据栏中。

例如：中外合资沈阳贝沈钢帘有限公司（2101232999）使用自有资金，委托上海新元五矿贸易公司（3105913429）持 2100－2003－WZ－00717 号自动进口许可证（代码 7）进口镀黄铜钢丝，不能将自动进口许可证号"2100－2003－WZ－00717"，填写在许可证号栏目中。

2. 批准文号

（1）含义

出口报关单本栏目用于填报"出口收汇核销单"编号。进口货物报关单

暂时免予填报,因为先进口后付汇核销。

(2)填报要求

输入9位的核销单编号,如:311555451。全国报关员资格考试如果涉及收付汇核销管理的时候,题目会提供核销单编号的。

两车共用一核销单号则两个车牌填在同一报关单上,另一车牌号填在备注栏。

3. 随附单据

(1)定义

随附单据,指随进(出)口货物报关单一并向海关递交的单证或文件,包括发票、装箱单、提单、运单、装货单等基本单证,监管证件、征免税证明以及外汇核销单、合同、信用证等特殊单证。

合同、发票、装箱单、进出口许可证等必备的随附单证不在本栏目填报。因为提单、运单、装运单的号码在提运单号栏目里填报了,信用证、发票、装箱单、提单、运单、装运单关于货物的内容、支付方式、贸易方式、运输路线在其他栏目填报了,征免税证明的编号填在备案号栏,外汇核销单的编号填在批准文号栏,合同号码填在合同协议号。监管证件中的进出口许可证编号在许可证号填报。

(2)填报要求

①本栏目分为随附单据代码和随附单据编号两项,其中代码栏应按海关规定的"监管证件名称代码表"(见本章第三节)选择填报相应证件的代码填报,但不含监管证件中的进出口许可证的代码(1、2、3、4、5、x、y)。编号栏应填报监管证件编号。纸质报关单填报格式为:"监管证件的代码"+":"+"监管证件编号"。例如随附的单据是入境货物通关单,要求在此栏目填写入境货物通关单的代码A,货物通关单的编号是4421001040464457,那么在填制报关单的时候,应填"A:4421001040464457"。

本栏目只填写一个监管证件的信息,多于一个监管证件的,第一个监管证件代码和编号填报在"随附单据"栏,其余的监管证件代码和编号按上述填报格式填写(原产地证书按原产地证书的格式填写)在"标记唛码及备注"栏中。

②加工贸易内销征税报关单,随附单证代码栏填写"c",随附单证编号栏填写海关审核通过的内销征税联系单号。

③含预归类商品报关单,随附单证代码项下填写"r",随附单证编号项下填写××关预归类书××号。

④优惠贸易协定项下进出口货物均按以下要求填报:

"Y"为原产地证书代码。优惠贸易协定代码选择"01"、"02"、"03"、"04"、"05"、"06"、"07"、"08"、"09"、"10"、"11"填报。

"01"为"亚太贸易协定";

"02"为"中国—东盟自由贸易协定";

"03"为"内地与香港紧密经贸关系安排"(香港CEPA);

"04"为"内地与澳门紧密经贸关系安排"(澳门CEPA);

"05"为"对非洲特惠待遇";

"06"为"台湾农产品零关税措施";

"07"为"中国—巴基斯坦自由贸易协定";

"08"为"中国—智利自由贸易协定";

"09"为"对也门等国特惠待遇";

"10"为"中国—新西兰自由贸易协定";

"11"为"中国—新加坡自由贸易协定";

"12"为"中国—秘鲁自由贸易协定";

"13"为"对最不发达国家的特别优惠关税待遇";

"14"为"海峡两岸经济合作框架协议(ECFA)";

"15"为"中国—哥斯达黎加自由贸易协定";

"16"为"中国—冰岛自由贸易协定";

"17"为"中国—瑞士自由贸易协定";

"18"为"中国—澳大利亚自由贸易协定";

"19"为"中国—韩国自由贸易协定"。

具体填报要求如下:

A. 进口实行原产地证书联网管理的港澳CEPA项目下商品,随附单证代码栏填写"Y",随附单证编号栏的"<>"内填写优惠贸易协定代码。例如香港CEPA项下进口商品,应填报"Y"和"<03>"。一票进口货物中如涉及多份原产地证书或含有非原产地证书商品,应分单填报。

B. 进口实行原产地证书联网管理的ECFA项下商品,随附单证代码栏填写"Y",随附单证编号栏写"<14>"及"原产地证书编号"。

C. 进口原产于瑞士关境并享受协定税率的货物时,在"随附单证栏"的"随附单证代码栏"填写"Y",在"随附单证栏"的"随附单证编号栏"填写"<17>"、"校验码"和"原产地证书编号(或者原产地声明序列号)"。其中,校验码为大写的英文字母"C"或"D",凭原产地证书申报的填写"C",凭原产地声明申报的填写"D",具体如下表所示。

	随附单证代码栏	随附单证编号栏
凭原产地证书申报	Y	＜17＞C12345Abc
凭原产地声明申报	Y	＜17＞D00345201501010000000Abc

D. 进口未实行原产地证书联网管理的货物时，随附单证代码栏填写"Y"，随附单证编号栏"＜＞"内填写优惠贸易协定代码＋"："＋需证商品序号。"备案号"栏免予填报。例如《亚太贸易协定》项下进口报关单中第1到第3项和第5项为优惠贸易协定项下商品，应填报为："＜01：1－3，5＞"。

E. 优惠贸易协定项下出口货物，随附单证代码栏填写"Y"，在"随附单证编号栏"填写"原产地证书编号"。

项目2 通关各协议签订前的准备工作

关键术语

商品编码　海关监管货物　关税　增值税　无纸化通关

学习目标

【能力目标】

1. 能够审核商品编码的正确性；
2. 能够查询进出境货物海关监管的条件；
3. 能够正确计算进出境货物关税、增值税。

【知识目标】

1. 熟悉各类海关监管货物；
2. 掌握进出境货物通关单证申领；
3. 熟悉无纸化通关协议签订的操作。

　　通关协议签订前的准备工作包括：海关监管货物类型的确认、商品申报信息的确认、通关单证的准备、贸易成本的核算和签订各项协议。

▲ 引导任务——从法国进口汽车发动机加工中心

1. 背景理解

海关设立了不同的海关监管货物类型，在我们办理通关之前，必须确认进出境海关监管货物的类型，同时确认商品申报信息及海关监管条件，并申领相关的通关单证，核算贸易成本，最后签订相关的协议。

2. 提出任务

实训小组认真讨论案例，并推选发言代表，在老师的引导下提出相应的问题并试着解答：

任务一　进境的汽车加工中心属于哪类海关监管货物？

任务二　如何确认进境的汽车加工中心申报信息？

任务三　进境的汽车加工中心通关时应当申领哪些相关单证？

任务四　进境的汽车加工中心如何核算贸易成本？

任务五　办理汽车加工中心进境通关前，如何签订相关协议？

▲ 2.1 任务一　海关监管货物的选择

2.1.1　任务分析

深圳长安天马汽车有限公司委托深圳富强报关有限公司办理汽车加工中心进口通关手续，通过项目一的学习，我们知道报关的基本知识，为了顺利办理通关，我们必须确认进出境海关监管货物的类型。

2.1.2　任务实施

实训小组查询海关监管货物的资料，写出一份分析报告，详细解说每个细节，最后制成 PPT，在课堂展示给其他同学，老师可边点评边鼓励同学课堂讨论，发问。

2.1.3　知识链接——海关监管货物

1. 一般进出口货物

一般进出口货物是一般进口货物和一般出口货物的合称，是指在货物进出境环节缴纳了应征的进出口税费并办结了所有必要的海关手续，海关放行后不再进行监管，可以直接进入生产和消费领域流通的进出口货物。从境外进口办结海关手续后直接进入国内生产、消费领域流通的进口货物，是一般进口货物；国内商品申报出口，办结出口海关手续后到境外生产、消费领域流通的出口货物，是一般出口货物。

凡是进出口的时候不需要经过前期阶段和后续阶段的就属于一般进出口货物，其范围如下：

实际进出口的货物，除特定减免税货物外，都属于一般进出口货物。包括：

①以一般贸易方式成交进出口货物；

②易货贸易、补偿贸易的进出口货物；

易货贸易：是买卖双方之间进行的货物或劳务等值或基本等值的直接交换，是不通过货币媒介而直接用出口货物交换进口货物的贸易方式。

补偿贸易（0513）（Compensation Trade）：交易的一方在对方提供信贷的基础上，进口设备或技术，而用向对方返销进口设备及或技术所生产的直接产品或相关产品或其他产品或劳务所得的价款分期偿还进口价款的一种贸易做法。包括经商务主管部门及其授权的部门批准，使用该企业（包括企业联合体）所生产的其他产品返销给对方，进行间接补偿的方式。

③不准予保税的寄售代销贸易货物；

寄售是一种委托代售的贸易方式，寄售人（是卖方或者是货主）先将准备销售的货物运往国外寄售地，委托当地代销人按照寄售协议中的条件和办法代为销售的方式。

④承包工程项目实际进出口货物；

⑤外国驻华商业机构进出口陈列用样品；

⑥外国旅游者小批量订货出口的商品；

⑦随展览品进境的小卖品；

⑧免费提供的进口货物：包括外商在经济贸易活动中赠送的进口货物，外商在经济贸易活动中免费提供的试车材料等，我国在境外的企业、机构向国内单位赠送的进口货物等。

2. 保税进出口货物

（1）保税货物

《中华人民共和国海关法》第 100 条规定："保税货物，是指经海关批准未办理纳税手续进境，在境内储存、加工、装配后复运出境的货物。"

保税货物根据保税货物进入关境的目的不同，分为保税加工货物和保税物流货物两大类。

1) 保税加工货物

保税加工货物或称加工贸易保税货物是指经海关批准未办理纳税手续进境，在境内加工、装配后复运出境的货物。加工贸易保税货物不完全等同于加工贸易货物。加工贸易货物只有经过海关批准才能保税进口。经海关批准准予保税进口的加工贸易货物就是保税加工货物。从四个方面来理解此概念：

经海关批准；

未办理纳税手续；

在境内加工、装配后；

应复运出境。

保税加工货物包括专为加工、装配出口产品而从国外进口且海关准予保税的原材料、零部件、元器件、包装物料、辅助材料（统称料件）以及上述料件生产的成品、半成品和生产过程中产生的边角料、余料、残次品、副产品、受灾保税货物和经批准不再出口的成品、半成品、料件等加工贸易其他保税货物。

边角料是指加工贸易企业从事加工复出口业务，在海关核定的单耗内、加工过程中产生的、无法再用于加工该合同项下出口制成品的数量合理的废、碎及下脚料件。

余料（也称节余料件、剩余料件）是指加工贸易企业因改进工艺和改善管理，生产加工的实际单耗低于海关按规定核定的单耗，在从事加工复出口业务后产生的，仍可继续用于加工该合同项下出口制成品的数量合理的剩余料件。

残次品是指加工贸易企业从事加工复出口业务，加工生产的达不到出口合同标准，无法复出口的制成品。

副产品是指冶炼等特殊行业的加工贸易企业从事加工复出口业务，在加工生产出口合同规定的制成品（即主产品）过程中，产生一个或一个以上不能复出口的其他产品。

受灾保税货物，是指加工贸易企业从事加工出口业务中，因不可抗力或其他经海关审核认可的正当理由造成灭失、短少、损毁等导致无法复出口的保税进口料件和加工制成品。

加工贸易的形式有来料加工、进料加工、出料加工、补偿贸易等。下面谈谈两种主要形式：

①来料加工（Processing with Supplied Materials）：全称是来料加工装配贸易进口料件及加工出口，是指境外企业提供料件，经营企业不需付汇进口，

按照境外企业的要求进行加工或装配，只收取工缴费，制成品由境外企业销售的经营活动。

②进料加工（Processing with Imported Materials）：是指经营企业用外汇购买料件进口，制成成品后外销出口的经营活动。

进料加工和来料加工相同点和区别：

相同点：是"两头在外"，即料件来自境外，制成品又销往境外。

区别：业务运作流程、交易性质、货物所有权、风险承担、我国厂商收益的形式不同。

来料加工中料件由境外企业提供，不需要通过外汇购买。在加工过程中均未发生所有权的转移，料件运进和制成品运出属于同一笔交易，料件供应者即是制成品接收者。经营企业不承担销售风险，不负盈亏，只收取工缴费。

进料加工中经营企业自己花外汇从境外购买料件。料件进口和制成品出口是两笔不同的交易，均发生了所有权的转移，料件供应者和制成品购买者之间也没有必然的联系。经营企业赚取从料件到制成品的附加价值，要自筹资金、自寻销路、自担风险、自负盈亏。

2）保税物流货物

保税物流货物是指经海关批准未办理纳税手续进境，在境内储存后复运出境的货物，也称为保税仓储货物。

保税物流货物包括：

①进境经海关批准进入海关保税监管场所或特殊监管区域，保税储存后转口境外的货物；

②已经办结海关出口报关手续尚未离境，经海关批准存放在海关保税监管场所或特殊监管区域的货物；

③经海关批准进入海关保税监管场所或特殊海关监管区域保税储存的加工贸易货物，供应国际航行船舶和航空器的油料、物料和维修用零部件，供维修外国产品所进口寄售的零配件，外商暂存货物；

④经海关批准进入海关保税监管场所或特殊监管区域保税的其他未办结海关手续的进境货物。

保税物流货物在境内储存后的流向除出境外，还可以留在境内按照其他海关监管制度办理相应的海关手续。如保税加工、正式进口等。

（2）保税监管制度 & 保税业务

1）保税监管制度

保税监管制度是指国家为鼓励发展加工生产产品出口或在境内进行特

定储存，经海关批准的境内企业所进口的货物，在海关监管下在境内指定的场所储存、加工、装配，并暂缓交纳各种进口税费的一种海关监管业务制度。

海关对保税货物的监管模式有两大类：一类是非物理围网的监管模式，采用计算机联网监管；另一类是物理围网的监管模式。所谓物理围网监管，是指经国家批准，在关境内或关境线上划出一块地方，采用物理围网，让企业在围网内专门从事保税加工业务，由海关进行封闭式的监管。在关境线上的保税加工封闭式监管模式为跨境工业区，目前只有一处，即珠澳跨境工业区。正在计划建设的深港河套工业区也将采用此模式。

在境内的保税加工非物理围网的监管模式为不在海关特殊监管区内的加工贸易企业，保税物流非物理围网的监管模式包括保税仓库、出口监管仓库、保税物流中心 A 型。即通常所说的保税监管场所。

在境内的保税加工物理围网监管模式为出口加工区，在境内的保税物流物理围网监管模式包括保税物流中心 B 型、保税物流园；同时具有保税加工和保税物流功能的区域包括保税区、保税港区、珠海园区（具体功能与比较，见表 2-1、表 2-2）。为加快海关特殊监管区域整合优化，促进海关特殊监管区域科学发展，国办发〔2015〕66 号《国务院办公厅关于印发加快海关特殊监管区域整合优化方案的通知》，逐步将现有出口加工区、保税物流园区、跨境工业区、保税港区及符合条件的保税区整合为综合保税区（具体请参见项目 6）。

物理围网区是海关特殊监管区域实行封闭式的监管。区行政管理机构及其经营主体、在区内设立的企业等单位的办公场所应当设置在区规划面积内、围网外的区综合办公区内。海关在区内设立机构，并依照有关法律、行政法规，对进、出区的货物、运输工具、个人携带物品以及区内相关场所实行 24 小时监管。该区与中华人民共和国关境内的其他地区（以下简称区外）之间，须设置符合海关监管要求的卡口、围网隔离设施及视频监控系统及其他海关监管所需的设施。

法律、行政法规禁止进出口的货物、物品，不得进出该区域；

除保障区内人员正常工作、生活需要的非营利性设施外，区内不得建立商业性生活消费设施和开展商业零售业务；

除安全保卫人员和相关部门、企业值班人员外，其他人员不得在区内居住。

海关对区内企业实行电子账册监管制度和计算机联网管理制度（电子底账＋联网监管）。

表 2-1 特殊监管区的主要功能示意

区域内容	保税港区	保税区	出口加工区	保税物流园区
集装箱港口功能	集装箱枢纽港在区域内，港区合一	无	无	通过专门通道和卡口与港口相联系
海关管理	一个海关同时具备口岸海关和区域主管海关职能，统一监管	港口与区域分属两个海关监管，以转关方式实行监管衔接。	港口与区域分属两个海关监管，以转关方式实行监管衔接。	港口与区域分属两个海关监管，卡口通行涉及两个海关监管
贸易和物流	有，分拨配送凭担保分批出区，集中报关	有，不能分拨配送	可以申请叠加保税物流、研发、检测维修等功能	有，分拨配送凭担保分批出区，集中报关
加工制造	有	有	有	无
出口退税	国内货物入区视同出口，进入保税港区就可以办理退税	国内入区货物离境后才能办理退税	国内货物入区退税	国内货物入区退税
集装箱增值业务	国际航线汇集，区内可以开展集装箱拆拼箱、中转等增值业务	无，中转集装箱只能整箱进出，并要求14天必须报关	无	可开展集装箱拆拼箱等增值业务，中转条件有限
海运服务	可开展国际船舶运输、船代货代、船舶管理、报关报检、海运保险等航运服务	有限	无	有限
多式联运	具备直接的海铁联运、水水联运条件	无	无	间接和有限的水水联运
区域空间	大（接近10平方千米）	大（10平方千米）	小（一般2平方千米左右）	小（一般1平方千米左右）

表2-2 特殊监管区的政策功能比较

功能	保税区	出口加工区	保税物流园区	保税港区	综合保税区	跨境工业园区
保税加工	√	√		√	√	√
保税仓储	√	√	√	√	√	
保税物流	√	√	√	√	√	√
港口作业				√	√	
制造、售后服务			√		√	√
国际转口贸易	√	√	√	√	√	

2）保税业务

保税业务包含经营保税货物的储存、加工、装配、展示、运输、寄售、检测、维修等业务，经营免税商店。主要形式有三种：保税物流业务（或称商品贸易型），如保税仓库、出口监管仓库、保税货棚、保税陈列场；保税加工业务（或称加工制造型），如加工贸易企业、出口加工区等；保税物流与保税加工业务混合型，如保税区、保税港区、综合保税区、自由港、自由贸易区等。我国只采用其中的某些形式。

保税物流业务包含流通性简单加工和增值服务，如品质检验、分级分类、分拆分拣、分装、计量、组合包装、打膜、印刷运输标志、改换包装、简单拼装、拆零切割等具有商业增值的简单作业和辅助性服务，以及国际货运、采购、配送、分配、中转、集拼等业务。保税物流是保税制度的重要组成部分，因其货物未确定最终流向，所以保税监管场所和特殊海关监管区域可视为国际商品流通的"蓄水池"。

保税货物是海关监管货物，保税货物经营企业未经海关许可批准并办理相应手续，任何人不得出售、转让、抵押、质押、留置、移作他用或者进行其他处置。

3. 特定减免税货物

特定减免税货物是指海关根据国家的政策规定准予减免税进境使用于特定区域、特定企业、特定用途的货物。法律授予国务院通过制定行政法规。《中华人民共和国海关法》第五十七条规定："特定地区、特定企业或者有特定用途的进出口货物，可以减征或者免征关税。特定减税或者免税的范围和办法由国务院规定。

依照前款规定减征或者免征关税进口的货物，只能用于特定地区、特定企业或者特定用途，未经海关核准并补缴关税，不得移作他用。"

①特定地区：我国关境内由行政法规规定的某一特别限定区域，享受特

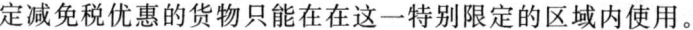

定减免税优惠的货物只能在在这一特别限定的区域内使用。

②特定企业：由国务院制定的行政法规专门规定的企业，享受特定减免税优惠的货物只能由这些专门规定的企业使用。主要是指外商投资企业，包括中外合资经营企业、中外合作经营企业和外商独资企业等。

③特定用途（含投资项目的资金来源）：指国家规定可以享受特定减免税优惠的货物只能用于行政法规专门规定的用途。

4. 暂准进出境货物

（1）定义

暂准进出境货物是暂准进境货物和暂准出境货物的合称。指进口货物收货人为了特定的目的，经海关批准凭担保暂时进境，并在规定的期限内保证按原状复运出境的货物。

①不是临时，暂准（Temporary Admission）进出口货物是指为特定目的而暂时进出口，有条件暂时免予缴纳进出口税费并暂免提交进出口许可证的义务，在特定的期限内除因使用而产生正常的损耗外按原状复运出进口的货物，这些货物为海关监管货物。

②目的：国际组织、外国政府或外国和中国香港、澳门及台澎金马地区的企业、群众团体以及个人开展经济、技术、科学、文化合作交流的需要。

（2）范围

按照《关税条例》的表述，暂准进出境货物分为以下两大类：

第一大类：经海关批准暂时进境或者暂时出境的货物，在进境或者出境时纳税义务人向海关缴纳相当于应纳税款的保证金或者提供其他担保的，可以暂不缴纳关税，并应当自进境或者出境之日起 6 个月内复运出境或者复运进境；经纳税义务人申请，海关可以根据海关总署的规定延长复运出境或者复运进境的期限。货物范围一共有 12 项如下：

《中华人民共和国海关暂时进出境货物管理办法》（2007 年 5 月 1 日起施行）第三条规定："本办法所称暂时进出境货物包括：

①在展览会、交易会、会议及类似活动中展示或者使用的货物；

②文化、体育交流活动中使用的表演、比赛用品；

③进行新闻报道或者摄制电影、电视节目使用的仪器、设备及用品；

④开展科研、教学、医疗活动使用的仪器、设备和用品；

⑤以上四项所列活动中使用的交通工具及特种车辆；

⑥货样；

⑦慈善活动使用的仪器、设备及用品；

⑧供安装、调试、检测、修理设备时使用的仪器及工具；

⑨盛装货物的容器;

⑩旅游用自驾交通工具及其用品;

⑪工程施工中使用的设备、仪器及用品;

⑫海关批准的其他暂时进出境货物。"

上述12项暂准进出境货物按照我国海关监管的方式可以归为以下四类:

第一类:使用货物暂准进口单证册(以下称ATA单证册)报关的暂准进出境货物(限于我国加入的有关货物暂准进口的国际公约中规定的货物)。

第二类:不使用货物暂准进口单证册的展览品(不使用ATA单证册报关的上述第1项货物)。

第三类:集装箱箱体(上述第9项"盛装货物的容器"中暂准进出境的集装箱箱体)。集装箱箱体既是一种运输设备,又是一种货物。当货物用集装箱装载进出口时,集装箱箱体就作为一种运输设备;当一个企业购买进口或销售出口集装箱时,集装箱就是普通的进出口货物。集装箱箱体作为货物进出口是一次性的,而在通常情况下,是作为运输设备暂准进出境。

第四类:暂时进出口货物。指包括所有12项不是使用以上3种监管方式报关的暂时进出口货物,如短期租赁或租借给国外的货物、货样、广告品、专业设备等。

例(单选题——2002年考题):

请指出下列哪一项货物或物品不适用暂准进出口通关制度:

A. 进口待转口输出的转口贸易货物

B. 在展览会中展示或示范用的进口货物、物品

C. 盛装一般进口货物进境的外国集装箱

D. 来华进行文艺演出而暂时运进的器材、道具、服装等

答案:A。解释:A属于保税货物的范围。

第二大类:第一大类所列可以暂时免征关税范围以外的其他暂准进境货物,应当按照该货物的完税价格和其在境内滞留时间与折旧时间的比例计算征收进口关税,按月缴纳进、出口税的暂准进出境货物。

5. 其他进出境货物

(1)过境、转运、通运货物

过境、转运、通运货物是指从境外起运,通过中国境内继续运往境外的货物;跨境运输货物则是指从境内起运,通过中国境外继续运往境内的货物。

①过境货物是指从境外起运,在我国境内不论是否换装运输工具,通过

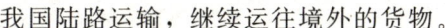

我国陆路运输，继续运往境外的货物。

②转运货物是指由境外起运，通过我国境内设立海关的地点换装运输工具，不通过境内陆路运输，运往境外的货物。

③通运货物是指由境外起运，由船舶、航空器运载进境，并由原运载工具运载出境的货物。

根据定义，3 种货物的区别如表 2-3 所示。

表 2-3　过境货物、转运货物、通运货物的异同

货物　　　　　　类别	是否经过陆路运输	是否转换运输工具
过境	境内陆路	均可
转运	不经过境内陆路	是
通运	不经过境内陆路	否

（2）租赁货物

租赁是指所有权和使用权之间的一种借贷关系，即资产所有者（出租人）按契约规定，将租赁货物租给使用人（承租人），承租人在规定期限内支付租金并享有对租赁物件使用权的一种经济行为。跨越国（地区）境的租赁就是国际租赁，经营租赁业务的企业与外商签订国际租赁合同，而以国际租赁方式进出境的货物，即为租赁进出口货物。

国际租赁大体有两种：一种是金融租赁，另一种是经营租赁。

金融租赁带有融资性质，采用这种租赁方式进境的货物，一般是不复运出境的，租赁期满，出租人会以很低的名义价格转让给承租人，租金是分期支付的，租金的总额一般都大于货价。

经营租赁进口的货物一般都是暂时性的，按合同规定的期限复运出境，租金的总额一般都小于货价。

（3）无代价抵偿货物

无代价抵偿货物是指进出口货物在海关放行后，因残损、缺少、品质不良或规格不符等，由进出口货物的发货人、承运人或者保险公司免费补偿或更换的与原货物相同或者与合同规定相符的货物。

收发货人申报进出口的无代价抵偿货物，与退运出境或者退运进境的原货物不完全相同或者与合同规定不完全相符的，经收发货人说明理由，海关审核认为理由正当且税则号列未发生改变的，仍属于无代价抵偿货物范围。税则号列不一致，应当按"一般进出口货物"的有关规定向海关申报，缴纳进口税款。

例（单选题）：

上海某航运公司完税进口一批驳船，使用不久后发现大部分驳船油漆剥落，向境外供应商提出索赔，供应商同意减价60万美元，并应进口方的要求以等值的驳船用润滑油补偿。该批润滑油进口时应当办理的海关手续是：

A. 按一般贸易进口报关，缴纳进口税

B. 按一般贸易进口报关，免纳进口税

C. 按无代价抵偿货物报关，缴纳进口税

D. 按无代价抵偿货物报关，免纳进口税

答案：A。

（4）进出境修理货物

进境修理货物是指运进境进行维护修理后复运出境的机械器具、运输工具或者其他货物以及为维修这些货物需要进口的原材料、零部件。出境修理货物是指运出境进行维护修理后复运进境的机械器具、运输工具或者其他货物以及为维修这些货物需要出口的原材料、零部件。

进境修理包括原出口货物运进境修理和其他货物运进境修理。出境修理包括原进口货物运出境修理和其他货物运出境修理。原进口货物运出境修理包括原进口货物在保修期内运出境修理、原进口货物在保修期外运出境修理。

（5）退运货物

退运进出口货物是指进出口后因质量不良或交货时间延误，买方拒收退运或其他原因退运进出境的货物；因错发、错运造成的溢装、漏卸而退运的进出口货物。退运货物包括一般退运货物和直接退运货物。

①一般退运货物是指已经办理进出口申报手续且海关已放行出口或进口，因各种原因造成退运进境或出境的货物。

监管方式：

退运货物（4561）：

外商投资企业作为投资进口后退运出境的设备；

租赁货物退运；

对外承包工程结束返运回境内的原从境内运出机器、设备；

我驻外机构运回国内的原从国内带出的公务用品。

加工设备退运（0466）：加工贸易免税进口的设备退运出境。

区内设备退运（5361）：加工区内设备退运境外。

②直接退运货物（4500）

　　直接退运货物是指在货物进境后、办结海关放行手续前，进口货物收发货人、原运输工具负责人或者其代理人（以下统称当事人）申请将全部或者部分货物直接退运境外的，或者海关根据国家有关规定责令直接退运的货物。

　　进口转关货物在进境地海关放行后，当事人办理退运手续的，不属于直接退运货物，应当按照一般退运货物办理退运手续。

　　当事人申请直接退运的货物，海关准予退运情况。在货物进境后、办结海关放行手续前，有下列情形之一的，当事人可以向海关申请办理直接退运手续：

　　因国家贸易管理政策调整，收货人无法提供相关证件的；

　　属于错发、误卸或者溢卸货物，能够提供发货人或者承运人书面证明文书的；

　　收发货人双方协商一致同意退运，能够提供双方同意退运的书面证明文书的；

　　有关贸易发生纠纷，能够提供法院判决书、仲裁机构仲裁决定书或者无争议的有效货物所有权凭证的；

　　货物残损或者国家检验检疫不合格，能够提供国家检验检疫部门根据收货人申请而出具的相关检验证明文书的。

　　当事人向海关申请直接退运，应当按照海关要求提交"进口货物直接退运申请书"、证明进口实际情况的合同、发票、装箱清单、已报关货物的原报关单、提运单或者载货清单等相关单证、符合申请条件的相关证明文书以及海关要求当事人提供的其他文件。海关按行政许可程序受理或不予受理，受理并批准直接退运的，制发"准予直接退运决定书"。

　　在货物进境后、办结海关放行手续前，有下列情形之一依法应当退运的，由海关责令当事人将进口货物直接退运境外：

　　进口国家禁止进口的货物，经海关依法处理后的；

　　违反国家检验检疫政策法规，经国家检验检疫部门处理并且出具"检验检疫处理通知书"或者其他证明文书后的；

　　未经许可擅自进口属于限制进口的固体废物用作原料，经海关依法处理后的；

　　违反国家有关法律、行政法规，应当责令直接退运的其他情形。

　　对需要责令进口货物直接退运的，由海关根据相关政府行政主管部门出具的证明文书，向当事人制发"中华人民共和国海关责令进口货物直接退运通知书"。

不准办理直接退运的情形：无许可证件（无证到货）、走私违规、超期、其他原因。

无代价抵偿进出口货物和退运货物以及直接退运货物的关系。

无代价抵偿货物是对海关征税或免税放行后发现残损、短少或品质不良的补偿或更换。对于更换的货物，原进口货物要退运，这样的退运贸易方式是"退运货物"。而不是直接退运，直接退运是海关放行前，因此相对于直接退运货物不会产生无代价抵偿。

（6）退关货物

退关货物是指出口货物在海关申报出口后被海关放行，因故未能装上运输工具，发货单位申请将货物退运出海关监管区不再出口的货物。

2.1.4 操练

深圳长安天马汽车有限公司（4403131234）是一家汽车制造企业，为了保证设备的及时供应和有效控制运营成本，先将设备进口到盐田港保税物流园区。

1. 保税物流园区

保税物流园区（以下简称园区）是指经国务院批准，在保税区规划面积或者毗邻保税区的特定港区内设立的、专门发展现代国际物流业的海关特殊监管区域。具备以下特点：

根据 2010 年 3 月 15 日海关总署令第 190 号公布的《海关总署关于修改〈中华人民共和国海关对保税物流园区的管理办法〉的决定》：

第三条　海关在园区派驻机构，依照本办法对进出园区的货物、运输工具、个人携带物品及园区内相关场所实行 24 小时监管。

第四条　园区与中华人民共和国境内的其他地区（以下简称区外）之间，应当设置符合海关监管要求的卡口、围网隔离设施、视频监控系统及其他海关监管所需的设施。

第五条　园区内设立仓库、堆场、查验场和必要的业务指挥调度操作场所，不得建立工业生产加工场所和商业性消费设施。

海关、园区行政管理机构及其经营主体、在园区内设立的企业（以下简称园区企业）等单位的办公场所应当设置在园区规划面积内、围网外的园区综合办公区内。除安全保卫人员和相关部门、企业值班人员外，其他人员不得在园区内居住。

第六条　经海关总署会同国务院有关部门对本办法第四条、第五条第一款规定的有关设施、场所验收合格后，园区可以开展有关业务。

第七条　园区可以开展下列业务：

①存储进出口货物及其他未办结海关手续货物；

②对所存货物开展流通性简单加工和增值服务；

③国际转口贸易；

④国际采购、分销和配送；

⑤国际中转；

⑥检测、维修；

⑦商品展示；

⑧经海关批准的其他国际物流业务。

2. 确定海关监管货物

经产品信息的审查，设备符合减免税货物条件，属于国家鼓励进口项目，因此，该货物属于特定减免税货物。

◢ 2.2 任务二　商品申报信息确认

2.2.1　任务分析

长安天马汽车有限公司进口汽车加工中心，通过任务一的学习，我们知道汽车加工中心属于特定减免税货物，为了顺利进行报关，我们必须确认商品的申报信息和监管条件。

2.2.2　任务实施

实训小组查询汽车加工中心的相关产品信息资料，写出一份分析报告，详细介绍汽车加工中心，解说每个细节，最后制成 PPT，在课堂展示给其他同学，老师可边点评边鼓励同学课堂讨论，发问。

2.2.3　知识链接——商品申报信息确认

1. 商品编码确认与审核

通过客户提供的商品资料，根据商品归类规则，查询商品编码，为了确保商品编码的正确性，申请人填写"中华人民共和国海关商品预归类申请表"（见表 2-4），并提供足以说明预归类商品情况的资料，如进出口合同复印件、照片、说明书、分析报告、平面图、化验报告等，必要时应提供商品样品。

其中，混合品须提供国家认可的商品鉴定机构出具的成分鉴定报告。海关关税部门经审核应当在接受申请之日起 15 个工作日内制发《中华人民共和国海关商品预归类决定书》（以下简称《预归类决定书》），并且告知申请人。

表 2-4 中华人民共和国海关商品预归类申请表

（ ）关预归类申请 号

申请人：	（申请企业名称，必填）		
企业代码：	（10 位企业代码，必填）		
通讯地址：	（申请企业通讯地址，必填）		
联系电话：	（申请企业联系电话，必填。如：(022) 12345678)		
商品名称（中、英文）：	（商品名称，必填）	（英文名称，必填）	（规格型号，必填）
其他名称：	（其他名称）		
商品描述（规格、型号、结构原理、性能指标、功能、用途、成分、加工方法、分析方法等）：			
（商品描述，必填）			
进出口计划（进出口日期、口岸、数量等）：			
（进出口计划，必填）			
随附资料清单（有关资料请附后）：		（随附资料清单）	
此前如就相同商品持有海关商品预归类决定书的，请注明决定书编号：			
申请人（章）： （申请人，必填） （申请时间，必填。如：2007－04－20）	海关（章）： 签收人： 接受日期： 年 月 日		
注：	1. 填写此申请表前应阅读《中华人民共和国进出口货物商品归类管理规定》；		
	2. 本申请表一式两份，申请人和海关各一份；		
	3. 本申请表加盖申请人和海关印章方为有效。		

2. 商品申报要素完整性及可行性核查

确定 HS 编码后，根据 HS 编码通关规范申报目录或者 QP 系统可查询该编码所对应的申报要素，其中必填项为必须填写项目，以长裤为例（见图2-1）。

可行性主要是核查实际产品上所标识或者注明的是否与客户提供的一致，如某客户生产的是三星手机用液晶显示模组，其申报名牌为"SAMSUNG牌"，但由于该产品为半成品，只要实际货物上没有"SAMSUNG"标志，在通关环节必须申报无牌。

3. 海关监管条件查询

根据商品编码在《进出口税则对照使用手册》中查询海关监管条件，如

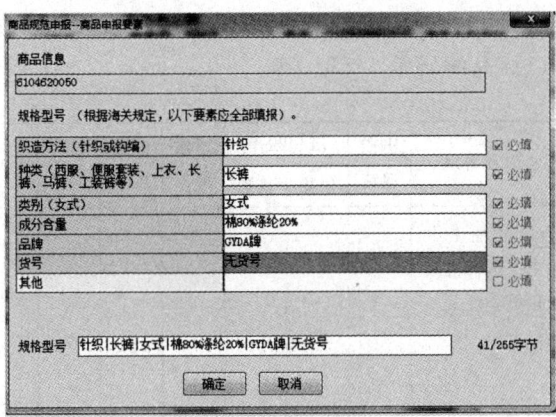

图 2-1　商品申报要素

未加糖或其他甜物质及未知味的水中的汽水，商品编码为 22011020，通过查询《进出口税则对照使用手册》（见图 2-2），监管条件为 "AB"，表明这种汽水在进境和出境时都要进行报检。

税则号列 Tariff Item	商品名称及备注	出口退税	进口税率		增值税率	计量单位	监管条件	Article Description
			最惠	普通				
22.01	未加糖或其他甜物质及未加味的水，包括天然或人造矿泉水及汽水；冰及雪：							Waters, including natral or artificial mineral waters and aerated waters, not containing added sugar or other sweetening matter or flavoured; ice and snow:
	一矿泉水及汽水：							
2201.1010	——矿泉水		20	90	17	升/千克	AB	——Mineral waters
2201.1020	——汽水	15	20	90	17	升/千克	AB	——Aerated waters
	一其他：							—Other
2201.9010	——天然水		10	30	17	升/千克	AB	——Natural waters
2201.9090	——其他		10	30	17	升/千克	AB	——Other

图 2-2　商品编码查询结果

2.2.4　操练

（1）商品编码确认

在《进出口税则对照使用手册》中查询汽车加工中心商品编码（见图

2-3），立式与卧式编码不同，长安天马汽车有限公司从法国进口汽车加工中心是卧式的，所以商品编码是 84571020。

税则号列 Tariff Item	商品名称及备注	出口退税	进口税率		增值税率	计量单位	监管条件	Article Description
			最惠	普通				
84.57	加工金属的加工中心、单工位组合机床及多工位组合机床：							Machining centres, unit construction machines (single station) and multistation transfer machines, for working metal:
	一加工中心：							—Machining centres:
8457.1010	——立式	17	9.7	20	17	台	AO	——Vertical
8457.1020	——卧式	17	9.7	20	17	台	AO	——Horizontal

图 2-3　商品编码查询结果

（2）商品申报要素确认

确定 HS 编码后，根据 HS 编码通关规范申报目录或者 QP 系统可查询该编码所对应的申报要素（见图 2-4），其中必填项为必须填写项目。

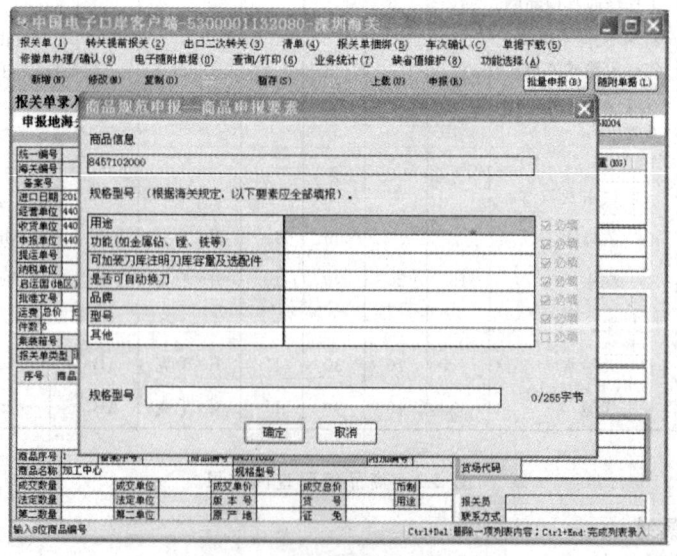

图 2-4　商品编码查询结果

（3）查询海关监管条件

汽车加工中心商品编码为 84571020，查询《进出口税则对照使用手册》（见图 2-5），监管条件是"AO"，表明在报关时需要提供入境货物通关单（监管证件代码：A）及自动进口许可证（新旧机电产品）（监管证件代码：O）。

税则号列 Tariff Item	商品名称及备注	出口退税	进口税率		增值税率	计量单位	监管条件	Article Description
			最惠	普通				
84.57	加工金属的加工中心、单工位组合机床及多工位组合机床：							Machining centres, unit construction machines (single station) and multistation transfer machines, for working metal:
	一加工中心：							—Machining centres:
8457.1010	——立式	17	9.7	20	17	台	AO	——Vertical
8457.1020	——卧式	17	9.7	20	17	台	AO	——Horizontal

图 2-5　商品编码查询结果

2.2.5　报关单相关栏目

1. 项号

（1）定义

"项号"是指申报货物在报关单中的商品排列序号及该项商品在加工贸易手册、征免性质税证明等备案单证中的顺序编号。

（2）填报要求

一份报关单表体共有 20 栏，每项商品占据表体的 1 栏，超过 20 项商品须分单填报。一张纸质报关单表体分 5 栏，每项商品占据表体的 1 栏，最多可填写（打印）5 项商品。

纸质报关单中的 1 项商品分两行填报：第一行填报该项商品在报关单中的商品排列序号；第二行专用于加工贸易、减免税和实行原产地证书联网管理等已备案、审批的货物，填报该项商品在加工贸易手册中的备案项号、征免性质税证明备案项号或原产地证书上的对应商品项号。

1）加工贸易货物

加工贸易项下进出口货物的报关单，第一行填报报关单中的商品顺序编号，第二行填报该项商品在加工贸易手册（账册）中的备案项号，用于核销对应项号下的料件或成品数量。如一张加工贸易料件进口纸质报关单上某项商品项号填报为上"01"、下"10"，说明该商品位列报关单所申报商品的第 1 项，且对应加工贸易手册备案料件第 10 项。第二行特殊情况填报要求如下：

①深加工结转货物，分别按照加工贸易手册中的进口料件项号和出口成品项号填报。

②料件结转货物（包括料件、成品和半成品折料），出口货物报关单按照转出加工贸易手册中进口料件的项号填报，进口货物报关单按照转入加工贸易手册中进口料件的项号填报。

③料件内销货物，以及按料件补办进口手续的转内销成品、半成品、残次品，应填制进口货物报关单，本栏目填报加工贸易手册进口料件项号。加工贸易边角料、副产品内销，本栏目填报加工贸易手册中对应的料件项号。当边角料或副产品对应一个以上料件项号时，填报主要料件项号。

④料件复出货物（包括料件、边角料、来料加工半成品折料），出口货物报关单按照加工贸易手册中进口料件的项号填报。如边角料对应一个以上料件项号时，填报主要料件项号。料件退换货物（包括料件，不包括半成品），进（出）口货物报关单按照加工贸易手册中进口料件的项号填报。

⑤成品退运货物，退运进境报关单和复运出境报关单按照加工贸易手册原出口成品的项号填报。

⑥出口凭征免性质税证明转为享受减免税进口货物的，应先办理进口报关手续。进口货物报关单填报征免性质税证明中的项号，出口货物报关单填报加工贸易手册原出口成品项号，进出口货物报关单货物的数量一致。

⑦加工贸易料件、成品放弃，本栏应填报加工贸易手册中进口料件或出口成品的项号。半成品放弃的应按单耗折回料件，以料件放弃申报，本栏填报加工贸易手册中对应的料件项号。

⑧副产品退运出口、结转出口或放弃，本栏应填报加工贸易手册中新增的变更副产品的出口项号。

⑨经海关批准实行加工贸易联网监管的企业，按海关联网监管要求，企业需申报报关清单的，应在向海关申报货物进出口（包括形式进出口）报关单前，向海关申报清单。一份报关清单对应一份报关单，报关单商品由报关清单归并而得。

2）优惠贸易协定项下实行原产地证书联网管理的货物

报关单第一行填写报关单中商品排列序号，第二行填写对应的原产地证书上的"商品项号"。

3）报关单涉及法检商品与非法检商品的

必须先录入法检商品，后录入非法检商品，即法检商品项号在前。

2. 商品编号

（1）定义

"商品编号"是指在《协调制度》的基础上，按商品归类确定的进出口货物的海关监管商品代码。商品编码由 10 位数字组成，前 8 位为《进出口税则》中的税则号列和《统计商品目录》确定商品编号，后 2 位数为海关附加编号。进出口货物应填报 10 位海关商品编号。

（2）填报要求

加工贸易货物，报关单商品编号应与加工贸易手册（账册）中备案的商品编号一致。

减免税货物，报关单商品编号应与征免性质税证明备案数据一致。

加工贸易保税货物跨关区深加工结转双方的商品编号的前 4 位必须一致。

3. 商品名称、规格型号

（1）定义

"商品名称"是指国际贸易缔约双方的商品名称。报关单中的商品名称是指进出口货物规范的中文名称。

"规格型号"是指反映商品性能、品质和规格的一系列指标，如品牌、等级、成分、含量、纯度、尺寸等。

（2）填报要求

① "商品名称及规格型号"栏分两行填报。

第一行填报进出口货物规范的中文名称。如果发票中的商品名称为英文，则需翻译成规范的中文名称填报，必要时加注原文。

第二行填报规格型号（见图 2-6）。

商品名称、规格型号	
棕榈仁油	（第一行，规范的中文名称）
H2100G，氢化，碘值 0.21，游离脂肪酸 0.014%	（第二行，规格型号）

图 2-6 商品名称及规格型号的填报

② 商品名称及规格型号应据实填报，并与合同、商业发票等相关单证相符。商品名称及规格型号通常体现在发票的 "Description of Goods"、"Product and Description"、"Goods Description"、"Quantities and Description" 栏目。

③ 商品名称应当规范，规格型号应当足够详细，以能满足海关归类、审价及许可证件管理要求为准。为了规范进出口企业申报行为，提高申报数据质量，促进贸易便利化，海关制定了《规范申报目录》（见表 2-5），进出口货

物收发货人或其代理人在报关时应当严格按照《规范申报目录》中关于规范申报商品品名、规格的要求填制报关单并依法办理通关手续。

表 2-5　进出口商品申报要素示例表

商品编码	商品名称	申报要素
02.03	鲜、冷、冻猪肉：	1. 品名；2. 制作或保存方法（鲜、冷、冻）；3. 加工方法（整头及半头、带骨或去骨等）；4. 包装规格
18.06	巧克力及其他含可可的食品：	
1806.1000	一加糖或其他甜物质的可可粉	1. 品名；2. 制作或保存方法（粉末状、加糖或其他甜物质）；3. 容器包装或内包装每件净重；4. 品牌
1806.2000	一其他重量超过 2 千克的块状或条状含可可食品，或液态、膏状、粉状、粒状或其他散装形状的含可可食品，容器包装或内包装每件净重超过 2 千克的	1. 品名；2. 成分含量；3. 形状（条状、块状等）；4. 容器包装或内包装每件净重；5. 品牌

例如，ZIPPO 牌打火机用液体燃料，100％石脑油制，125 毫升/支，商品编码 3606.1000 的申报要素（见表 2-6）。

表 2-6　ZIPPO 牌打火机的申报要素

商品编码	商品名称	申报要素
3606.1000	一直接灌注香烟打火机及类似打火机用的液体燃料或液化气体燃料，其包装容器的容积不超过 300 立方米	1. 品名；2. 用途；3. 包装容器的容积

"商品名称、规格型号"栏应填报（见图 2-7）。

打火机燃体燃料

ZIPPO 牌打火机用，125 毫升/支

图 2-7　ZIPPO 牌打火机商品名称、规格型号的填报

④同一商品编号、多种规格型号的商品，可归并为一项商品的，按照归并后的商品名称和规格型号填报。

⑤减免税货物、加工贸易等已备案的货物，本栏填报的内容须与海关备

案登记中同项号下货物的名称与规格型号一致。

加工贸易边角料和副产品内销、边角料复出口，应填报其报验状态的名称和规格型号。属边角料、副产品、残次品、受灾保税货物且按规定需加以说明的，本栏目中填注规定的字样。

⑥对需要海关签发"货物进口证明"的车辆，商品名称应填报"车辆品牌＋排气量（注明 cc）＋车型（如越野车、小轿车等）"。进口汽车底盘可不填报排气量。车辆品牌应按照"进口机动车辆制造厂名称和车辆品牌中英文对照表"中"签注名称"一栏的要求填报。规格型号可填报"汽油型"等。

4. 数量及单位

（1）定义

报关单上的"数量及单位"栏指进出口商品的成交数量及计量单位，以及海关法定计量单位和按照海关法定计量单位计算的数量。

（2）填报要求

海关法定计量单位又分为海关法定第一计量单位和法定第二计量单位。海关法定计量单位以《统计商品目录》中规定的计量单位为准。例如天然水的计量单位为千升/吨，烟卷的计量单位为千克/吨，牛皮的计量单位为千克/张，毛皮衣服的计量单位为千克/件。

1）填报格式

①本栏目分三行。

A.《统计商品目录》列明的第一计量单位及数量填报在第一行；

B.《统计商品目录》列明的第二计量单位及数量填报在第二行，无第二计量单位的，第二行为空；

C. 买卖双方在交易过程中所确定的成交计量单位与《统计商品目录》所列计量单位不一致时，在本栏目第三行填报成交计量单位及数量。成交计量单位与《统计商品目录》计量单位一致时，本栏目第三行为空。

②本栏目长度为 13 位整数及 5 位小数。超出上述范围的，允许合理修正实际计量单位，例如将克改为千克或吨。数量栏目不得为空或填报"0"。

2）填报要求

①加工贸易备案的货物，成交计量单位必须与备案登记中同项号下的货物的计量单位一致。加工贸易边角料和副产品内销、边角料复出口，填报其报验状态的计量单位。

加工贸易结转货物进（出）口货物报关单对应的数量、计量单位应当一致。

②优惠贸易协定项下进出口商品的成交计量单位必须与原产地证书上对应商品的计量单位一致，申报数量不得超过原产地证书批准数量。

③法定计量单位为"千克"的数量填报要求：

A. 装入可重复使用的包装容器的货物，按货物的净重填报。例如，灌装同位素、灌装氧气及类似品等，应扣除其包装容器的重量。

B. 使用不可分割包装材料和包装容器的货物，按货物的净重填报（包括内层直接包装的净重重量）。例如，采用供零售包装的罐头、化妆品及类似品等。

C. 按照商业管理以工量计价的商品，应按工量重填报。例如，未脱脂羊毛、羊毛条等。

D. 以毛重作为净重计价的货物，可按毛重填报。例如，散装粮食、饲料等价格较低的农副产品。

E. 采用零售包装的酒类、饮料，按照液体部分的重量填报。

④成套设备、减免税货物如需分批进口，货物实际进口时，应按照实际报验状态确定数量。

根据归类规则，零部件按整机或成品归类的，法定计量单位是非重量的，应按报验状态申报法定数量。

具有完整品或制成品基本特征的不完整品、未制成品，根据归类规则应按完整品归类的，申报数量按照构成完整品的实际数量申报。

⑤法定数量单位为立方米的气体货物，应折算成标准状况（即摄氏零度及1个标准大气压）下的体积进行填报。

5. 单价、总价、币值

（1）定义

"单价"是指进出口货物实际成交的商品单位价格的金额部分。

"总价"是指进出口货物实际成交的商品总价的金额部分。

"币值"是指进出口货物实际成交的计价货币的名称。

（2）填报要求

"单价"栏填报同一项号下进出口货物实际成交的商品单价的数字部分。无实际成交价格的，填报货值。

"总价"栏填报同一项号下进出口货物实际成交的商品总价的数字部分。无实际成交价格的，填报货值。

"币值"栏根据实际成交情况按海关规定的"货币代码表"选择填报相应的货币名称或代码。如"货币代码表"中无实际成交币种，需将实际成交币种按照申报日外汇折算率折算成"货币代码表"列明的货币填报。

2.3 任务三　通关单证的准备

2.3.1　任务分析

长安天马汽车有限公司进口汽车加工中心，通过任务二的学习，我们知道汽车加工中心的申报信息和监管条件，为了顺利办理通关，必须掌握相关通关单证的申领与准备。

2.3.2　任务实施

实训小组查询通关单证相关的资料，写出一份分析报告，详细解说每个细节，最后制成 PPT，在课堂展示给其他同学，老师可边点评边鼓励同学课堂讨论，发问。

2.3.3　知识链接——通关单证的准备

1. 进出口商业单证的准备

（1）发票

1）定义

进出口贸易中，经常会碰到不同类型的发票，主要包括商业发票、形式发票、厂商发票。

商业发票（Commercial Invoice），简称发票，是卖方向买方开立的，对所装运货物作出全面、详细说明，并凭以向买方收款的货款价目总清单。

形式发票（Proformal Invoice）是在贸易合同订立之前开立的发票，主要用于进口方向当局申请批汇或进口许可证。它不是一种正式发票，不能用于托收和议付，它所列的单价、数量等也仅仅是出口方根据当时情况所作的估计，对双方都无最终约束力。

厂商发票（Manufacture's Invoice）是由出口货物的制造商出具的以本国货币计价的发票，其作用是供进口国海关检查是否有削价倾销行为，以便确定是否征收反倾销税。

2）主要内容

商业发票由出口企业自行缮制，无统一、固定格式，但基本栏目大致相同，其内容主要依据合同和信用证的特定要求而拟就，分首文、本文和结文三部分。

首文部分包括发票名称、编号、出票日期、信用证或合同号码、收货人或抬头、运输工具及运输路线等。

本文部分包括唛头、货物描述、单价与总金额等。

结文部分包括许可证号、汇票出票条款、信用证要求在发票上证明或声明的其他内容、发票制作人签章等。

发票的主要内容如下（见图 2-8）：

①出票人（Issuer）的名称、地址、传真、电子邮箱、电话号码。发票的出票人一般为出口公司。

②商业发票号码和出票日期（Invoice No. and Date）。商业发票的号码由出口商统一编制，一般采用顺序号，便于查对。商业发票的出票日期是所有单据出单最早的，通常在签订合同或收到信用证，备妥货物后开立。

③抬头（To/Sold to Messrs/For Account and Risk of Messrs）。抬头人即收货人，一般注明合同买方或信用证的开证人名称、地址、联系方式。

④合同编号（Contract No. ）和信用证编号（L/C No. ）。

⑤装运港（地）和目的港（地）名称（From/To/Via...）。该栏一般注明货物运输的起讫地点。如货物需要转运，则注明转运地，有的还注明运输方式。

⑥唛头及件号（Mark & No. s/Shipping Mark）。该栏一般注明运输标记和集装箱号。无唛头时列明"N/M"。

⑦品名和货物描述（Name and Commodity/Description of Goods）。该栏列出具体装运的货物名称、品质、规格及包装状况等内容。商业发票中的货物描述必须与合同或信用证中显示的内容相符。

⑧数量（Quantity）、单价（Unit Price）和总价（Amount/Total Price）。数量为实际装运的数量。单价包括计价货币、计价单位、单位价值数额、贸易术语四部分。总价一般由大小写组成。如果合同单价含有佣金（Commission）或折扣（Rebate/Discount/Allowance），发票上一般也会注明。另外，有时根据买方或信用证条款的要求，对按 CIF、CIP 或者 CFR、CPT 成交的，还分别列明运费（Freight）、保费（Insurance/Premium）和 FOB 或 FCA 价格。

⑨特殊条款。主要是根据买方或信用证的要求，对一些特殊事项加注声明。例如加注进口许可证号、货物产地、净重和毛重（一般只列总净重和总毛重）、船名、汇票出票条款及证明单货相符的声明文句等。

⑩签章（Signed by/Signature）。签字人一般为出口公司的法人代表或授权制单人员。签字可使用印签，并注明公司名称。根据 UCP600 的规定，商业发票无须签署。但如果信用证要求提交"已签署的商业发票"（Signed

Commercial Invoice）或"手签的商业发票"（Manually Signed Commercial Invoice），则该商业发票必须签名，且后者还须由签字人手签。

图 2-8　发票样本

（2）装箱单

1）定义和作用

装箱单也称包装单、花色码单、码单，是用于说明货物包装细节的清单。除散装货物外，卖方一般都向买方提供装箱单作为发票的补充，以便在货物到达目的港后，供海关查验货物和收货人核对货物。装箱单的内容因货物不同而各异，主要载明所装货物的名称、规格、数量、花色搭配等详细情况。

2）主要内容

装箱单的内容应与实际货物装箱情况相符，并与商业发票上所列货物名称、数量等内容一致。装箱单无统一格式，但基本栏目相似，其主要内容如下（见图 2-9）：

①抬头。内容同发票，也有不列抬头而注明"As per Inv."或"To whom it may concern"。

②品名和规格。内容同发票，但装箱单着重表现货物的包装情况和包装材料，如"Packed in seaworthy cartons"（装入适合海洋运输的纸箱）。一般

不显示货物价格和装运情况，对货物描述以使用统称为多。

③包装及数量（Packing/Packed in）。注明每种货物的包装件数和合计数，如"Packed in 100 cartons of-2 pieces each"（装 100 箱，每箱 2 件），并在装箱单的长、宽、高（Length/Width/Height）和体积（Measurement）栏目内标出每个包装件的实际尺寸。

在单位包装货量或品种不固定的情况下，需注明每个包装件内的含量，并根据包装件编号，一一列出。在每一个包装件内，一般尽可能详细地列出从最小包装到最大包装所使用的包装材料、包装方式等细节，如"25kgs net in a poly woven cloth laminated with outer 2—ply kraft paper bag"（每个聚乙烯塑料袋内净装 25 千克，外套双层牛皮纸袋）。

④毛重（Gross Weight，G. W. ）及净重（Net Weight N. W. ）。注明总毛重和总净重，有的也列明货物的单件毛重、净重或皮重（Tare）。不定量包装货物，通常要逐件列出单件重量。

⑤唛头。唛头内容一般与发票所列相同，有时仅在装箱单中列明。

上海华纱进出口有限公司
CHINA ARTEX SHANGHAI IMPORT AND EXPORT CORPORATION
18 XIZANG NORTH ROAD SHANGHAI, CHINA

PACKING LIST

Tel：021 - 35788887
Fax：021 - 35788876
E - mail：giec@168. com

Invoice No. ：ATX051212
Date：Oct. 08，2011
S/C No. ：GD - 11ATX2509
L/C No. ：TH5391

Sold to Messrs；
THE ABCDE GROUP, INC.　　　　Marks & No. s
445 KENNEDY DRIVESAYREVILLE, NEW JERSEY
FROM：SHANGHAI　　　　TO：NEWYORK VIA HONGKONG BY VESSEL

Case No.	Description of Goods	QTY	G. W.	N. W.	MEAS
1 - 40	GARMENTS 100% COTTON JERSEY BABY'S OVERALL 2,000PCS	50PCS/CARTONS 40CARTONS	@4. 00KGS 160. 00KGS	@5. 00KGS 200. 00KGS	@ (42 ×23 ×25) CM 0. 966CBMS
41 - 80	100% COTTON JERSEY BABY'S BEATLE 2,000PCS	50PCS/CARTONS 40CARTONS	@8. 50KGS 340. 00KGS	@10. 00KGS 400. 00KGS	@ (55 ×30 ×34) CM 2. 244CBMS
TOTAL：	4,000PCS	80CARTONS	500. 00KGS	600. 00KGS	3. 210CBMS

TOTAL QUANTITY：4,000PCS；PACKING 80 CARTONS.
TOTAL PAKED IN EIGHTY CARTONS ONLY.
WE HEREBY CERTITY THAT ABOVE MENTIONED GOODS ARE OF CHINESE ORIGIN

CHINA ARTEX SHANGHAI IMPORT AND EXPORT CORPORATION
WANG LIQIN

图 2-9　装箱单样本

（3）运输单据

运输类单证是证明货物已经交付承运人接管、已装上运输工具或已发运的书面证明。国际贸易货物采用不同的运输方式，承运人或无船承运人签发不同的运输类单证。这些运输类单证中，有的作为交接货物的依据；有的用作结算货款的凭据；也有的代表货物的所有权凭证，可流通转让。

按照不同的运输方式，运输类单证主要有：海洋运输单证、航空运输单证、陆路运输单证、邮政运输单证、联合运输单证等。本节主要介绍海运提单和航空运单。

1）海运提单

①定义：

海运提单（Bill of Lading，B/L）简称提单，是指用以证明海上货物运输合同和货物已经由承运人介绍或者装船，以及承运人保证据以交付货物的单据。

②实际业务中，海运提单的性质和作用表现为三方面：

A. 是承运人应托运人的要求所签发的货物收据，表明承运人已按提单所列内容收到了货物。

B. 是承运人和托运人之间订立运输合同的证明。提单条款明确规定了承运人与托运人之间的权利与义务、责任与豁免，是处理双方之间有关海洋运输方面争议的主要依据。

C. 是物权凭证。海运提单是代表货物所有权的凭迁，收货人或提单的合法持有人，有权向承运人提取货物。提单是一种物权证明，持有人还可在载货船舶到达目的港之前先行转让，也可向银行押汇。

③种类：海运提单可从不同的角度进行分类，具体如表 2-7 所示。

④主要内容：海运提单的内容可分为固定部分和可变部分。

固定部分是指海运提单背面的运输契约，这一部分一般不做更改。可变部分是指海运提单正面各个栏目须填写的内容，要根据运输货物、运输时间、托运人及收货人的不同而填写。

提单的格式很多，每个船公司都有自己的提单格式，但基本内容大同小异，主要包含以下项目（见图 2-10）：

A. 承运人名称（Carrier）。提单是承运人签发的，因此承运人的名称一般事先印制在提单的显著位置。

B. 提单号码（B/L No）。本栏注明提单的顺序号，与装货单一致。提单号是货物查询、货物跟踪、收运杂费、报检、报关等环节中不可或缺的一项重要内容。

C. 托运人（Consigner/Shipper）。本栏注明与承运人签订运输契约的人，一般为出口人。有时出口人是实际供货商的代理，此时实际供货商也可以是托运人。

D. 收货人（Consignee）。本栏有记名式、指示式、不记名式三种方式。

记名式，收货人的名称和地址被记载在本栏目。

指示式分两种：一是记载"To order"（凭指示）或"To order of Shipper"，称为托运人指示提单，在托运人未指定收货人或受让人以前，货物仍然属于托运人。二是记载"To order of×××"（凭×××的指示），则称为记名指示提单，由被记名的指示人指定收货人或受让人，被记名的指示人可以是银行也可以是商家。

不记名提单，收货人一般为"To Bear"（交持票人），即空白抬头。

E. 被通知人（Notify Party）。被通知人是接受船方发出货到通知的人，即收货人的代理人。如果收货人栏采用指示式、不记名式，此栏一般为实际的收货人，通常为进口人。

F. 前段运输（Pre-carriage by）。本栏注明正式装上海轮前在收货地采用的运输工具，如"by train No.××"（火车）或"Truck"（汽车），如果前段运输采用船舶，则记载该船名称。

G. 收货地点（Place of Receipt）。本栏注明货物需转运时运抵装运港前一段收货的地点。若不需要转运，此栏空白不填。

H. 船名及航次（Ocean Vessel/Voyage No.）。本栏根据实际装运的船名和航次填写。若是收妥待运提单，在货物实际装船完毕后再填写船名。

I. 装运港（Port of Loading）。本栏注明直接装运货物上船的港口。如果货物需要转运，列明转运港口名称。

J. 卸货港（Port of Discharge）。本栏注明货物最后卸货的港口。如果货物直达目的港，卸货港为最后目的港。如果货物需转运，装运港后面没有注明中转港，则可在目的港之后加注。

K. 交货地点（Place of Delivery）。本栏填写最终目的港名称。如果货物的目的地就是目的港，则本栏可填写为目的港或者空白。

L. 标记与号码、集装箱号及封识号（Marks & Nos /Container No. & Seal No.）。提单上的标记唛头应与本批货物的其他单证一致，没有唛头时，用"N/M"表示。如果货物采用集装箱运输，所使用的每一个集装箱的号码、封号等列明在集装箱号及封识号栏中。

M. 件数、包装种类（Number and Kind of Packages）。本栏的件数指本

海运提单项下装船出口的货物包装件的数量，而非货物的数量。对不同货物的运输，本栏可作如下记载：

表 2-7　海运提单分类表

分类角度	名称	含义	注明方法	意义
根据货物外包装状况进行分类	清洁提单（Clean B/L）	货物装船时表面状况良好，承运人未加有不良批注的提单	一般印有"在提单内所列货物表面状况良好"一类词句，未加有其他不良批注	UCP600 规定，银行只接受未载有明确宣称货物或包装有缺陷的条款或批注的清洁运输提单
	不清洁提单（Unclean B/L）	承运人在提单上另加有货物及（或）包装有缺陷的批注的提单	承运人在提单上批注"外箱破裂""雨淋""唛头不清等"	
根据货物是否已装船进行分类	已装船提单（On Board B/L）	承运人在货物已装船后签发给托运人的提单	（1）预先印就表明货物已被装上船只或已装运于指明船只的文字，此时装运日期和装船日期为签发日期（2）在收妥备运提单上加批注，即装船结束时在此类提单上批注货物装船日期和实际装货船名，则称为已装船提单，此时批注日期即装运日期和装船日期	一般信用证均要求提交已装船提单。备运提单由于在装货前已经签发，因此不利于收货人安全收货，信用证项下一般不接受此种提单
	备运提单（亦称收货提单）（Receive for Shipment B/L）	承运人应托运人要求，在收货后等待装船期间先行签发的一种提单	提单开头一般有如下声明文句："兹有……收到下列货物…"未载明船名、装船日期	

表 2-7 续表 1

分类角度	名称	含义	注明方法	意义
根据不同的收货人抬头或是否会转让进行分类	记名提单（Straight B/L）	必须由收货人本人持单提货的提单，一般不可转让	"收货人"一栏载有收货人名称	记名提单最保险，但它不能转让，因而使用不便；不记名提单凭交付即可转让，使用方便，但不保险；指示提单使用方便，又具有一定的保险性，故在实际业务中使用最为广泛
	不记名提单（Blank B/L）	未指明收货人，任何人持有该提单均可提货的提单，无须背书即可转让	"收货人"栏留空不填或填"To Bear"	
	指示提单（Order B/L）	按记名人或非记名人的指示提货的提单，可背书转让	在"收货人"一栏填有"To Order"或"To Order of..."	
根据不同的运输方式进行分类	直达提单（Direct B/L）	同一船舶将货物自装运港一直运送到目的港条件下签发的提单	仅列有装运港和目的港	转船提单和联运提单都包括全程运输，但是提单签发人一般都在提单中规定，只对其负责第一程运输内发生的货物损失承担责任
	转船提单（Transshipment B/L）	在运输全程中货物自装运港到最终目的港中途需要换船转运条件下签发的提单	列明了装运港、目的港和转运港，有的注明了二程船或三程船的名称	
	联运提单（Through B/L）	在运输全程中需有两种以上运输方式才能将货物自装运港运至最终目的港条件下，由第一承运人（船公司）签发的提单	列明了装运港、目的港和交货地（表明第一程运输为海运，到达目的港后改为其他运输方式）	

表 2-7 续表 2

分类角度	名称	含义	注明方法	意义
根据运费支付方式进行分类	运费预付提单（Freight Prepaid B/L）	承运人在卖方支付运费情况下签发的提单	提单运费栏中填写有 " Freight-Prepaid " 或 "Freight Paid" 等	运货预付提单主要用于 CIF、CFR、CIP、CPT 等由卖方支付运费的术语的合同。运费到付提单主要用于 FOB、FCA 等由买方支付运费的术语的合同
	运费到付提单（Freight to be collected B/L）	承运人在装运港签发，待货到目的港后，由收货人向承运人结算运费的提单	提单运费栏中填写有 "Freght to Collect"、"Freight Payable at Destination" 等	
根据使用效力进行分类	正本提单（Original B/L）	在法律和商业上都是公认有效的单证	提单上须注明 "Original" 字样，并载有承运人、船长或代理人签字盖章及提单签发日期	正本提单一般签发一式两份或三份，凭其中任何一份提货后，其余备份作废，因此一般买方或银行要求卖方提供全部正本提单，即全套提单
	副本提单（Copy B/L）	仅作业务参考用	没有承运人、船长或代理人签字盖章，一般注明 "Copy" 或 "Non negotiable"	

包装货物，应注明最大包装数量和单位，例如 "1000 BALES" "250DR-UMS" 等。

散装货物，应注明 "IN BULK" 字样。裸装货物应注明件数，如一台机器或一辆汽车，填 "1 UNIT"；100 头牛，填 "100 HEADS" 等。

货物有两种或多种包装，且包装方式、包装材料不同，如 "5 CAR-TONS" "10BALES" "12 CASES" 等，件数栏内容要逐项列明，同时应注明合计数量，如上述包装数量可合计为 "27 PACKAGES"。

托盘装运，列明托盘数量，同时用括号加注货物包装件数，如 "5 PAL-LETS（60CARTONS）"，提单内还应加注 "SHIPPER'S LOAD AND COUNT"。

合计栏，列明各种包装方式最大包装件合计数的英文大写（Total Number of…）。

N. 货物描述（Description of Goods）。货物的名称一般为大类统称，而无详细品名及规格，但用途不同的大类产品一般分别列明。

O. 毛重（Gross Weight）和体积（Measurement）。一般以公吨作为重量单位，以立方米作为体积单位，小数点后保留 3 位。

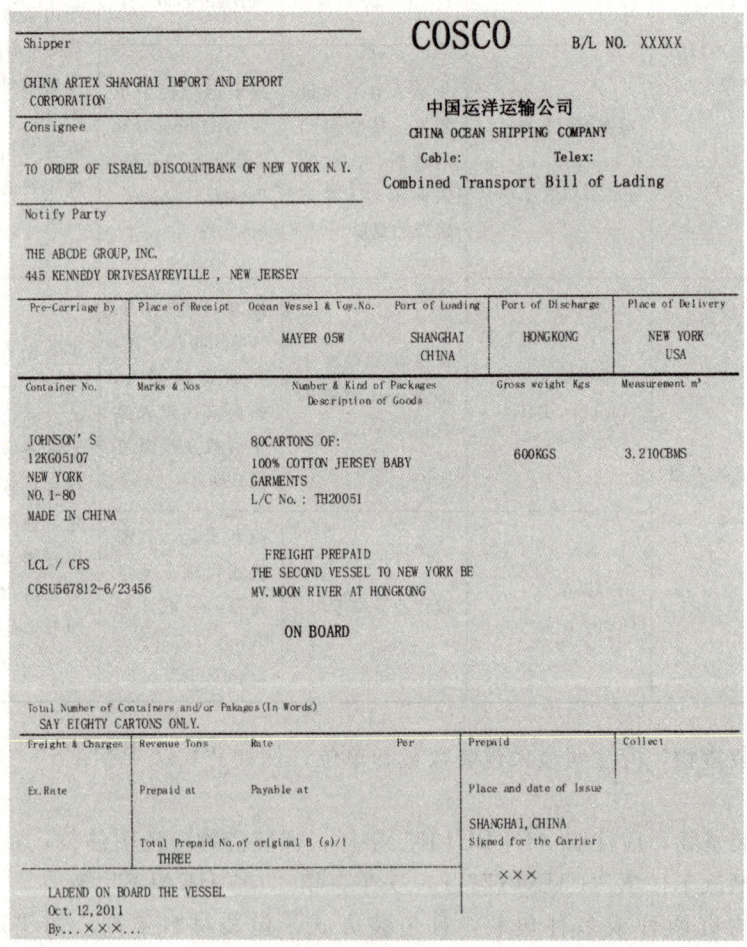

图 2-10　海运提单样本

2). 航空运单

①定义：航空运单（Air Waybill）是承运人签发给托运人，表示已经收妥货物接受空运的货运单据，是承运人和托运人之间的运输合同和货物收据。

航空运单与海运提单不同，它不是物权凭证，不能凭以提货或转让。货到目的地后，收货人凭承运人发出的到货通知书提货。航空运单依签发人不同可分为总运单（Master Air Waybill/MAWB）和分运单（House Air Waybill/HAWB）。总运单是航空公司签发的，分运单是航空货运代理公司签发的。两者的内容基本相同，法律效力相当，对于托运人或发货人而言，只是承担货物运输的当事人不同。

②主要内容：不同航空公司和航空货运代理公司的航空运单各有不同，但大多借鉴 IATA（国际航空运输协会）推荐的标准格式，差别并不大，其基本内容如下（见图 2-11）：

A. 收发货人名称及地址。一般发货人栏填写出口方的名称及地址，收货人栏填写进口方的名称和地址。因航空运单不能转让，所以收货人栏不能出现"To order"（凭指示）之类的字样。

B. 承运人代理的名称及所在城市（Issuing Carrier's Agent Name and City）。如运单由承运人代理人签发，本栏为实际名称及城市。如航空运单由承运人签发，本栏可空白不填。

C. 始发站机场名称、第一承运人地址和所要求的运输路线［Airport of Departure（Add. of First Carrier）and Requested Routing］。

D. 目的站机场名称（Airport of Destination）。货物如需转运，则在栏目"To"（至）中填转运点的名称，并注明由谁承担第一程运输（by First Carrier）。

E. 会计结算情况（Accounting Information）。一般根据实际情况填写运费预付或运费到付等内容。

F. 费用币制（Currency）。注明始发国的货币国际标准代码，如"CNY"（人民币）。

G. 运费及声明价值费（Weight Charge/Valuation Charge，WT/VAL）。运费指根据货物计费重量乘以适用的运价收取的运费，声明价值费是指下列第 H 项所列向承运人申报价值时，必须与运费一起交付的声明价值费。

H. 供运输使用的声明价值（Declared Value for Carriage），按国际公约规定，托运人在交付托运时需声明货物价值，如发生货损，承运人按其声明价值赔偿。声明价值必须标明币制。如不声明价值，此栏则填写"N. V. D."（No Value Declared）。

I. 供海关适用的申报价值（Declared Value for Customs）。此栏所填入价值为海关征税依据。如本地以商业发票或出口货物报关单申报价值为征税依据时，可留空不填或填"AS PER INV."（根据发票）。如作为货样等极少数量货物，可填"N. C. V."（No Commercial Value），表明没有商业价值。

J. 商品名称、包装件数、毛重（Commodity，No. of Pieces，Gross Weight）。

K. 费率及运费总额（Rate/Charge，Total）。

L. 发货人或代理人签名（Signature of Shipper or Its Agent）。由发货人或代理人在此栏签名，保证该货物并非危险货物。

M. 承运人或其代理签字及签发运单日期、地点（Executed on...（date）at...（Place），Signature of Issuing Carrier or Its Agent），正本航空运单必须由承运人或其代理人签章后才能生效。

按照国家惯例，承运人或其代理人签发的航空运单正本有 3 份，分别由航空公司和发货人留存，以及随机转给收货人。副本有 9 份，根据需要签发。

Shipper's Name and Address
Shipper's Account Number 045686
SHANGHAI TIANYE TOOLS MANUFACTURE CO., LTD
3188, GANXIANG TOWN, JINSHAN DISTRICT
SHANGHAI, CHINA

Not Negotiable
Air Waybill 中国东方航空公司
Issued by CHINA EASTERN AIRLINES
2250 HONGQIAO ROAD
SHANGHAI CHINA

Consignee's Name and Address
Consignee's Account Number SO099
PT.HYCO LANGGENG
300 VIRA SEMARANG INDONESIA

Copies 1,2 and 3 this Air Waybill are originals and have the same validity

It is agreed that goods described herein are accepted in apparent good order and condition（except as noted）for carriage SUBJECT TO THE CONDITIONS OF CONTRACT ON THE REVERSE HEREOF. ALL GOODS MAY BE CARRIED BY ANY OTHER MEANS INCLUDING ROAD OR ANY CARRIER UNLESS SPCIFIC CONTRARY INSCTRCTIONS ARE GIVEN HEREIN BY THE SHIPPER, AND SHIPPER AGREES THAT THE SHIPMENT MAY BE CARRIED DEEMS APPROPRIATE. THE SHIPPER'S ATTENTION IS DRAWN TO THE NOTICE CONCERNING CARRIER'S LIMITATION OF LIABILITY. Shipper may increase such limitation of liability by declaring a higher value for carriage and paying a supplemental charge of required.

Issuing Carrier's Agent Name and City
FUKANGWA EX3（030-424）
SEMARANG EXPRESS CO., LTD.

Accounting Information

Agents IATA Code 08321550
Account No.

Airport of Departure （Add. of First Carrier） and Requested Routing

To	By First Carrier	Routing and Destination	To	By	To	By	Currency	Chgs Code	WT/VAL PPD	WT/VAL COLL	Order PPD	Order COLL	Declared val for Carrier	Declared val for Customs
							USD							

Airport of Destination: SHANGHAI
Requested Flight/Date: MU0514/02
Amount of Insurance
If shipper requests insurance in accordance with the conditions thereof indicate amount to be insures in figures in box marked "Amount of Insurance".

Handling Information
AS PER REF NO. XY050401

No. of Place RCP	Gross Weight	kg lb	Rate Class	Commodity Item No.	Chargeable Weight	Rate / Charge	Total	Nature and Quantity of Goods (Incl. Dimensions or Volume)
1400	3 200	K	S		3 200	1.50	2 400.00	TOOLS 20CBM

Prepaid / Weight Charge / Collect

Valuation Charge

Tax

Total other Charges Due Agent: 200.00

Total Charges Due Carrier

Total Prepaid: 2200.00
Total Collect

Currency Conversion Rate
CC Charges in Dest Currency

For Carriers Use only at Destination
Charges at Destination
Total Collect Charges

Other Charges
AWB FEE: 200.00

Shipper certifies that particular's on the face hereof are correct and agree THE CONDITIONS ON REVERSE HEREOF:

Signature Shipper or his Agent

Carrier certifies that the goods described hereon are accepted for carriage subject to THE CONDITION OF CONTRACT ON THE REVERSE HEREOF. The goods then being in apparent good order and condition except as noted hereon.

MAY. 01, 2005 SHANGHAI, CHINA
Executed （date） at （place） Signature of issuing Carrier

789-3905 0933

图 2-11 航空运单样本

2. 进出口贸易管理单证

（1）常见许可证件的申领及使用

1）自动进口许可证

进出口收发货人进口属于《自动进口许可管理货物目录》内的货物时，必须申请自动进口许可证。自动进口许可证属于报关随附单证之一。自动进口许可证由商务部配额许可证事务局，商务部驻各地特派员办事处，各省、自治区、直辖市、计划单列市商务（外经贸）主管部门及部门和地方机电产品进出口机构签发。

①自动进口许可证申请程序如下所示：

A. 申领电子钥匙。进出口货物收发货人应当先到发证机构申领用于企业身份认证的电子钥匙。申请时，登录商务部相关网站，进入相关申领系统。

B. 提交申请。点击"进口申报"，用密码进入机电产品自动进口申请页面，按要求如实在线填写"自动进口许可证申请表"，同时提交有关材料。

C. 查看申请表状态。当状态显示"已批"时，表示申请已被批准。然后按网上提示地点、时间及要求将经批准的申请表下载，并打印后加盖单位公章，凭以取证。

D. 取证所需材料。经批准的机电产品进口申请表、单位介绍信等，如代理其他公司取证的，还需提供进口用户的委托书。

②申请自动进口许可证需提交以下材料：

A. 自动进口许可证申请表（可到相关网站下载）；

B. 货物进口合同；

C. 收货人从事货物进出口的资格证书、行政主管机关核准的备案登记文件或者外商投资企业批准证书；

D. 属于委托代理进口的，需提交委托人与进口经营者签订的代理进口合同或者协议正本；

E. 对进口货物用途或最终用户有特定规定的，应提交进口货物用途或最终用户符合国家规定的证明材料；

F. 商务主管部门规定的其他需提交的材料。

③具体使用：

A. 在通关过程中作为监管证件向海关交验的"自动进口许可证"，有以下几种类型：代码为"7"的，用于非机电产品；代码为"0"的，用于机电产品；代码为"v"的，用于加工贸易中的原油、成品油。在制作进口货物报关单时，应将海关监管证件代码及自动进口许可证编号填制在"随附单据"栏中。

B. 海关在审核过程中凭加盖自动进口许可证专用章的"自动进口许可证"办理验放手续，并将报关单上涉证货物的数量，在证上核注。

C. "自动进口许可证"的有效期限、使用次数，大宗散装货物的免证溢装数量及其他免予交验自动进口许可证的情形等报关规范详细介绍，请参见项目 1 任务三的相关内容。

2）进口许可证

属于进口许可证管理的货物，除有特殊规定外，各类进出口企业应在进口前按规定向指定的发证机构申领进口许可证，海关凭进口许可证接受申报和验放。"进口许可证"海关监管证件代码为"1"。

①申请进口许可证的操作程序：

A. 提出申请。经营者申请进口许可证时，应当认真如实填写"中华人民共和国进口许可证申请表"，并加盖印章。

B. 发证机构受理。发证机构按照授权范围受理经营者提交的进口许可证申请。

C. 发证机构对进口许可证申请的审核程序。经审核符合规定的，发证机构工作人员点击通过；不符合规定的，须在申请表审核意见栏一次性注明不予通过的原因，点击不予通过。经营者可在企业网上申领系统中获取未通过的原因。

D. 发放进口许可证。发证机构自收到符合规定的申请之日起 3 个工作日内发放进口许可证。特殊情况下，最多不超过 10 个工作日。

发证机构凭加盖经营者公章的申请表取证联和领证人员本人身份证明材料发放进口许可证。

发证机构依据国家发展和改革委员会颁发的"收费许可证"中有关收费项目和收费标准的规定收取证件费。

②申领进口许可证需要准备以下文件材料：

A. "进口许可证申请表"加盖申领企业印章。

B. 进口管理部门的批准文件，各类进口企业应根据进口货物情况，提交进口许可证发证依据所规定的进口批准文件及相关材料。

C. 属于年度内初次申请进口许可证的，应提交进口企业具有进口经营资格的证明文件。证明文件是指"中华人民共和国进出口企业经营资格证书"（外商投资企业提供"外商投资企业批准证书"）、企业法人登记营业执照。

D. 进口合同正本复印件。

E. 收货人（配额持有单位）与进口商签订的委托代理进口协议。

F. 进口许可证应由配额单位或代理进口单位申领。异地办理许可证，因

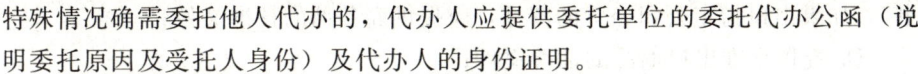

特殊情况确需委托他人代办的，代办人应提供委托单位的委托代办公函（说明委托原因及受托人身份）及代办人的身份证明。

③具体使用：

进口许可证的海关监管证件代码为"1"，进口涉证管理货物，需要注意以下相关要求：

A."进口许可证"编号填报在报关单"许可证号"栏目，一份报关单只允许填报一个许可证号。

B. 海关在审核过程中凭加盖进口许可证专用章的"进口许可证"办理验放手续，并将报关单上涉证货物的数量，在证上核注。

C."进口许可证"的有效期限、使用次数，大宗散装货物的免证溢装数量等报关规范详细介绍，请参见项目 1 任务三的相关内容。

3）出口许可证

属于出口许可证管理的货物，除有特殊规定外，各类进出口企业应在出口前按规定向指定的发证机构申领出口许可证，海关凭出口许可证接受申报和验放。"出口许可证"海关监管证件代码为"4"，加工贸易"出口许可证"的监管证件代码为"x"，边境小额贸易"出口许可证"的监管证件代码为"y"。

①申请出口许可证的程序：

A. 提出申请。申领单位向出口许可证发证机构提交"中华人民共和国出口许可证申请表"，属于网上申请，通过商务部许可证局的电子钥匙进行，在商务部相关网站进行电子申请。

B. 提交材料。书面申请的，申请同时向发证机构提交有关证件和材料并加盖印章；网上申请的，领取出口许可证时提交全部材料。

C. 发证机构受理。发证机构应按照授权范围受理经营者提交的出口许可证申请。

D. 发证机构审核。发证机构对出口许可证的申请进行审核。

E. 发证机构发证。发证机构凭加盖经营者公章的申请表取证联及领证人员本人身份证明材料发放出口许可证。

发证机构根据国家发展和改革委员会颁发的"收费许可证"中关于收费项目和收费标准的规定收取证件费。

②申领"出口许可证"需要准备以下文件材料：

A. 申领并填写"出口许可证申请表"（正本），加盖申领企业印章；

B. 出口商品的出口合同（正本复印件）；

C. 出口企业第一次领证时，应出具"中华人民共和国进出口企业资格证

书",如果出口指定公司经营的商品,应提供商务部的核准文件;

D. 提供批准出口商品的证明文件;

E. 申领单位的公函及申领人工作证件。

③具体使用:

A. 出口许可证的许可证号,填制在报关单"许可证号"栏内。

B. 海关在审核过程中凭加盖出口许可证专用章的"出口许可证"办理验放手续,并将报关单上涉证货物的数量,在证上核注。

C. "出口许可证"的有效期限、使用次数,大宗散装货物的免证溢装数量等报关规范详细介绍,请参见项目1任务三的相关内容。

(2) 出入境通关单的申领及使用

出入境货物通关单,是指国家检验检疫机构根据国家检验检疫相关法律、法规,对出入我国国境的进出口货物、物品出具的一种表示准予出入境的规定性证明证件,是海关监管验放的一种行政执法依据。

1) 入境通关单

"中华人民共和国出入境检验检疫入境货物通关单",简称"入境货物通关单",海关通关监管代码为"A"。进口列入《法检目录》中属于入境检验检疫管理的货物,海关凭入境货物通关单验放。

①申请程序:

A. "入境货物报检单"的录入及电子申报:

报检单位根据企业提供的随附单据,进行报检单的录入复核,并通过报检系统平台,向检验检疫机构进行电子数据的申报。

B. 向检验检疫部门报检/申报:

报检/申报是指申请人按照法律、法规或其他规章的规定向检验检疫机构申报检验检疫工作的手续。报检单位在报检单上加盖报检单位报检专用章,报检员在报检单上签署姓名和日期,将全部资料提交检验检疫部门。

C. 检务审核:

检验检疫机构检务人员根据有关规定和要求,对报检人提交的报检单内容填写是否规范、完整,应附的单据资料是否齐全、是否符合规定等进行审核。审核无误的,方可受理报检。对报检人提交的资料不齐全或不符合有关规定的,检验检疫机构不予受理报检。

D. 计费收费:

对已受理报检的,检验检疫机构工作人员按照《出入境检验检疫收费方法》的规定计费并收费。

E. 签证放行：

检验检疫机构受理报检并交费后，签发"入境货物通关单"，作为海关核放货物的依据。货物通关后，经检验检疫机构检验检疫合格的，签发"入境货物检验检疫证明"，作为销售、使用的凭证。检验检疫不合格的，签发"检验检疫处理通知书"。对外索赔的，签发"检验检疫证书"，作为向有关方面索赔的依据。

②需要提交以下材料：

A. 进境一般报检，申领入境货物通关单，应提交的单证有：入境货物报检单、外贸合同、发票、箱单、提运单、报检委托书等。

B. 按照检验检疫的要求，根据进口商品品种的不同，需提供其他特殊单证，如国外官方签发的检验检疫证书、卫生证书、原产地证书、旧机电产品备案书、电池产品备案书等。

③具体使用：

A. 入境货物通关单电子数据与进口货物报关单电子数据实行"通关单联网核查"，通关单和报关单电子信息不一致的，海关将作退单处理。

B. 申报法检商品，在报关单中必须录入通关单编号，并且一票报关单只允许填报一个通关单编号。

C. 涉及加工贸易手册、电子账册、征免性质税证明的进出口商品，申报单位填制报关单时，报关单上的法检商品的项号应与通关单项号一致。

D. 报关单涉及法检商品与非法检商品一起申报的，必须先录入法检商品，再录入非法检商品。

E. 通关单上的商品编码，以海关认定为准，报关单上法检商品的商品编码经海关确认有误，企业需向检验检疫机构申请修改通关单。

F. 在录入报关单时，将入境货物通关单号录入到随附单证栏。

2）出境通关单

"中华人民共和国出入境检验检疫出境货物通关单"，简称"出境货物通关单"，海关通关监管代码为"B"。进口列入《法检目录》中属于出境检验检疫管理的货物，海关凭出境货物通关单验放。

①申请程序：

A. "入境货物报检单"的录入及电子申报：

报检单位根据企业提供的随附单据，进行报检单的录入复核，并通过报检系统平台，向检验检疫机构进行电子数据的申报。

B. 向检验检疫部门报检/申报：

报检/申报是指申请人按照法律、法规或其他规章的规定向检验检疫机构申报检验检疫工作的手续。报检单位在报检单上加盖报检单位报检专用章，报检员在报检单上签署姓名和日期，将全部资料提交检验检疫部门。

C. 检务审核：

检验检疫机构检务人员根据有关规定和要求，对报检人提交的报检单内容填写是否规范、完整，应附的单据资料是否齐全、是否符合规定等进行审核。审核无误的，方可受理报检。对报检人提交的资料不齐全或不符合有关规定的，检验检疫机构不予受理报检。

D. 抽样、取样：

对须检验检疫并出具结果的出境货物，施检人员须到现场抽取样品。

E. 检验检疫：

检验检疫机构对已报检的出境货物，按照国家强制性标准、国际惯例或合同、信用证的要求等相关检验依据进行检验检疫，以判定所检对象的各项指标是否合格。目前，检验检疫的方式包括全数检验、抽样检验、型式试验、过程检验、登记备案、符合性验证、符合性评估、合格保证和免予检验等。

F. 计费收费：

对已受理报检的，检验检疫机构工作人员按照《出入境检验检疫收费方法》的规定计费并收费。

G. 签证放行：

经检验检疫机构受理报检并交费后，签发"出境货物通关单"，报检员领取出境通关单，作为海关核放货物的依据。

②需要提交以下材料：

A. 出境一般报检，应提交：出境货物报检单、外贸合同、发票、箱单、厂检报告、报检委托书等有关单证。

B. 按照检验检疫的要求，根据货物的不同还需提供相关其他特殊单证。如进出口电池备案书、强制认证证书、出口玩具质量许可证、卫生许可证等。

③具体使用：

A. 产地与报关地不一致的出境货物，在产地报检时应申领"出境货物换证凭条"或者"出境货物换证凭单"，在报关地商检部门报检时，申领"出境货物通关单"。

B. 出境货物通关单的有效期，因商品不同有所区别，一般货物为 60 天，以出境货物通关单标明的有效期为准，超过有效期，海关不予放行。

C. 出境货物通关单电子数据与出口货物报关单电子数据实行"通关单联

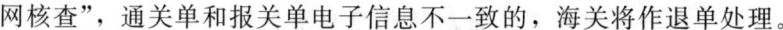

网核查"，通关单和报关单电子信息不一致的，海关将作退单处理。

D. 在报关单录入时，将出境通关单号录入随附单证栏。

E. 法检货物在出口报关过程中发生了商品编码的变更，需要到检验检疫部门作出境通关单的变更。

2.3.4　操练

（1）进出口商业单证

1）发票（见图 2-12）

发 票

发票号：7030691　　　　　　　　　　　　　长安天马汽车有限公司
合同号：CAPSA2012-WYG-046
YCAP0516-2　　　　　　　　　　　　　　　深圳市宝安区和平路7号
客户编码：000220998

贸易条款：FOB

设备代码	货物描述	箱号	数量	单价（欧元）	总价（欧元）
W60530	加工中心OP130（Urane25）	11	1	529800	529800
W60531	加工中心OP140（Urane25）	12	1	529800	529800
W60532	加工中心OP150（Urane25）	13	1	529800	529800
W60533	加工中心OP190（Urane25）	14	1	529800	529800
W60537	加工中心OP120（SDC700L）	17-18	1	556800	556800
				TOTAL	2676000

图 2-12　发票

2）装箱单（见图 2-13）

总的装箱单

客户地址：长安天马汽车有限公司，深圳市宝安区和平路70号
交付地址：长安天马汽车有限公司，深圳市宝安区和平路70号
联系人：王永
电话：0086755-85289324
装箱日期：2013/8/9
合同号：CAPSA2012-WYG-046
信用证号：LCZ008201300402
贸易条款：FOB
卸货港：深圳，中国
包装：木制包装

箱号	箱单号码	数量	设备代码	描述	净重	毛重	集装箱号
11	AP0516-PL10	1	W60530	加工中心工序号：130含刀具与夹具（Urane25）	18720	20771	CBHU9407030
12	AP0516-PL11	1	W60531	加工中心工序号：140含刀具与夹具（Urane25）	18260	20311	CBHU9405130
13	AP0516-PL12	1	W60532	加工中心工序号：150含刀具与夹具（Urane25）	18570	20621	TRIU0833653
14	AP0516-PL13	1	W60533	加工中心工序号：190含刀具与夹具（Urane25）	18260	20311	CBHU9408058
17	AP0516-PL16	1	W60537	加工中心工序号：120含刀具与夹具（SDC700L）	18020	19878	TCLU6028301
18	AP0516-PL16	1	W60537	加工中心含附件（SDC700L）	1920	2340	TCLU6028301

CAPSA-2012-WYG-046
深圳-中国　　　　　　　　　　　　　　　　　　　11156

图 2-13　装箱单

3）到货通知书（见图 2-14）

深圳市中远集装箱船务代理有限公司
COSCO SHENZHEN CONTAINER SHIPPING AGENCY CO.,LTD
进口货物到货通知书 ARRIVAL NOTICE

Shipper(发货人)	Consignee(收货人)	Notify(通知人)
COMAU FRANCE 5-7 RUE ALBERT EINSTEIN, 78197 TRAPPES CEDEX, FRANCE TEL: + 33 1 30 16 61 00	TO ORDER	CHANGAN AUTOMOBILES COMPANY LIMITED 10TH FLOOR OF YINXING BUILDING, 1301 HEPING ROAD, GUANLAN, BAOAN DISTRICT, SHENZHEN

提单号(B/L NO.): COSU4004146700	预计到港日期(ETA): 2013-10-10
船名/航次(M/V): HANJIN TIANJIN V.044E	运输条款(Service Term): CY-CY
收货地(POR): MRS. FR	装货港(POL): MRS
卸货港(POD): YANTIAN,GD	目的港(FND): YANTIAN,GD

货名: URANE 25 MACHINING CENTER,FIXTURES,CUTTING TOOLS

总计(TOTAL): 5x40'		
件数: 6 CASES	毛重: 104232 KGS	体积:
CBHU9405130 40FL	CBHU9407030 40FL	CBHU9408058 40FL
TCLU6028301 40FL	TRIU0833653 40FL	

Freight Charges:	AGS	BAF	DCI	EBS	Ocean	TOTAL:
Payment Amount:	Freight	PSS	SUZ	THD		USD:50000

请于船舶到港前3天用正楷简体字填妥以下资料，并确认回传我司，我司将按以下资料向海关申报，请清晰填写并务必与收货人报关资料完全一致。若贵司未及时确认以下资料，我司将按舱单上英文资料发送海关。因贵司原因引起的错漏及更改，我司不予负责。如贵司货物属于转关货或需拆单，请注明并提供详细的拆单资料。货物是否要预申报海关( )，如是请在括号内打勾，我司会尽量予以安排。

真正的收货人中文名称：天马汽车有限公司

货物中文名称：汽车加工中心

货物总件数：___6___ 货物总毛重：104232 KGS 货物总体积（不填写表示不报）：_____
货物包装种类仅限七种，请勾选一种：（木箱、纸箱、桶装、散装、托盘、包、其他）

签名：   盖章：

注意事项：
1、船代换单地址：深圳市盐田港海港大厦8楼/外轮代理/TEL:25290482
2、请于提柜前缴清相应付款及提柜押金（GP/HQ:RMB2000/个，FR/OT:RMB4000/个，RF/RQ:RMB20000/个）
3、货物放行后请到以下地点办理提柜手续，盐田国际大厦1001室
4、免费柜期：从船到当天起算；20GP/40GP(HQ)：7天；冷冻箱及其他特种箱：7天
5、免费仓期：从船到第二天起算；20GP/40GP(HQ)：10天；冷冻箱：3天；OT/FR等特种箱：无免仓期
6、如涉及到货权转让，需更改收货人，请向我司索取并正确填写货权转让声明（需加盖双方正本章）
7、为配合执行《财税[2013] 37号》文件，请在付款的同时以6.72%的税点支付
8、如有其它未明事宜，请及时咨询以下电话，以免延误贵司换单提柜

我司联系方式：
谢小姐 电话：0755-25291275 传真：0755-25290723 EMAIL: xieduo@cosfresz.com.cn
地址：深圳盐田港盐田国际大厦10楼1001室13号窗口
深圳市中远集装箱船务代理有限公司盐田分公司 签发日期：2013-10-10

图 2-14 到货通知书

（2）进出口贸易单证

通过任务二可知，汽车加工中心的监管条件是 AO，即在进境报关时，需提供入境货物通关单和自动进口许可证（新旧机电产品）。

1）自动进口许可证的申领

长安天马汽车有限公司需要（4403131234）提供以下材料：

①申请表；

②申请报告（报告详细写明企业的基本情况、生产情况、进口设备的用途、生产制造日期、使用年限、现在状况，如生产日期较早必须作出特殊情况说明）；

③设备检测说明，必须出具国家检验机构或设备供应商提供的检测报告；

④企业的营业执照、批准证明确（外商投资企业须提供）；

⑤清单；

⑥设备彩色照片；

⑦工作联系单等。

向深圳行政服务中心申领自动进口许可证（新旧机电产品，见图 2-15）。

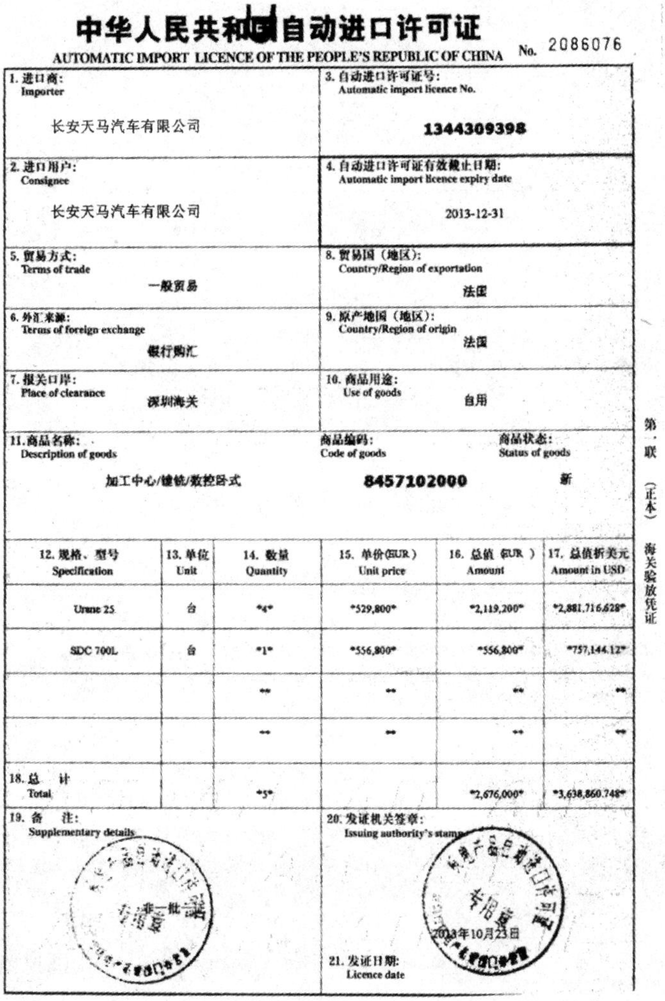

中华人民共和国自动进口许可证

AUTOMATIC IMPORT LICENCE OF THE PEOPLE'S REPUBLIC OF CHINA　No. 2086076

1. 进口商：Importer 长安天马汽车有限公司	3. 自动进口许可证号：Automatic import licence No. 1344309398
2. 进口用户：Consignee 长安天马汽车有限公司	4. 自动进口许可证有效截止日期：Automatic import licence expiry date 2013-12-31
5. 贸易方式：Terms of trade 一般贸易	8. 贸易国（地区）：Country/Region of exportation 法国
6. 外汇来源：Terms of foreign exchange 银行购汇	9. 原产地国（地区）：Country/Region of origin 法国
7. 报关口岸：Place of clearance 深圳海关	10. 商品用途：Use of goods 自用

11. 商品名称：Description of goods　加工中心/镗铣/数控卧式　商品编码：Code of goods　8457102000　商品状态：Status of goods　新

12. 规格、型号 Specification	13. 单位 Unit	14. 数量 Quantity	15. 单价(EUR) Unit price	16. 总值(EUR) Amount	17. 总值折美元 Amount in USD
Urane 25	台	*4*	*529,800*	*2,119,200*	*2,881,716.628*
SDC 700L	台	*1*	*556,800*	*556,800*	*757,144.12*
		**	**	**	**
		**	**	**	**
18. 总计 Total		*5*		*2,676,000*	*3,638,860.748*

19. 备注：Supplementary details　非一批一证

20. 发证机关签章：Issuing authority's stamp

21. 发证日期：Licence date　2013年10月23日

第一联（正本）海关验放凭证

图 2-15　自动进口许可证（新旧机电产品）

2）入境货物通关单的申领

向商检局提交入境货物报检单、外贸合同、发票、箱单、提运单、报检委托书等申领入境货物通关单（见图2-16）。

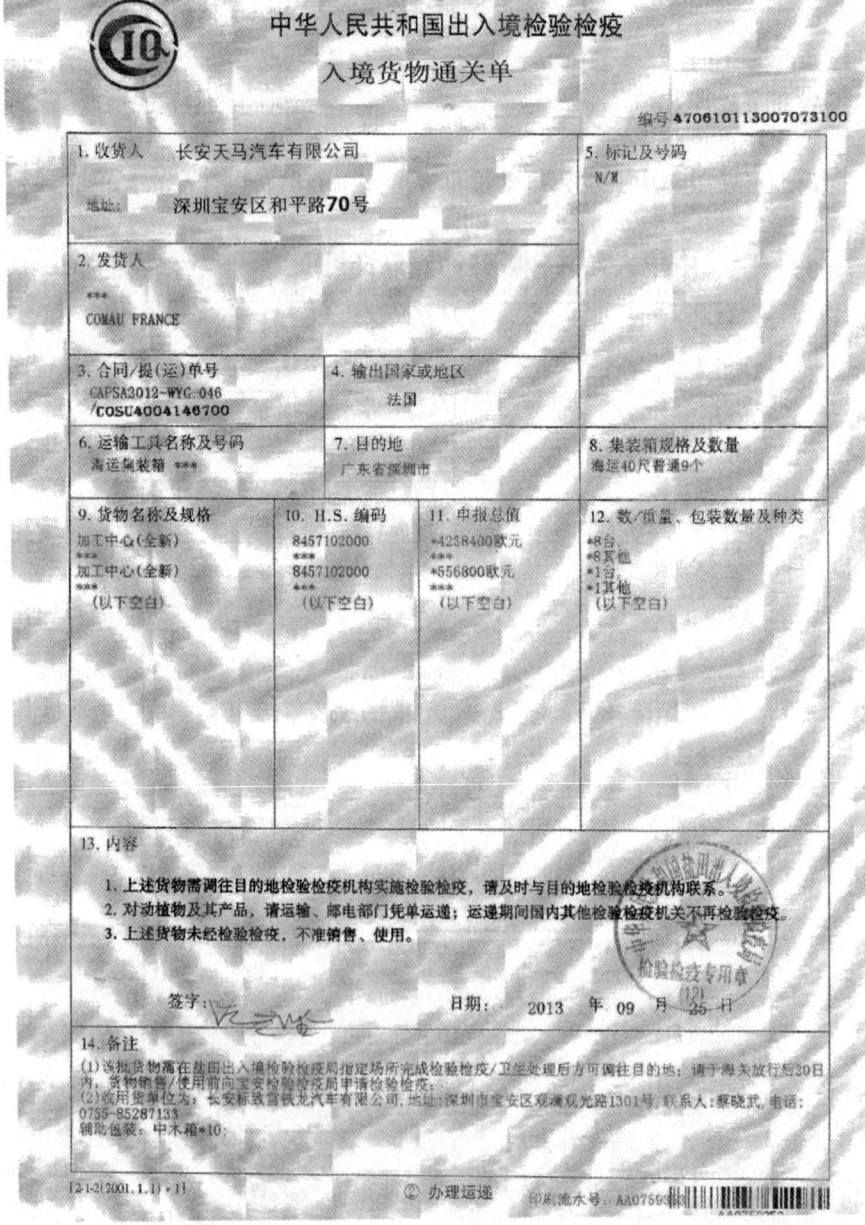

图 2-16　入境货物通关单

2.3.5 报关单相关栏目

1. 起运国（地区）/运抵国（地区）

（1）定义

起运国（地区）填报进口货物起始发出直接运抵我国或者在运输中转国（地）未发生任何商业性交易的情况下运抵我国的国家（地区）。

运抵国（地区）填报出口货物离开我国关境直接运抵或者在运输中转国（地区）未发生任何商业性交易的情况下最后运抵的国家（地区）。

（2）填报要求

①本栏目应按海关规定的"国别（地区）代码表"（见表2-8）选择填报相应的起运国（地区）或运抵国（地区）中文名称或代码。注意特殊地区如中国香港、中国澳门、台澎金马关税区。

②直接运抵货物：

不经过第三国（地区）转运的直接运输进出口货物，以进口货物的装货港所在国（地区）为起运国（地区），以出口货物的指运港所在国（地区）为运抵国（地区）。

③在第三国（地区）发生中转货物：

货运中转的原因很多，如至目的地无直达运输工具，或目的地有直达运输工具但时间不定或航次间隔时间太长，或目的地不在装载货物的运输工具的航线上，或货物属于多式联运等。

经过第三国（地区）转运的进出口货物，如在中转国（地区）发生商业性交易，则以中转国（地区）作为起运/运抵国（地区）。

货物是否中转，可根据随附单证中的有关信息来判断，如随附单证中出现"VIA"、"PORT OF TRANSHIPMENT"或"IN TRANSIT TO"字样，则可确定货物发生了中转。"VIA"是指"经由某地到达某地"，跟在后面为中转地，如"TRAVEL FROM LONDON TO PARIS VIA DOVER"、"IN TRANSIT TO"是指"转运到……"，跟在后面为目的地，如"HAMBURG IN TRANSIT TO ZURICH SWITZERLAND"。

对发生运输中转的货物，如中转地未发生任何商业性交易，则起、抵地不变。

发生运输中转的货物，如中转地发生商业性交易，则以中转地作为起运/运抵国（地区）填报。

例1：我国上海一家公司通过台湾一商人从泰国购买香米100吨，货轮经过台湾抵达上海，请问起运地是（　　）

A. 泰国

B. 中国台湾

C. 台湾

D. 上海

例2：我国某公司从伦敦进口一批货物，途经香港转运至内地，如果在香港没有发生买卖行为，则起运国仍为英国；如果在香港发生了买卖行为，那么起运国为中国香港。

是否发生买卖关系，可以从发票的出票人来判断。

④无实际进出境的货物：

运输方式为0、1、7、8、W、X、Y、Z，本栏目填报"中国（142）"；

贸易（监管）方式后两位为：42—46、54—58；起运国（地区）或运抵国（地区）必须为"中国（142）"；

海关保税监管场所及特殊监管区域之间往来的货物（监管方式代码为1200），本栏目填报"中国（142）"。

表2-8 主要国别（地区）代码表

代码	中文名称	代码	中文名称
110	中国香港	307	意大利
116＊	日本	331	瑞士
121	中国澳门	344＊	俄罗斯联邦
132＊	新加坡	501	加拿大
133＊	韩国	502＊	美国
142＊	中国	601＊	澳大利亚
143＊	台澎金马关税区	609	新西兰
303＊	英国	701	国（地区）别不详
304＊	德国	702	联合国及机构和国际组织
305＊	法国		

2. 装货港/指运港

（1）定义

装货港指进口货物在运抵我国关境前的最后一个境外装运港。如果在运输的途中有中转或者是换船的情况下，装运港为换船后的港口，也就是说要填中转港。

例如2003年的考题中，给出的条件是，承运船舶在帕腊纳瓜港装货起运，航经大坂，又停泊釜山港转"HANSA STAVANGER"号轮 HV300W

航次（提单号：HS03D8765）于 2003 年 7 月 30 日抵吴淞口岸申报进境。

那么从已知条件可以知道最后一个中转港是釜山，釜山港是最后一个装运货物进口的境外装卸港，因此"装货港"栏应填釜山。

①发生运输中转的货物，如果中转地没有发生任何商业性交易，那么起运国不变。如中转地发生商业性交易，那么就以中转地作为起运国（地区）填报。这是针对起运国而言的。

②对于装货港的情况是：只要发生运输中转的货物，不管在中转地有没有发生商业交易，装运港都填中转港。这是起运国与装运港的区别。

指运港填报出口货物运往境外的最终目的港；最终目的港不可预知的，按尽可能预知的目的港填报，与货物是否中转无关。

（2）填报要求

本栏目应根据实际情况按海关规定的"港口航线代码表"选择填报相应的港口中文名称及代码。装货港/指运港在"港口航线代码表"中无港口中文名称及代码的，可选择填报相应的国家中文名称或代码。

无实际进出境的，本栏目填报"中国境内（142）"。

3. 原产国（地区）/最终目的国（地区）

（1）定义

原产国（地区）指进口货物的生产、开采或加工制造国家（地区）。原产国（地区）应依据《中华人民共和国进出口货物原产地条例》、《中华人民共和国海关关于执行〈非优惠原产地规则中实质性改变标准〉的规定》以及海关总署关于各项优惠贸易协定原产地管理规章规定的原产地确定标准填报。同一批进口货物的原产地不同的，应分别填报原产国（地区）。进口货物原产国（地区）无法确定的，填报"国别不详"（代码 701）。对经过几个国家或地区加工制造的进口货物，以最后一个对货物进行经济上可以视为实质性加工的国家或地区作为该货物的原产国（地区）。

在原始单证（发票或原产地证明书）上原产国（地区）一般表示为"Made in"或"Origin/Country of Origin"或"Manufacture"。

最终目的国（地区）指已知的出口货物的最终实际消费、使用或进一步加工制造国家（地区）。不经过第三国（地区）转运的直接运输货物，以运抵国（地区）为最终目的国（地区）；经过第三国（地区）转运的货物，以最后运往国（地区）为最终目的国（地区）。同一批出口货物的最终目的国（地区）不同的，应分别填报最终目的国（地区）。出口货物不能确定最终目的国（地区）时，以尽可能预知的最后运往国（地区）为最终目的国（地区）。

（2）填报要求

本栏目应按海关规定的"国别（地区）代码表"选择填报相应的国家（地区）名称或代码。

加工贸易报关单特殊情况填报要求如下：

①料件结转货物，出口报关单填报"中国"（代码142），进口报关单填报原料件生产国。

②深加工结转货物和以产顶进，进出口报关单均填报"中国"（代码142）。

③料件复运出境货物，填报实际最终目的国；加工出口成品因故退运境内的，填报"中国"（代码142），复运出境时填报实际最终目的国。

④加工贸易转内销时，最终目的国（地区）需区分两种情况：

料件内销时，原产国（地区）按料件的生产国，即料件进口时的原产国填报；

加工成品转内销时，填报"中国"（代码142）。

⑤料件内销货物，属加工成品、半成品、残次品、副产品状态内销的，进口报关单本栏目均填报"中国"（代码142）。属剩余料件状态内销的，进口报关单填报原料件生产国。

⑥出口加工区运往区外的货物，原产国（地区）按实际填报，即对于未经加工的进口货物，填报货物原进口时的原产国（地区）；对于经加工的成品或半成品，按现行原产地规则确定原产国（地区）；区外运入出口加工区的货物，最终目的国为中国。

⑦进口货物的原产国（地区）无法确定时，报关单"原产国（地区）"栏应填报"国别不详"或"701"。

中国出口原产地规则：全部在中华人民共和国国境内生产或制造的产品；是部分或者全部使用进口原料、零部件，在中华人民共和国国境内进行主要的及最后的制造、加工工序使其外形、性质、形态或者用途产生实质性改变的产品。

4. 运输方式

（1）定义

运输方式包括实际运输方式和海关规定的特殊运输方式。前者指货物实际进出境的运输方式和国际货运运输方式一致，按进出境所使用的运输工具分类；后者指货物无实际进出境的运输方式，按货物在境内的流向分类。

本栏目应根据货物实际进出境的运输方式或货物在境内流向的类别，按照海关规定的"运输方式代码表"14类选择填报相应的运输方式。

（2）海关规定的运输方式

1）实际运输方式

海关规定的实际运输方式专指用于载运货物实际进出关境的运输方式。进境货物的运输方式，按货物运抵我国关境第一口岸时的运输方式填报；出境货物的运输方式，按货物运离我国关境最后一个口岸时的运输方式填报。主要有：

①水路运输（2＊）：指利用船舶在国内外港口之间，通过固定的航区和航线进行货物运输的一种方式。凡是以海关运输、近海运输、沿海运输或内河运输的货物，均应按此项填报。

②铁路运输（3＊）：指利用铁路承担进出口货物运输的一种方式。

③汽车运输（4＊）：指利用汽车承担进出口货物运输的一种方式。

④航空运输（5＊）：指利用航空器承担进出口货物运输的一种方式。

⑤邮件运输（6）：指通过邮局寄运货物进出口的一种方式。

⑥其他运输（9）：主要指采用人力、兽力、输油管道、输水管道、输送带和输电网络等方式输送进出口货物的运输方式，如进出口天然水（22019010）和电力（27160000）。

2）特殊运输方式

海关规定的特殊运输方式仅用于标志没有实际进出境的货物，其进口报关单的起运国栏、出口报关单的运抵国栏应填报"中国（142）"。特殊运输方式主要有如下 9 种：

①非保税区（0）：境内非保税区运入保税区货物和保税区退区（退运境内）货物；

②监管仓库（1）：境内存入保税仓库、出口监管仓库和出口监管仓库退仓货物；

③保税区（7）：保税区运往境内非保税区货物；

④保税仓库（8）：保税仓库转内销货物；

运输方式为保税区（7）和保税仓库（8）仅适用于保税区和保税仓库转内销货物进口货物报关单的本栏的填报，不得用于出口报关单。

⑤其他运输（9）：其他没有实际进出境的货物；

同一出口加工区内或不同出口加工区的企业之间相互结转、调拨的货物，出口加工区与其他海关特殊监管区域之间、不同保税区之间、同一保税区内不同企业之间、保税区与出口加工区等海关特殊监管区域之间转移、调拨的货物。

⑥物流中心（W）：保税物流中心与中心外之间进出的货物；

⑦物流园区（X）：从境内（指国境内特殊监管区域之外）运入园区或从保税物流园区运往境内的货物；

⑧保税港区（Y）：保税港区（不包括直通港区）与保税港区外之间进出的货物；

⑨出口加工（Z）：出口加工区与境内区外之间进出的货物。

出口加工区与区外之间进出的货物，区内企业填报"9"，区外企业填报"Z"。

（3）填报要求

格式：名称或代码。特殊情况下运输方式的填报原则如下：

①非邮件方式进出口的快递货物，按实际运输方式填报。

②进出境旅客随身携带的货物，按旅客所乘运输工具填报。

③进口转关运输货物，按载运货物抵达进境地的运输工具填报；出口转关运输货物，按载运货物驶离出境地的运输工具填报。

5. 运输工具名称/航次号

（1）定义

运输工具是指从事国际（地区）间运营业务进出关境和境内载运海关监管货物的工具。

航次号是载运货物进出境的运输工具的航次编号。

一份报关单只允许填报一个运输工具名称。

（2）运输工具名称填报要求

实际进出境，直接在进出境地或采用"属地申报，口岸验放"通关模式的报关单：

①水路运输：填报船舶编号（来往港澳小型船舶为监管簿编号）或者船舶英文名称。

例：2002 年考题，有 Shipped per：S/S BIBI；Voy No.：VOG. 018 等字样。运输工具名称栏应填以下哪一项呢？

A. /018　　　　　　　　　　B. BIBI/018

C. S/S BIBI v. 018　　　　　 D. BIBI 018

注：s/s；s. s；ss：steamship，steamer，M/V

②公路运输：填报该跨境运输车辆的国内行驶车牌号，深圳提前报关模式的报关单填报国内行驶车牌号＋"/"＋"提前报关"。

③铁路运输：填报车厢编号或交接单号。

④航空运输填报航班号。

⑤邮件运输填报邮政包裹单号。

⑥其他运输填报具体运输方式名称，如管道、驮畜等。

（3）航次号的填报要求

①水路运输：填报船舶的航次号。

②公路运输：填报该跨境运输车辆的进出境日期〔8 位数字，顺序为年（4 位）、月（2 位）、日（2 位），下同〕。

③铁路运输：填报进出境日期。

④航空运输：免予填报。

⑤邮件运输：填报进出境日期。

⑥其他各类运输方式：免予填报。

（4）纸质报关单"运输工具名称"栏填报格式

实际进出境，直接在进出境地办理报关手续的货物，纸质报关单"运输工具名称"栏填报格式为：

①水路运输：填报船舶编号或者船舶英文名称＋"/"航次号。

②公路运输：填报该跨境运输车辆的国内行驶车牌号＋"/"进出境日期〔8 位数字，顺序为年（4 位）、月（2 位）、日（2 位）〕。

③铁路运输：填报车厢编号或交接单号＋"/"进出境日期。

④航空运输：填报航班号。

⑤邮件运输：填报邮政包裹单号＋"/"进出境日期。

⑥其他运输：填报具体运输方式名称，如管道、驮畜等。

6. 提运单号

（1）定义

指进出口货物提单或运单的编号。

本栏目填报的内容应与运输部门向海关申报的载货清单所列相应内容一致。

（2）填报要求

一份报关单只允许填报一个提运单号，一票货物对应多个提运单时，应分单填报。

①水路运输：填报进出口提单号。如有分提单的，填报进出口提单号＋"＊"＋分提单号。

②道路运输：免予填报。

③铁路运输：填报运单号。

④航空运输：填报总运单号＋"＿"（下划线）＋分运单号，无分运单的填报总运单号。

⑤邮件运输：填报邮运包裹单号。

⑥无实际进出境的，本栏目免予填报。

7. 集装箱号

（1）定义

本栏目填报装载进出口货物（包括拼箱货物）集装箱的箱体信息。

（2）填报要求

填报在集装箱表中，一个集装箱填一条记录，分别填报集装箱号（Container No.），在集装箱箱体上标示的全球唯一编号，注意不是封条号（Seal No.）、纸箱号（CTN No.）、集装箱的规格和集装箱的自重。格式："集装箱号" ＋ "/" ＋ "规格" ＋ "/" ＋ "自重"。常见的集装箱规格为 20 尺及 40 尺、45 尺、48 尺、53 尺。

非集装箱货物填报为 "0"。

例如：在原始单据上找到集装箱号（Container No.）所对应的号是："1x20" TEXU360523120。集装箱的重量一般是在中文的补充说明中来找，假如自重是 2376。

应填制为：TEXU3605231/20/2376。

在多于一个集装箱的情况下，其余集装箱编号打印在备注栏或随附清单上。

2.4 任务四　贸易成本估算

2.4.1　任务分析

长安天马汽车有限公司进口汽车加工中心，通过任务三的学习，我们知道汽车加工中心的通关所需的商业单证和贸易单证，为了顺利办理通关，必须掌握贸易成本的核算。

2.4.2　任务实施

实训小组查询相关贸易成本的资料，写出一份分析报告，详细解说每种贸易成本，最后制成 PPT，在课堂展示给其他同学，老师可边点评边鼓励同学课堂讨论，发问。

2.4.3　知识链接——贸易成本估算

1. 完税价格和税率的确定

（1）一般进口货物完税价格的确定

成交价格是按法律规范要求向海关申报的价格，我国《审价办法》规

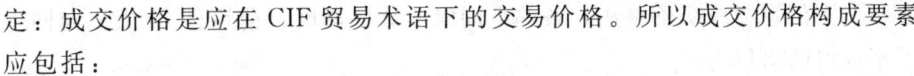

定：成交价格是应在 CIF 贸易术语下的交易价格。所以成交价格构成要素应包括：

1）货价

按成交价格概念中"实际已付和应付"的规定，货价应该是国际贸易中买方实际支付给卖方价格，包括生产成本、卖方销售利润、出口国产生的相关费用（在实际计算中人们习惯将其等同于 FOB 价），也应该包括买方实际支付与卖方有联系的第三方费用。

2）运费

按我国《关税条例》第 18 条规定：进口货物运费包括货物运抵我国关境内输入地点起卸前的运输和相关费用。这里输入地点称之为起卸点。

3）保险费

运输产生的保险费计算原则是：货物运抵我国关境内起卸点前所实际支付保险费。但是在实际操作时，对不易分开境内境外的保险费用，以实际支付的保险费计算。

如果报关时保险费已经支付，海关按下面公式计算保险费：

保险费＝CIF×保险费率

对无法确定和未实际发生的保险费，海关按下面公式计算保险费：

保险费＝（货价＋运费）×3‰

（2）出口货物完税价格的确定

我国《审价办法》第二十一条规定：出口货物完税价格由海关以该货物向境外销售的成交价格为基础审定，并应包括货物运抵中华人民共和国境内输出地点装卸前的运输及相关费用、保险费。

1）成交价格法

下列税收、费用不计入出口货物完税价格中：

①出口关税。

②出口货物的成交价格中，如果包括离境口岸至境外口岸之间的运费、保险费的，该运费、保险费应当扣除。

③出口货物的成交价格中，含有支付给境外的佣金（卖方佣金），如果单独列出应当扣除。

2）完税价格确定其他方法

以上确定出口货物完税价格的方法称为出口货物成交价格法。如果上述方法不能确定完税价格，纳税可以依次使用下列方法：

①相同货物成交价格法。条件是同时或大约同时（前后各 45 天）向同一国家或地区出口。

②类似货物成交价格法。条件是同时或大约同时（前后各 45 天）向同一国家或地区出口。

③计算价格法。根据境内生产的相同或类似货物的成本、利润和一般费用、境内发生的运费及其相关费用、保险费计算所得的价格确定完税价格。

④合理价格法。最后由海关放宽条件估定完税价格。

与进口货物完税价格确定方法相比，出口货物完税价格确定方法中没有倒扣方法。

3）出口货物完税价格的计算公式

计算公式如下：

出口货物的完税价格＝离岸价格（FOB 中国境内口岸）－出口关税

＝离岸价格÷（1＋出口关税税率）（其中，出口关税＝完税价格×出口税率）

由于国际贸易中可能采用不同国际贸易术语成交，所以其计算公式也略有差异：

①以 FOB 境内口岸成交的：

完税价格＝FOB÷（1＋出口关税税率）

②CFR 境外口岸成交的：

完税价格＝（CFR－运费）÷（1＋出口关税税率）

③以 CIF 境外口岸成交的：

完税价格＝（CIF－保险费－运费）÷（1＋出口关税税率）

以上出口货物完税价格的计算公式，简略概括为：

$$出口货物完税价格 = \frac{FOB}{1+出口税率} = \frac{CFR-运费}{1+出口税率} = \frac{CIF-运费-保险费}{1+出口税率}$$

（3）关税税率适用原则

国际上通行的进出口关税税率有最惠国税率、协定税率、特惠税率和普通税率。普通税率适用于没有外交关系的国家和产地不明的进口货物，税率最高，适用于普通税率的不适用其他优惠税率。最惠国税率适用于世界贸易组织成员和有外交关系签有相互给予最惠国待遇的国家，税率较普通税率低许多。协定税率适用于与我国签有关税优惠条款的区域性贸易协定的国家，税率较最惠国税率低。特惠税率适用于原产于与我国签有特殊关税优惠条款的区域性贸易协定的国家，税率较协定税率低。我国在采用国际通行关税税率同时，又增设了暂定税率、关税配额税率、零关税等税率。并临时制定反倾销、反补贴、报复性保障措施下特别关税等附加关税税率。

1）最惠国税率

最惠国税率是指来自其最惠国的进口产品享受比普通税率较优惠的关税税率。最惠国税率必须遵守世界贸易组织（WTO）普遍适用的最惠国待遇原则。按照 WTO 最惠国待遇原则要求，最惠国税率必须同时给予 WTO 签约成员，所以最惠国税率又称为 WTO 关税税率。

2）协定税率

协定税率是一国根据其与别国签订的多边或双边贸易条约或协定而制定的关税税率。协定税率是基于最惠国税率基础上而制定的，所以协定税率一般低于最惠国税率（见表 2-9）。

表 2-9　亚太贸易协定税目税率表（节选）

序号	税则号列	商品名称（简称）	最惠国税率（%）	协定税率（%）
1	01069020	其他食用动物	10	9
2	01069090	其他动物	10	9
3	03019190	其他活鳟鱼	10.5	8
4	03019290	其他活鳗鱼	10	6.7
5	03019390	其他活鲤鱼	10.5	8
6	03019992	活鲀	10.5	8
7	03019999	其他活鱼	10.5	8
8	03021900	其他鲜、冷鲑鱼	12	8
9	03022100	鲜、冷庸鲽鱼	12	9

3）特惠税率

特惠税率是基于联合国普惠制有关规定而制定的，体现经济较为发达国家对发展中国家给予最优惠的关税政策。这种最优惠关税税率在日本等亚洲和大洋洲的发达国家均称为特惠税率（SP），而美国、英国、法国以及加拿大等欧美发达国家称普惠税率（GPT）。特惠税率是发达国家向发展中国家单方面提供的优惠税率，是在最惠国税率的基础上进一步进行减免，因而是比最惠国税率更低的关税税率，具有单向、非互惠的特点。

4）普通税率

按照我国现行《关税条例》规定，原产于上述国家或地区以外的国家和地区的进口货物，或者原产地不明的国家或者地区的进口货物适用于普通税率。普通税率又称一般税率，是各国不考虑任何特定因素而制定的基本关税税率，是其他优惠税率减税的基础税率。普通税率并不是被普遍实施的税率，只对未签订任何贸易协定的国家之间采用，在我国普通税率仅对极少数（一般是非建交或断交）国家的出口商品实行这种税率。由于普通税率比优惠税率高 1～5 倍甚至 10 倍以上，因而是被称为歧视性税率，是我国征收的最高关税税率。

普通税率适用的范围有：①与我国没有签署任何贸易协定的国家或地区生产或制造的货物，按照普通税率征收进口关税。由于与我国签署贸易协定是基于主权基础之上的，所以与我国没有外交关系或断绝外交关系的国家的产品，按照普通税率征收进口关税。②对于无法确定原产国别（地区）的进口货物，按普通税率征税。对于某些包装特殊的产品。比如，以中性包装或裸装形式进口经查验又无法确定原产国别的货物，除申报时能提供原产地证明的可按原产地确定税率外，一律按普通税率计征关税。

5）暂定税率

关税暂定税率是在最惠国税率的基础上临时降低一定幅度的优惠税率，所以又称暂定最惠国税率。与最惠国税率等其他税率不同，暂定税率适用产品而不是产地，也就是说适用暂定税率进口商品不管产于何地都执行一个税率。我国关税暂定税率主要针对进口的某些重要的工农业生产原材料和机电产品关键部件（但只限于从与中国订有关税互惠协议的国家和地区进口的货物）以及对鳗鱼苗等部分资源性出口产品而实施的，一般按照年度制定，并且随时可以根据需要恢复原有最惠国税率征税。

6）关税配额税率

关税配额税率是建立在关税配额制度基础上的优惠税率。关税配额制度是一种国际通行的惯例，是在一定数量内对进口货物实行低关税，超过规定数量就实行高关税的办法。日本采取的一次关税和二次关税就是依据不同数量规定实施不同税率的关税配额制度。关税配额制度与进口配额都是一种数量限制措施，但是进口配额对数量有较严格的限定，超过限额数量后不能进口，即严格地控制进口总量。而关税配额就有灵活性，对于一定数量的进口实行低关税，对于超过一定数量的进口则实行高关税，虽然这样关税高了，但还是允许进口，体现了关税杠杆的调节作用。许多国家都采用这种办法，关贸总协定和其后的世界贸易组织都允许关税配额的存在，在亚太经济合作组织的讨论中，也是把关税配额作为关税手段加以保留的。

关税配额可分为两种：一种是进口国最高限额，是给所有受惠国使用的，称为全球关税配额；另一种仅限于对个别受惠国单独数量限制，称为单一受惠国关税配额或称为国别关税配额管理。在关税配额制度下，进口国对于在关税配额内进口的货物可以适用较低的税率或免税，对于超过限额后所进口的货物则适用较高或一般的税率。我们将关税配额内适用较低税率称之为关税配额税率（见表 2-10）。

表 2-10　关税配额商品税目、税率表

序号	商品类别	税则号列	普通税率（%）	最惠国税率（%）	配额税率（%）
8	羊毛	51011100	50	38	1
		51011900	50	38	1
		51012100	50	38	1
		51012900	50	38	1
		51013000	50	38	1

7）特别关税税率

特别关税主要是国家用于宏观调控的一种手段。对于贸易国采取不正当的方式进行竞争，或者对中国进行倾销的一种抑制措施。根据新的《关税条例》规定，特别关税包括报复性关税、反倾销税、反补贴税与保障性关税和其他特别关税。根据我国现行的《关税条例》规定，任何国家或者地区对其进口的原产于中华人民共和国的货物征收歧视性关税或者给予歧视性待遇的，海关对原产于该国家或者地区的进口货物，可以征收特别关税。特别关税包括报复性关税、反倾销税与反补贴税、保障性关税。征收特别关税的货物、适用国别、税率、期限和征收办法，由国务院关税税则委员会决定，海关总署负责实施。特别关税税率是由由国务院关税税则委员会根据具体情况临时制定的，而且是在按原有适用税率基础上加征关税的税率，所以又称为"附加税率"。

（4）关税税率选择原则

在复式税栏下，同一个税则号列可能同时适用几个税率，也就是说同一个商品同时有几个税率可以使用。在这种情况下，如何找出最合适的税率计算关税，就必须制定一个基本原则加以解决。我国现行的关税税率采用"从低执行"原则，即在同时适用几个税率中选择其中较低的税率计算关税，但是特殊情况除外。按照我国关税条例第九至十一条规定，关税税率选择时按如下原则执行。

1）优先使用暂定税率

暂定税率优先使用主要适用以下两种情况：

①适用最惠国税率的进口货物，有暂定税率的，应当适用暂定税率。

关税暂定税率是在海关进出口税则规定的进出口最惠国税率的基础上，对进口的某些重要工农业生产原材料和机电产品关键部件以及出口的部分资源性产品实施的更为优惠的关税税率，是更优惠的最惠国税率。由于暂定税率低于最惠国税率，按照"从低执行"原则，当两者同时适用时，适用暂定税率。

②适用出口税率的出口货物有暂定税率的，应当适用暂定税率。出口关税税率基本采用"从低执行"原则，而在我国现行出口关税税率中，暂定税率为最低税率。

2）执行较低税率

适用协定税率、特惠税率的进口货物有暂定税率的，执行较低税率。协定税率、特惠税率以及暂定税率都是在最惠国基础上实施的再优惠税率，但是三者比较谁更低？不同进口商品有不同解读。比如，产自老挝的进口原料商品，同时适用于《亚太贸易协定》下的协定税率、《框架协议》下的协定税率、东南亚四国的特惠税率以及部分原料商品享有的暂定税率。这些同时适用几种税率的原料商品在使用时，按照"从低执行"原则，选择使用其中最低税率，如煤炭使用暂定税率，而石料使用特惠税率。

3）执行普通税率

按照普通税率征税的进口货物同时适用进口关税暂定税率时，执行普通税率。这是一种特殊情况，不是"从低执行"，而是"从高执行"。原因在于，使用普通税率的进口货物，一般产自与我国未建交或没有签署任何贸易互惠协定的国家和地区，而暂定税率是一种优惠税率，优惠税率是建立在与我国有政治或经济协议的基础之上的。所以按照普通税率征税的进口货物不具备优惠税率基础，只能"从高执行"。

4）国内外法律和国家政策优先执行

如果海关制定的执行原则与国内外法律和政策发生矛盾和抵触时，优先执行法律和政策规定的内容，这是国际上关税税率选择的基本惯例，称其为法律优先原则。法律政策优先在我国关税税率选择上主要体现在关税配额税率优先、ITA 税率优先、特别关税税率优先三个方面。

①关税配额税率优先。关税配额管理是我国外贸管理的重要组成部分，实行关税配额证制度。目前我国实行关税配额管理主要有农产品和工业品。

②ITA 税率优先。适用于 ITA 税率的信息技术产品，又适用于其他优惠税率的，适用于 ITA 税率（目前 ITA 税率为零税率）。其中，在非全税目信息技术产品税率表列名的 15 种信息产品实施"信息技术产品协议"税率，需经工业和信息化部出具证明并经海关确认后方可适用 ITA 税率。

③特别关税税率优先。按照有关法律、行政法规的规定对进口货物采取反倾销、反补贴、保障措施时，要加征特别关税，其税率按照《反倾销条例》、《反补贴条例》和《中华人民共和国保障措施条例》的规定幅度和范围，由国务院税则委员会临时制定，并优先执行。

（5）进出口关税的分析与计算

我国现行进出口关税有从价、从量、复合和滑准四种计算方法，其中从价计征是最主要的方法，也是目前我国绝大多数进出口货物征纳关税所采用的方法，而其他方法只是在一些特殊情况和对特定商品采用。

1）从价税计算

从价税是按进出口货物的价格为标准计征关税，是我国计算进出口关税的主要方法。

从价税计算公式：应纳税额＝组成计税价格×进出口关税适用税率

关税税额要用本币表示（如果计算的是进口货物以外币计价成交的，由海关按照签发税款缴纳证之日国家外汇管理部门公布的人民币外汇牌价的买卖中间价折合人民币计算完税价格），计算结果小数算到"分"后四舍五入。

2）从量税计算

从量税是以进口商品的数量、体积、重量、容积、长度等计量单位作为计税标准的一种计征关税的方法。计税时以货物的计量单位乘以每单位应纳税金额即可得出该货物的关税税额。目前，世界各国多以货物重量为标准计征关税。确定重量的方法又分为总量（即毛重）或半总量（即净重或净重加外包装）两种，从量税适用于规格品种简单、计量容易、价差比较小、大宗进口的商品。

根据我国进出口税则规定，从量计征关税的做法是，分别对不同税目的商品按本国通用的计量单位制定出其每单位应税金额，根据进出口商品的实际单位数量计算其应征税款。

从量税额的计算公式：应纳税额＝应税进出口货物数量×关税单位税额

3）复合税计算

复合税是对某种进口商品混合使用从价税和从量税的一种计征关税的方法，混合使用从价税和从量税的方法有多种，如对某种商品同时征收一定数额的从价税和从量税；或对低于某一价格进口的商品只按从价税计征关税，高于这一价格，则混合使用从价税和从量税计征关税等。

4）滑准税计算

滑准税也称为滑动税，是关税税率随进口商品的价格变化而反向变化的一种计征关税的方法。它的特点是进口商品价格越高，其进口关税税率越低，进口商品价格越低，其进口关税税率越高，即完税价格与关税税率呈反比关系。

2. 进口环节增值税的分析与计算

（1）进口环节增值税的含义

进口环节增值税（Import Value-Added Tax）是以进口商品进入国境前流通各环节的增值额为计税依据而征收的一种税。进口环节增值税虽然也属于流转税的一种，但是它不同于一般增值税，不是对在生产、批发、零售等环节的增值额为征税对象，而是专门对进口环节的增值额进行征税的一种增值税，也就是所说，进口商品进入国境时，除缴纳关税外，还要依法按其商品的流转额（或增值额）缴纳相应的增值税。按我国税法规定，增值税本应由税务部门征收，只不过是这部分税款由进口口岸的海关代税务机关征收，所以又称之为海关代征税。

（2）进口环节增值税的税率

按照修订后的《中华人民共和国增值税暂行条例》规定：增值税税率分为两种：13％和17％。其中，纳税人销售或进口下列货物，税率为13％：

①粮食、食用植物油；

②自来水、暖气、冷气、煤气、液化气、天然气、沼气、居民用煤炭制品；

③图书、报纸、杂志；

④饲料、化肥、农药、农机、农膜；

⑤国务院规定的其他货物。

（3）进口环节增值税的计算

我国的进口环节增值税应税货物全部从价定率计征，其基本税率为17％，13％为优惠税率。增值税税额计算公式：

组成计税价格＝关税完税价格＋关税税额＋消费税税额

应纳税额＝组成计税价格×增值税税率

＝（关税完税价格＋关税税额＋消费税税额）×增值税税率

进口货物增值税的组成计税价格中包括海关核定的完税价格和应缴纳的关税税额，如果进口货物属于消费税应税消费品，其组成计税价格中还要包括进口环节应缴纳的消费税税额。尽管进口货物增值税的组成计税价格中包含有完税价格、关税税额和消费税税额，但是它并不包括其增值税本身，所以它仍然属于价外税。进口环节增值税的起征额为人民币50元，

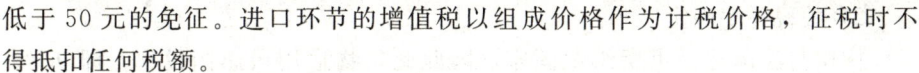

低于 50 元的免征。进口环节的增值税以组成价格作为计税价格，征税时不得抵扣任何税额。

3. 进口环节消费税的分析与计算

（1）定义

进口环节消费税是对一些特定进口消费品和消费行为征收的一种税，具有选择性、单一性、差别性的特点。

（2）范围

根据《中华人民共和国消费税暂行条例》的规定，现行进口环节消费税的征收范围主要包括以下四类十四种进口消费品：

①过度消费会对身体健康、社会秩序、生态环境等方面造成危害的特殊消费品。具体有：卷烟、雪茄烟、烟丝等烟草制品，白酒、黄酒、啤酒、葡萄酒等其他含酒精饮品，鞭炮、焰火。

②奢侈品等非生活必需品。包括：金银首饰、铂金首饰和钻石及钻石饰品、贵重首饰及珠宝玉石、化妆品、护肤护发品（2006 年 4 月起停止征收）、高尔夫球及球具、高档手表、游艇。需要注意的是：金银首饰，以金银为基底的包镀及其他贵金属首饰，以及上述首饰的镶嵌首饰不包含在征收范围之内。

③高能耗的高档消费品。具体有：摩托车（电动摩托车除外）、小汽车（包括乘用车和中轻型商用客车）、汽车轮胎（子午线轮胎除外）。

④不可再生和替代的消费品。包括：木制一次性筷子、实木地板、成品油（汽油、柴油、石脑油、润滑油、溶剂油等）。

2.4.4　操练

（1）完税价格和税率的确定

1）完税价格的确认

从法国进口汽车加工中心 5 套，货物总值（FOB）2 676 000 欧元，运费：50 000 美元，保险费率 0.3%。

交易当天欧元兑人民币汇率为 1 欧元＝8.21 元人民币，即 2 676 000 欧元＝21 969 960 元人民币。

交易当天美元兑人民币汇率 1 美元＝6.12 元人民币，即 50 000 美元＝306 000 元人民币。

进口完税价格 CIF＝FOB＋F＋CIF×0.3%

推导出：CIF＝（FOB＋F）÷（1－0.3%）＝（21 969 960＋306 000）÷（1－0.3%）＝22 342 988.9669

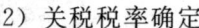

2) 关税税率确定

中国与法国都是世贸组织国家，因此此货物适用最惠国税率，即 9.7%（见表 2—11）。

表 2—11

税则号列 Tariff Item	商品名称及备注	出口退税	进口税率		增值税率	计量单位	监管条件	Artcle Description
			最惠	普通				
84.57	加工金属的加工中心、单工位组合机床及多工位组合机床： ——加工中心：							Machining centres, unit construction machines (single station) and multistation transfer machines, for working metal： ——Machining centres：
8457.1010	——立式	17	9.7	20	17	台	AO	——Vertical
8457.1020	——卧式	17	9.7	20	17	台	AO	——Horizontal

3) 关税的计算

关税＝22 342 988.9669×9.7%＝2 167 269.9298

（2）进口增值税的计算

进口增值税税率为 17%，汽车加工中心不在消费税征收范围。

进口增值税＝（关税完税价格＋关税税额＋消费税税额）×增值税税率

＝（22 342 988.9669＋2 167 269.9298）×17%＝4 166 744.0124

（3）进口消费税的计算

汽车加工中心不在消费税征收范围。

2.4.5 报关单相关栏目

1. 成交方式

1) 定义

成交方式是指在进出口贸易中进出口商品的价格构成和买卖双方各自应承担的责任、费用和风险，以及货物所有权的转移的界限。成交方式在国际贸易中被称为贸易术语，又称价格术语，在我国习惯称之为价格条件。成交方式包括两方面的内容：一方面表示交货条件，另一方面表示成交价格的构成因素。

2) 填报要求

本栏目应根据进出口货物实际成交价格条款，按海关规定的"成交方式代码表"（见表 2-12）选择填报相应的成交方式名称或代码，在所给出的单证能直接找到。无实际进出境的报关单，进口填报 CIF，出口填报 FOB。

表 2-12　成交方式代码表

代码	名称	代码	名称
1＊	CIF	4	C&I
2＊	CFR（C&F/CNF）	5	市场价
3＊	FOB	6	垫仓

代码表中成交方式只有 CIF、CFR、FOB，并不局限于水路而适用于任何运输方式，主要体现成本、运费、保险费等成交价格构成因素，目的在于方便海关税费的计算。与国际贸易术语对应关系（见表 2-13）。

表 2-13　成交方式与国际贸易术语对应关系

	E 组	F 组			C 组				D 组				
《2000 年通则》	EXW	FCA	FAS	FOB	CFR	CPT	CIF	CIP	DAF	DES	DEQ	DDU	DDP
报关单		FOB			CFR		CIF						

CIF 价包括货价，加上货物运抵中华人民共和国关境内输入地点起卸前的包装费、运费、保险费和其他劳务费用。

FOB 价不包括货物离开中华人民共和国关境后的运费、保险费和其他费用。

2. 运费

1）定义

本栏目填报进口货物运抵我国境内输入地点起卸前的运输费用，出口货物运至我国境内输出地点装载后的运输费用。进口货物成交价格包含前述运输费用或者出口货物成交价格不包含前述运输费用的，本栏目免予填报。

2）填报要求

运费可按运费单价、总价或运费率三种方式之一填报，注明运费标记（运费标记"1"表示运费率，"2"表示每吨货物的运费单价，"3"表示运费总价，运费率标记免填），并按海关规定的"货币代码表"选择填报相应的币种代码。

运保费合并计算的，填报在本栏目。

3. 保险费

1）定义

保险费是指被保险人允予承保某种损失、风险而支付给保险人的对价或报酬。进出口货物报关单所列的保险费专指进出口货物在国际运输过程中，由被保险人付给保险人的保险费用。

本栏目填报进口货物运抵我国境内输入地点起卸前的保险费用，出口货物运至我国境内输出地点装载后的保险费用。进口货物成交价格包含前述保险费用或者出口货物成交价格不包含前述保险费用的，本栏目免予填报。

2）填制要求

保费可按保险费总价或保险费率两种方式之一填报，注明保险费标记（保险费标记"1"表示保险费率，"3"表示保险费总价，保险费率标记免填），并按海关规定的"货币代码表"选择填报相应的币种代码。

运保费合并计算的，本栏目免予填报，填报方法见表 2-14。

表 2-14　运保费填报方法

成交方式		运费	保费
进口	CIF	×	×
	CFR	×	√
	FOB	√	√
	FOB	√（运保费合并计算）	×
出口	FOB	×	×
	CFR	√	×
	CIF	√	√
	CIF	√（运保费合并计算）	×
"√"表示要填，"×"表示不填。			

①进口报关单：

A. 货物的成交方式为 CIF 进口的，则运费、保费栏目为空，不填。（也就是说 CIF 成交价格中，已经包括有运费和保险费了，因此不用再填写此栏目。）

B. 货物的成交方式为 CFR 进口的，则运费栏不填，保险费栏要填。（也就是说 CFR 成交价格中，已经包括有运费，因此运费栏不用填写。但 CFR 成交价格中并没有包括保险费，因此保险费栏要填写。）

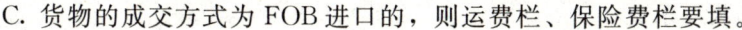

C. 货物的成交方式为 FOB 进口的，则运费栏、保险费栏要填。

②出口报关单：

A. 货物以 FOB 成交方式出口的，运费、保费栏目不填。

B. 货物以 CFR 成交方式出口的，运费栏要填，保费栏不填。

C. 货物以 CIF 成交方式出口的，运费、保费栏不填。

4. 杂费

1）定义

本栏目填报成交价格以外的，按照《中华人民共和国进出口关税条例》相关规定应计入完税价格或应从完税价格中扣除的费用，如手续费、佣金、折扣等。

2）填报要求

可按杂费总价或杂费率两种方式之一填报，注明杂费标记（杂费标记"1"表示杂费率，"3"表示杂费总价，杂费率标记免填），并按海关规定的"货币代码表"选择填报相应的币种代码。

应计入完税价格的杂费填报为正值或正率，应从完税价格中扣除的杂费填报为负值或负率（见表 2-15）。

表 2-15　运费、保费、杂费填写例表

项目	率（1）	单价（2）	总价（3）
运费	10%→10	50 英镑→303/50/2	9000 日元→116/9000/3
保费	0.5%→0.5		8000 美元→502/8000/3
杂费	1%→1		8000 美元→502/8000/3
杂费	1%→−1		8000 美元→502/−8000/3

5. 合同协议号

合同协议号是指进出口贸易的买卖双方或数方当事人根据国际惯例或国家的法律、法规，自愿按照一定的条件买卖某种商品所签署就交易事项、确定各自的权利和义务而订立的共同遵守的合同（包括协议或订单）编号。

单证中能直接找到：S/N、P/O No.、Order No.、Sales Confirmation、Agreement、Contract No. 后面所对应的全部字头和号码。

6. 件数

（1）定义

本栏目填报有外包装的进出口货物的实际件数，货物可以单独计数的一个包装称为一件。

（2）填报要求

①舱单件数为集装箱的，填报集装箱个数。即仅列明集装箱个数，未列明托盘或者单件包装件数的，填报集装箱个数。

②舱单件数为托盘的，填报托盘数。即有关单据列明托盘件数的，或者既有托盘数又有单件件数的填"托盘数"。例如，"2 PALLETS 100 CTNS，件数填报为"2"。有关单据有集装箱数，又列明托盘数、单件件数的填"托盘数"。

③本栏目不得填报为零，散装、裸装货物填报为"1"。

④混合包装的情况，如在 2001 年的报关员资格考试中，在 INVOICE 中下部分就曾经出现过，原文是这样的"DELIVERY OF CIF DALIAN CHINA OF 3 UNIT & 6 P'KGS"。那么件数栏应该是填"9"，种类则填"其他"。

7. 包装种类

①商品的包装是指包裹和捆扎货物用的内部或外部包装和捆扎物的总称。一般情况下，应以装箱单或提运单据所反映的货物处于运输状态时的最外层包装或称运输包装作为"包装种类"向海关申报，并相应计算件数。有关单据有集装箱数，又列明托盘数、单件件数的填集装箱内的最大运输包装。

②本栏目应根据进出口货物的实际外包装种类，按海关规定的"包装种类代码表"（见表 2-16）选择填报相应的包装种类代码。

表 2-16　包装种类代码表

代码	名称	代码	名称
1*	木箱 case, wooden case	5*	托盘 pallet
2*	纸箱 carton, CTN, Ctn.	6	包 bale
3*	桶装 drum	7	件（仅列集装箱或混合包装等）
	铁桶 steel drum		捆 bundle
4*	散装 in bulk		袋 bag
	裸装 in nude		

8. 毛重（千克）

（1）定义

本栏目填报进出口货物及其包装材料的重量之和，在原始单据中，找到 Gross Weight 所对应的数据就是毛重。

（2）填报要求

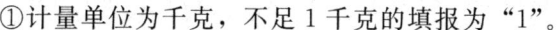

①计量单位为千克，不足 1 千克的填报为"1"。

②如货物的毛重在 1 千克以上且非整数，其小数点后保留 4 位，第 5 位及以后略去。如毛重 9.56789 千克填报为"9.5678"，毛重 1229.567 千克填报为"1229.567"。

9. 净重（千克）

（1）定义

本栏目填报进出口货物的毛重减去外包装材料后的重量，即货物本身的实际重量，部分商品的净重还包括直接接触商品的销售包装物料的重量（如罐头装食品）。在原始单据中，找到 Net Weight 所对应的数据就是净重。

（2）填报要求

①计量单位为千克，不足 1 千克的填报为"1"。

②如货物的净重在 1 千克以上且非整数，其小数点后保留 4 位，第 5 位及以后略去。

③以毛重作为净重计价的，可填毛重。

④按照国际惯例以公量计价的货物，如未脱脂羊毛、羊毛条等，填报公量重。

⑤合同、发票等有关单证不能确定净重的货物，可以估重填报。

10. 标记唛码及备注

（1）含义

纸质报关单"标记唛码及备注"栏填报标记唛码、备注说明和集装箱号等与进出口货物有关的文字或数字。

（2）填报要求

1）标记唛码

"标记唛码"是运输标志的俗称。进（出）口货物报关单上"标记唛码"专指货物的运输标志。货物标记唛码中除图形以外的所有文字和数字，都应填报在本栏中。

标记唛码英文表示为"Marks、Marking、MKS、Marks&No. Shipping Marks"等，通常由一个简单的几何图形和一些字母、数字及简单的文字组成，包含收货人代号、合同号和发票号、目的地、原产国（地区）、最终目的国（地区）、目的港或中转港和件数号码等内容。实际操作中，可不予录入。

2）备注

"备注"是指除按报关单固定栏目申报进出口货物有关情况外，需要补充或特别说明的事项，包括关联备案号、关联报关单号，以及其他需要补充或特别说明的事项。

常见备注内容如下：

①接受外商投资企业委托，代理进口其投资设备、物品的进出口企业名称，如"委托××公司进口"。

②所申报货物涉及多个监管证件的，除第一个监管证件以外的其余监管证件和代码，格式为：监管证件的代码＋监管证件编号。

③所申报货物涉及多个集装箱的，除第一个集装箱号以外的其余的集装箱号，格式为：集装箱号＋"/"＋规格＋"/"＋自重。

④关联备案号，即与本报关单有关联关系，同时在业务管理规范方面又要求填报的备案号，包括：

A. 加工贸易结转货物及凭证免税证明转内销货物，填报其对应的备案号。

B. 减免税货物结转进口（转入），填写本次减免税货物结转所申请的"减免税进口货物结转联系函"的编号；减免税货物结转出口（转出），填写与其相对应的进口（转入）报关单"备案号"栏中征免性质税证明的编号。

⑤关联报关单号，即与本报关单有关联联系的，同时在业务管理规范方面又要求填报的报关单号，包括：

A. 加工贸易结转类货物，应先办理进口货物报关单，后办理出口货物报关单，并将进口货物报关单号在出口货物报关单中备注。

B. 减免税货物结转出口（转出），应先办理进口货物报关单，后办理出口货物报关单，并将进口（转入）报关单号在出口（转出）报关单中备注。

⑥加工贸易货物，是指加工贸易项下的进口料件、加工成品以及加工过程中产生的边角料、残次品、副产品等。

A. 加工贸易转内销货物，经营企业凭加工贸易货物内销征税联系单纸质或电子数据办理通关手续。在填制内销报关单时，在备注项注明"活期"字样。

B. 加工贸易企业对因故无法内销或者退运的边角料、剩余料件、残次品、副产品或者受灾保税货物进行销毁处置的，如为残次品、副产品销毁，应注明"残次品销毁"或"副产品销毁"，报关单备注栏内应注明"海关加工贸易货物销毁处置申报表编号"。

C. 来料加工出口成品报关单，注明料件费与工缴费金额。

⑦进口货物办理直接退运手续，应备注"进口货物直接退运表"或者"责令直接退运通知书"编号。

⑧新加坡海关认证的 AEO 企业以自己的名义直接出口到中国的货物，可以享受到我国海关给予的通关便利措施。我国企业申报从新加坡海关认证的 AEO 企业进口货物时，必须在进口报关单"备注栏"处填注统一的新加坡出口企业的 AEO 编码，我国的报关系统才能识别新加坡的 STP-Plus 企业为

AEO 企业并给予相应的通关便利措施。填注方式为："AEO（英文半角大写）"＋"＜"＋"SG"＋"12 位 AEO 企业编码"＋"＞"。例如，新加坡 STP － Plus 企业的编码为 AEOSG123456789012，则填注："AEO ＜ SG123456789012＞"。

⑨韩国海关认证的 AEO 企业直接出口到中国的货物，可以享受到我国海关给予的通关便利措施。我国企业申报从韩国 AEO 企业进口货物时，必须在进口报关单"备注栏"处填注韩国海关认证的 AEO 编码。填注方式为："AEO（英文半角大写）"＋"＜"＋"KR"＋"7 位 AEO 企业编码"＋"＞"。例如，韩国海关认证的 AEO 企业的编码为 AEO KR 123456789012，则填注："AEO＜KR 123456789012＞"。

⑩欧盟海关的 AEO 企业直接出口到我国的货物，或者直接进口自我国的货物，可以享受到我国海关给予的通关便利措施。我国进口商或出口商向我国海关申报欧盟海关 AEO 企业货物时，应在报关单"备注栏"处填入欧盟海关 AEO 编码。填写方式为："AEO"（英文半角大写）＋"＜"（英文半角）＋"欧盟 EORI 编码"＋"＞"（英文半角）。例如，欧盟 EORI 编码为 FR123456789012345，则填注："AEO＜FR123456789012345＞"。

▶ 2.5 任务五　签订各项协议

2.5.1　任务分析

长安天马汽车有限公司进口汽车加工中心，通过任务四的学习，我们知道汽车加工中心的相关贸易成本，为了顺利办理通关，必须正确签订各项相关的协议。

2.5.2　任务实施

实训小组查询报关委托协议相关的资料，写出一份分析报告，详细解说每个细节，最后制成 PPT，在课堂展示给其他同学，老师可边点评边鼓励同学课堂讨论，发问。

2.5.3　知识链接——签订协议的准备与注意事项

1. 报关委托协议的签订

进出口收货人委托代理报关企业代理报关，在开展业务之前，签订"代理报关委托书"。

登录报关协会网站 http：//acd. chinaport. gov. cn/acd（见图 2-17），采用密钥或电子 IC 卡（电子口岸身份识别设备）身份认证进行管理登录，通过

"选择报关企业"功能，查询、浏览全国各关区在系统备案登记的被委托方基本信息。委托方查询选择被委托方，发起委托申请，填写电子委托书/协议，也可请被委托方代为填写。被委托方可以查询委托方信息，接受或拒绝委托申请，可代委托方填写电子委托书/协议。

电子委托书/协议作为电子报关单随附单证，与纸质委托书/协议具有同等法律效力。

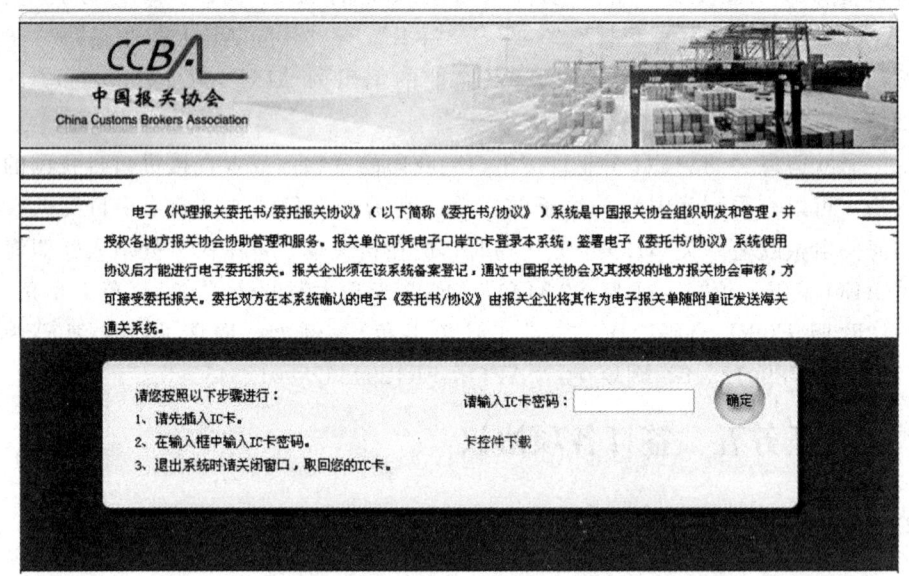

图 2-17 报关协会代理报关委托书/委托报关协议管理系统

2. 无纸化通关协议的签订

企业申请使用"通关作业无纸化"方式办理进出口业务时，需通过"中国电子口岸通关无纸化签约系统"向直属海关发送《通关作业无纸化协议》，直属海关监管通关处进入 H2010 系统通关无纸化模块"通关无纸化协议签约申请审核"功能，查看待签约协议。经过相关资格审核后，对符合条件的，选择"申请通过"，完成《通关作业无纸化协议》的签约工作；对不符合条件的，选择"申请拒绝"，终止《通关作业无纸化协议》的签约工作。

企业与报关所在地直属海关、中国电子口岸数据中心签订电子数据应用协议后，可在该海关范围内适用"通关作业无纸化"通关方式，具体流程见图 2-18。

经海关同意准予适用"通关作业无纸化"通关方式的进出口企业需要委托报关企业代理报关的，应当委托经海关准予适用"通关作业无纸化"通关方式的报关企业。

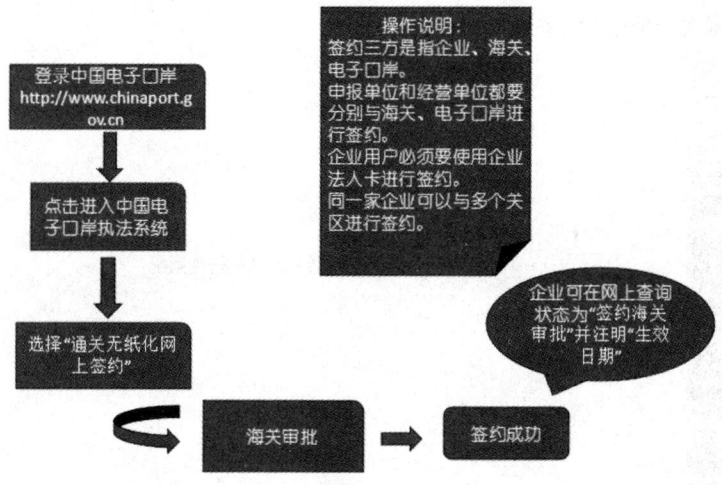

图 2-18　无纸化三方签约流程

经海关批准的试点企业可以自行选择有纸或无纸作业方式。选择无纸作业方式的企业在货物申报时，应在电子口岸录入端选择"通关无纸化"方式。

①经海关批准且选择"通关作业无纸化"方式申报的经营单位，如果是管理类别为 AA 类企业或 A 类生产型企业，申报时可不向海关发送随附单证电子数据，可在通关过程中根据海关要求及时提供，海关放行之日起 10 日内由企业向海关提交，经海关批准符合企业存单（单证暂存）条件的可由企业保管。

②经海关批准且选择"通关作业无纸化"方式申报的其他管理类别的经营单位，应在货物申报时向海关同时发送报关单和随附单证电子数据。

③各有关单位需要查阅、复制海关存档的报关单及随附单证电子数据档案时，应按照规定办理手续，海关根据电子档案出具纸质件并加盖单证管理部门印章。

2.5.4　操练

（1）报关委托协议的签订

深圳富强报关有限公司（4403182345）登录深圳报关协会的代理报关委托书/委托报关协议栏目，进入代理报关委托书/委托报关协议管理系统，与长安天马汽车有限公司（4403131234）签订委托报关协议。

（2）无纸化通关协议的签订

深圳富强报关有限公司（4403182345）登录中国电子口岸通关无纸化签约系统，见图 2-19。

157

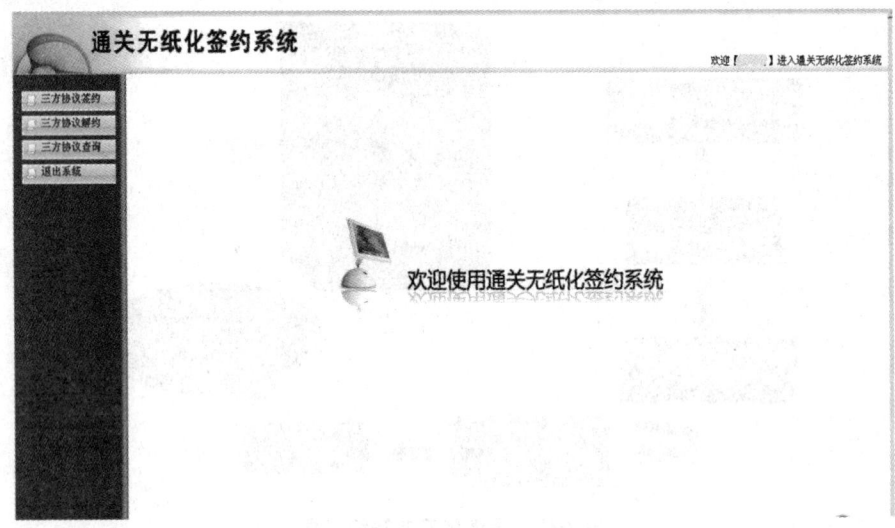

图 2-19　中国电子口岸通关无纸化签约系统

　　深圳海关、深圳富强报关有限公司和中国电子口岸数据中心签约（见图 2-20）。

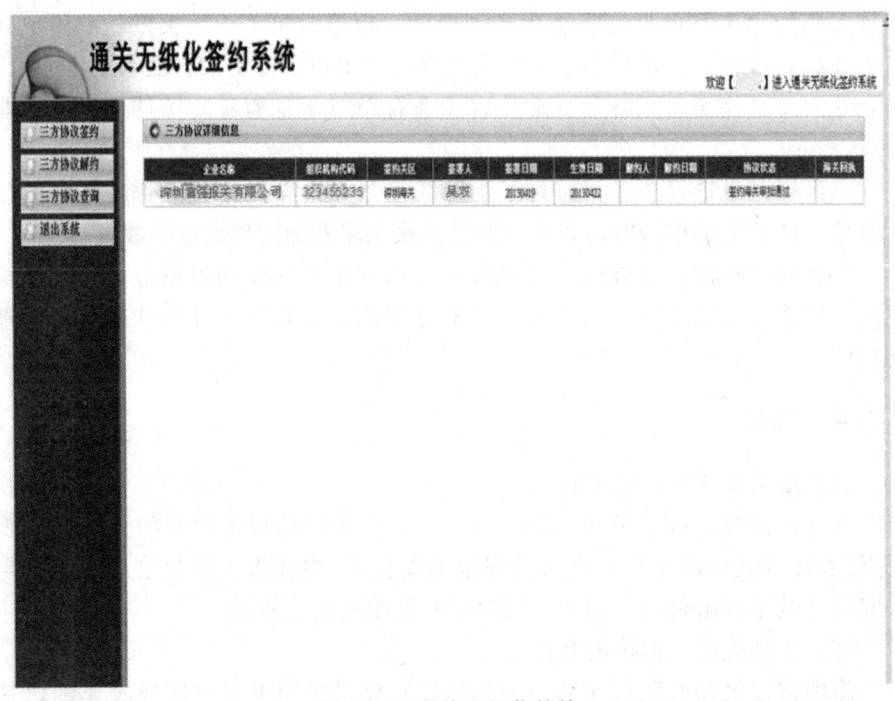

图 2-20　通关无纸化签约

项目 **3** 通关前期作业阶段

关键术语

海关监管货物　前置手续

学习目标

【能力目标】

1. 能够正确操作保税加工货物前期阶段的手续；
2. 能够正确操作减免税货物前期阶段的手续；
3. 能够正确操作暂准进出境货物前期阶段的手续。

【知识目标】

1. 熟悉报关程序；
2. 熟悉不同海关监管货物前期阶段的前置手续。

进出境的货物通常都包括：通关前期作业阶段、现场作业阶段和后续作业阶段。

引导任务——从法国进口汽车加工中心

1. 背景理解

不同的海关监管货物通关流程有所不同，有些海关监管货物有前期阶段，在通关之前，必须向海关办理相关前置手续。

2．提出任务

实训小组认真讨论案例，并推选发言代表，在老师的引导下提出相应的问题并试着解答：

任务一　海关监管货物前期阶段要完成哪些手续？

3.1 任务一　通关前期作业

3.1.1　任务分析

长安天马汽车有限公司进口汽车加工中心，通过项目 2 的学习，我们知道汽车加工中心属于特定减免税货物，为了顺利办理进境通关，必须掌握海关监管货物前期阶段向海关办理的前置手续。

3.1.2　任务实施

实训小组查询海关监管货物前期阶段的相关资料，写出一份分析报告，详细解说每个细节，最后制成 PPT，在课堂展示给其他同学，老师可边点评边鼓励同学课堂讨论，发问。

3.1.3　知识链接——通关前期作业

1．报关程序

（1）定义

报关程序是指进出口货物的收发货人、进出口运输工具负责人、进出口物品的所有人或其代理人按照海关的规定，办理货物、物品、运输工具进出境及相关海关事务的手续及步骤（见表 3-1）。

为进出口货物收发货人、受委托的报关企业办理报关手续人员，应当是在海关备案的报关人员。

（2）基本程序

报关程序按时间的先后顺序和海关管理要求分成三个阶段：前期阶段、货物进出口阶段、后续阶段。

1）前期阶段

前期阶段是货物进出境前向海关办理前置手续，即进出口货物收发货人或其代理人在货物进出关境之前，向海关办理备案手续的过程。并不是所有的货物都要经过这个阶段。

它主要适用于保税进出口货物、特定减免税货物、暂准进出境货物中的展览品以及其他进出境货物中的部分货物，如出料加工货物。这些货物在进出口之前要向海关办理备案。

2）货物进出口阶段

货物进出口阶段是货物实际进出关境时需要办理海关基本手续的核心阶段，也是通常的正式报关，包括四个环节。

从海关的角度来说，进出境货物须经过四个环节：海关审单（决定是否受理申报）、查验、征税、放行。

报关单位与其相对应的工作：申报、配合查验、缴纳税费（或减交、免交、缓交或提供担保）、提取或装运货物。

①申报：该环节必须由报关人员来完成，申报的相关规定、步骤、具体要求后面再做详细介绍。

②配合查验：可以由报关人员完成的环节，报关单位（报关人员）在海关决定查验货物时，应在场配合海关查验货物，负责搬运、开箱、封箱等，并检查货物是否损坏。配合查验相关规定及具体要求在后面做详细介绍。

③缴纳税费：指报关单位向海关指定银行缴纳货物的进出口税或海关监管费。

按照《中华人民共和国海关法》、《中华人民共和国关税条例》和《中华人民共和国海关进出口货物征税管理办法》有关规定，关税、进口环节增值税、消费税、滞纳金起征点均为每票货物50元。补征税款及加工贸易补税缓税利息的，均比照有关关税、进口环节增值税起征点的规定，每票不足50元的，免予补征或征收。进出口税收的起退点为0元。

④提取或装运货物：完成上述环节，并在海关决定放行后，报关人员进行提取进口货物或装运出口货物。

3）后续阶段

后续阶段是进出口货物收发货人或其代理人在货物进出境后向海关办理后续结关手续，即在规定的期限内，根据海关对某些特定货物的监管要求，向海关报告上述进出口货物使用情况、最终用途和去向，其报关单位在货物进出境并完成相应的处理过程后，向海关办理核销、销案、申请解除监管手续的过程。

表 3-1　海关监管货物报关程序汇总

报关程序 ╲ 货物类别	前期阶段（货物在进境前办理）备案和申请许可文件	进出口阶段（货物在进出境时办理的 4 个环节）	后续阶段（由核销期、结关期、稽查期组成）
一般进出口货物	不需要办理	申报（海关审单）↓ 配合查验（海关查验）↓ 缴纳税费（海关征税）↓ 提取或装运货物（海关放行）	不需要办理
保税进出口货物	保税加工合同审核、合同备案、保证金台账的开设（需要时），加工贸易电子账册、电子化手册的建立		保税加工合同报核、台账销账（需要时）、保税货物核销申请
减免税货物	企业减免税备案登记、减免税申请、"征免税证明"的申领		解除海关监管申请
暂准进出境货物	暂准进出口货物的报批、备案申请（展览品）、担保申请境内集装箱箱体在投入国际运输前要在海关办理登记手续		担保销案申请，核销结案

2. 保税加工货物

（1）申请联网监管

1）联网监管定义

海关对经营保税进出口货物的企业实施联网监管，是指海关通过计算机网络从实行全程计算机管理的联网企业提取监管所必需的财务、物流、生产经营等数据，与海关计算机管理系统相连接，即提供海关查阅数据的终端设备，按照海关规定的认证方式和数据标准与海关联网。海关对数据进行核对、核算，并结合实物进行核查，备案、进口、出口、核销，全部通过计算机进行，从而实施对保税货物监管的一种模式。海关管理科学严密，企业通关便捷高效，受到普遍欢迎。海关应当根据联网企业报送备案的资料建立电子底账，对联网企业实施电子底账管理。

2）电子底账管理

保税电子底账监管方式分为两种，包括电子账册、电子化手册（含分段式管理和以合同为单元常规管理）两种模式。

①电子账册：电子账册管理是以"企业整体加工贸易业务"为单元实施对保税加工货物的监管，电子账册是海关以企业为单元为联网企业建立的电子底账。实施电子账册管理的，联网企业只设立一个电子账册。海关应当根

据联网企业的生产情况和海关的监管需要确定核销周期，按照核销周期对实行电子账册管理的联网企业进行核销管理。

电子账册管理模式的适用对象是加工贸易进出口较为频繁、规模较大、原材料和产品较为复杂、管理信息化程度较高较完善的大型加工贸易企业，以企业为单元进行管理。

②电子化手册：电子化手册是以企业的"单个加工合同"为单元实施对保税加工货物的监管方式。电子化手册是海关以加工贸易合同（订单）为单元为联网企业建立的电子底账。实施电子化手册管理的，联网企业的每个加工贸易合同设立一个电子化手册，一个企业可以有多本电子化手册。

电子化手册是针对广大中小企业的，包括电子手册和纸质手册电子化（无纸化手册），新备案登记的加工贸易合同一律采用电子手册，原使用纸质登记手册进行电子化。

3）申请联网监管

加工贸易企业需要实施联网监管，向主管海关提出申请，应具备以下条件：

①具有加工贸易经营资格；

②在海关注册；

③属于生产型企业。

经审核符合条件的，海关对该企业实施联网监管。

（2）商务审批

1）商务主管部门审批加工贸易业务合同

联网企业的加工贸易业务由企业所在地商务主管部门办理前置审批手续。商务主管部门总体审定联网企业的加工贸易资格、业务范围和加工生产能力，符合条件的，签发"联网监管企业加工贸易业务批准证"。

联网企业申请开展加工贸易业务，应向商务主管部门提交：工商营业执照复印件、海关对企业实施联网监管的验收合格证书、企业进出口经营权批准文件、加工企业注册地县级以上商务主管部门出具的"加工企业状况和生产能力证明"（正本）、联网企业上年度加工贸易出口情况的证明材料、经营范围清单、含料件及成品的品名及 4 位数的 HS 编码、其他审批机关认为需要出具的证明材料。

2）审批加工贸易业务经营范围

（3）企业备案

经营加工贸易的企业含使用进口料件履行出口合同的内资对外贸易经营

企业和外商投资企业。

①经营企业：申请"加工贸易业务批准证书"的企业，经过海关注册登记是报关单位。

负责对外签订加工贸易进出口合同的各类进出口企业和外商投资企业；

经批准获得来料加工经营许可的对外加工装配服务公司。

②加工企业：由海关批准并登记，专门从事保税加工的工厂或企业也称保税工厂。

受经营企业的委托，负责对进口料件进行加工组装，具有法人资格的企业；

虽不具有法人资格，但是实行相对独立核算，并已经办理工商营业执照的工厂。

经营企业、加工企业可以是同一家企业，也可以是不同企业。当经营企业与加工企业不在同一关区时，此类加工贸易称为异地加工贸易（跨关区加工贸易）。跨关区加工贸易，指一个直属海关的关区内加工贸易经营企业，将进口料件委托另一个直属海关的关区内加工生产企业加工，生产成成品后回收出口的加工贸易。

例（判断题）：

所谓"异地加工贸易"是指加工贸易企业将保税料件加工的产品结转至另一直属海关关区内的加工贸易企业深加工后复出口的经营活动。

答案：错。

解释："异地加工贸易"指加工贸易企业将进口料件委托另外一个加工生产企业进行加工，生产成成品后回收出口的加工贸易。异地加工贸易是跨关区的，因此也叫"跨关区加工贸易"。本题中的描述是"加工贸易保税货物跨关区深加工结转"的概念，不是"异地加工贸易"的概念。

（4）电子账册和电子化手册的备案

1）电子账册的备案

加工贸易电子账册包括："经营范围电子账册"和"便捷通关电子账册"。"经营范围电子账册"不能直接报关，主要是用来检查控制"便捷通关电子账册"进出口商品的范围。"便捷通关电子账册"用于加工贸易货物的备案、通关和核销。

①"经营范围电子账册"备案：

企业凭商务主管部门的批准证，通过网络向海关办理"经营范围电子账册"备案手续，备案的内容为：

经营单位名称和代码；

加工单位名称和代码；

批准证件编号；

加工生产能力；

加工贸易进口料件和成品范围（商品编码前 4 位）。

② "便捷通关电子账册" 备案：

企业可通过网络向海关办理 "便捷通关电子账册" 备案手续，"便捷通关电子账册" 的备案包含以下内容：

企业基本情况表，包括经营单位名称和代码、加工单位名称和代码、批准证件编号、加工生产能力等；

料件、成品部分，包括归并后的料件、成品名称、规格、商品编码、备案计量单位、币制、征免等；

单耗关系，包括成品版本号、对应料件的净耗、损耗率等。

海关可根据企业的加工能力设定电子账册最大周转金额，并可对部分高风险或需要重点监管的料件设定最大周转数量。进口料件的金额、数量加上电子账册剩余料件的金额、数量不得超过最大周转金额和最大周转数量。

2）电子化手册的备案

分段式备案将电子化手册的相关内容分为合同备案和通关备案两部分。

①合同备案：指加工贸易合同所涉及的料件受国家贸易管制时已获取了相关许可证件，加工贸易企业中的经营企业持合法有效的加工贸易合同（商务部门审批通过），到加工企业所在地主管海关备案，申请保税并建立电子底账或领取其他准予备案凭证的行为。

海关受理合同备案：符合备案要求的合同，海关将在规定日期内予以备案，并建立加工贸易电子化手册；不能备案的合同，海关将书面告知申请企业。

异地加工贸易备案申请时，经营企业凭所在地商务部门核发的 "加工贸易业务批准证" 和加工企业所在地县级以上商务主管部门出具的 "加工贸易加工企业经营状况和生产能力的证明"，填制异地加工申请表。向经营企业所在地主管海关提出异地加工申请，海关核准后，领取所在地海关的关封。比如，上海的加工贸易经营企业，委托苏州的加工企业进行加工，备案手续则由上海的这家经营企业来办理。经营企业首先要向所在地主管海关提出异地加工申请，也就是说要向上海加工贸易经营企业所在地主管海关提出申请。提交的单证包括上海企业所在地商务部门核发的 "加工贸易业务批准证" 以及苏州的这家企业所在地的县级以上的商务主管部门出具的"加工贸易加工企业经营状况和生产能力的证明"。向上海这家企业所在地的主管海关提出申请，领取关封。接下来，到苏州的这家企业所在地海关办理合同备案手续。

经营企业持"关封"和"合同备案"的有关单证，到加工企业所在地海关办理合同备案手续。在加工企业所在地设立台账，分类管理按级别低的管理。经营企业不得委托 D 类加工企业加工，保税料件不得转卖给加工企业。

例（单选题）：

开展异地加工贸易业务，经营企业须向所在地主管海关提出申请，填制"异地加工贸易申请表"，并提供：

A. 经营企业所在地商务主管部门出具的"加工贸易业务批准证"和"加工贸易加工企业生产能力证明"

B. 加工企业所在地商务主管部门出具的"加工贸易业务批准证"和"加工贸易加工企业生产能力证明"

C. 经营企业所在地商务主管部门出具的"加工贸易业务批准证"和加工企业所在地商务主管部门出具的"加工贸易加工企业生产能力证明"

D. 加工企业所在地商务主管部门出具的"加工贸易业务批准证"和经营企业所在地商务主管部门出具的"加工贸易加工企业生产能力证明"

答案：C。

解释：经营企业要有业务批准证，而生产企业要有生产能力证明。经营企业由当地的主管商务部门批准，生产企业也是由当地商务主管部门批准。

海关根据国家规定，在接受加工贸易企业合同备案后，批准合同约定的进口料件保税，并把合同内容转化为电子化手册内容，合同备案内容分成三部分，即表头数据、料件表和成品表。

表头数据包括企业及企业合同的基本信息，如经营单位、加工单位、手册类型、主管海关、商务主管部门、贸易方式、征免性质、加工贸易业务批准证编号、进口合同、备案进口总额、进口币制、备案出口总额、出口币制、加工种类、有效日期、管理对象等内容。

料件表（Bill of Material，BOM）内容包括料件序号、商品编号、商品名称、申报计量单位、法定计量单位、申报单价、总价、币制等内容。

成品表内容包括成品序号、商品编号、商品名称、申报计量单位、法定计量单位、申报单价、总价、币制等内容。

②通关备案：通关备案环节有四个部分，即表头数据、料件表、成品表

和单损耗表。

表头数据、料件表、成品表的备案内容比合同备案多了申报数量，其余是一样的。

单损耗表内容包括成品序号、成品名称、成品规格、成品计量单位、料件序号、料件规格、料件计量单位、净耗、损耗率等内容。

3）与备案相关的事项

①加工贸易单耗申报：

加工贸易单耗：指加工贸易企业在正常生产条件下加工生产单位成品所耗用进口料件的数量。经营企业办理加工贸易货物备案手续时，应如实申报。加工贸易企业应当在加工贸易备案环节向海关进行单耗备案。单耗管理应当遵循如实申报、据实核销的原则。

单耗是指加工贸易企业在正常加工条件下加工单位成品所耗用的料件量，单耗包括净耗和工艺损耗。

净耗是指在加工后，料件通过物理变化或者化学反应存在或者转化到单位成品中的量。

工艺损耗是指因加工工艺原因，料件在正常加工过程中除净耗外所必需耗用，但不能存在或者转化到成品中的量，包括有形损耗和无形损耗。

工艺损耗率是指工艺损耗占所耗用料件的百分比。

单耗＝净耗÷（1－工艺损耗率）。

单耗申报的具体内容包括：

加工贸易项下料件和成品的商品名称、商品编号、计算单位、规格型号和品质；

加工贸易项下成品的单耗；

加工贸易同一料件有保税和非保税料件的，应当申报非保税料件的比例、商品名称、计算单位、规格型号和品质。

②加工贸易外发加工申请：

外发加工，是指具备加工生产能力的加工贸易企业，但受自身生产特点和工艺条件限制而不能完成全部工序和订单，由企业提出申请，经海关核准并办理有关手续，委托承揽企业对加工贸易货物进行加工，在规定期限内将加工后的产品运回本企业并最终复出口的行为。经主管海关核准，对外发加工成品、剩余料件以及生产过程中产生的边角料、残次品、副产品等保税货物不运回的，企业应按照保税加工管理规定办理相关手续。

企业申请外发加工业务的，由"加工贸易手册"（包括电子化手册、电子

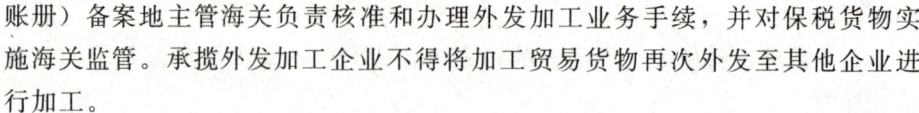

账册）备案地主管海关负责核准和办理外发加工业务手续，并对保税货物实施海关监管。承揽外发加工企业不得将加工贸易货物再次外发至其他企业进行加工。

③加工贸易串料申请：

串料是指因生产需要，将一个出口合同内的料件用于生产另外一个出口合同的产品。需向海关提交书面申请，并符合下列条件：

保税料件之间、保税料件和进口非保税料件之间的串换须符合同品种、同规格、同数量的条件；

保税料件和国产料件（不含深加工结转料件）之间的串换，必须符合同品种、同规格、同数量、关税税率为零的条件，且商品不涉及许可证；

经海关批准，经营企业因保税料件和非保税料件之间发生串换，串换下来同等数量的保税料件，由企业自行处置。

（5）保证金台账设立

联网企业在申请电子化手册备案时，应在海关手册录入环节选择拟开设台账账户的银行，并在录入端收到海关已开出"银行保证金台账开设联系单"（以下简称"开设联系单"）的回执后，持"企业法人营业执照"、"海关注册登记证明"及其他相关材料至所选择的银行办理台账账户设立手续。

1）保证金台账制度

保税料件进境时未办理纳税手续，适用海关事务担保，具体担保手续按加工贸易银行保证金台账制度执行，该制度的实施是通过台账这一手段将海关的备案和核销管理与银行的台账管理紧密地结合在一起。

2）实行"空转"、"半实转"、"实转"的情况

海关根据企业信用状况，将企业划分为高级认证企业、一般认证企业、一般信用企业和失信企业。企业按照海关信用管理分类缴纳台账保证金，在规定期限内加工成品出口并办理核销结案手续后，保证金及利息予以退还。

调整后的加工贸易限制类目录共计451项商品编码。其中，限制出口95项商品编码，限制进口356项商品编码。

①对管理方式为"实转"的81个商品编码（部分节选，见表3-2），高级认证企业与一般认证企业实行"空转"管理（即无需缴纳台账保证金），东部地区一般信用企业缴纳按实转商品项下保税进口料件应缴进口关税和进口环节增值税之和50%的保证金；对其他370个商品编码，高级认证企业、一般认证企业与一般信用企业均实行"空转"管理。

表 3-2 加工贸易限制类商品目录（节选）

	海关商品编码	商品名称	限制方式	管理方式
92	7905000000	锌板、片、带、箔	出口	
93	8003000000	锡及锡合金条、杆、型材、丝	出口	
95	8007003000	锡箔，厚度（衬背除外）≤0.2毫米，锡粉及片装粉末	出口	
96	0207120000	冻的整只鸡	进口	实转
97	0207141100	冻的带骨鸡块	进口	实转
98	0207141900	冻的不带骨鸡块	进口	实转
99	1507900000	初榨的豆油	进口	实转
100	1507900000	精制的豆油及其分离品	进口	实转
101	1508100000	初榨的花生油	进口	实转
102	1508900000	精制的花生油及其分离品	进口	实转

②经营企业及其加工企业同时属于中西部地区的，开展限制类商品加工贸易业务，高级认证企业、一般认证企业和一般信用企业实行银行保证金台账"空转"管理。

③失信企业开展限制类商品加工贸易业务均须缴纳100％台账保证金。

④特殊海关监管区（物理围网）内企业：保证金台账不转。

全国分为东部和中西部。中西部地区是指除东部地区以外的其他地区。东部地区包括北京市、天津市、上海市、辽宁省、河北省、山东省、江苏省、浙江省、福建省、广东省。

（6）电子账册和电子化手册的建立

1）电子账册

建立电子账册的时候是向所在地的主管海关申请的，不是向直属海关申请。建立电子账册，取代纸质加工贸易登记手册。

电子账册编码为12位。"经营范围电子账册"的第1、2位字母为IT，"便捷通关电子账册"第1位标记代码为"E"，因此"便捷通关电子账册"也叫"E"账册。

2）电子化手册

企业将申报地海关、企业内部编号、经营单位、加工单位、主管海关、管理对象等企业基本信息、保税加工料件、出口成品的序号、货号、中文品名、计量单位、法定单位等数据传送到海关，海关予以审核通过，建立电子底账。

3. 保税物流货物

（1）保税仓库电子账册概述

保税仓库电子账册系统是海关为适应保税仓库的发展需要，加强和规范保税仓库管理，建立健全保税仓库管理电子底账，最终实现全国统一的保税仓库和海关计算机联网监管模式而采取的一项重要举措。保税仓库电子账册是企业开展保税仓储业务前必须向主管海关申请建立的电子文档，是企业向海关申报进出仓货物的电子凭证，是海关为控制和记录企业申报进出及存仓保税货物所建立的电子数据账册。

1）保税仓库电子账册具有的优点

① 使海关对保税仓库管理工作规范统一，促进保税仓库业务的健康发展；

② 通过该系统，企业可以方便，快捷地办理与保税仓库相关的海关业务；

③ 该系统大大提高了保税仓库管理和进出口通关的工作效率，方便了企业外网与海关内网之间的沟通，加大了海关对保税仓库的监管力度；

④ 企业可以通过网络向海关申请办理审批备案等手续，满足现代企业快节奏的生产及进出口要求。

2）企业办理保税仓库电子账册应具备的条件

企业申请保税仓库电子账册的，除企业本身已在海关注册登记和已取得"中华人民共和国保税仓库注册登记证书"以外，还要向海关企业管理部门办理保税仓库注册登记手续，经审核符合条件的，海关将专门制发保税仓库注册编码，该注册编码为 10 位，前 5 位按企业注册编码设置，第 6 位为企业性质代码，第 7 位为保税仓库类别代码："D"为公用型保税仓库，"E"为液体危险品保税仓库，"F"为寄售维修保税仓库，"G"为（暂为空），"H"为特殊商品保税仓库，"I"为备料保税仓库，第 8 至第 10 位为顺序号。

（2）保税仓库电子账册备案

从用途上讲，保税仓库的电子账册分为经营范围电子账册和通关电子账册。

1）经营范围备案

经营范围电子账册是描述企业进出口货物类别的一份清单，保税仓库必须在经营范围电子账册列明的货物类别范围之内进行经营。也就是说，海关通过经营范围电子账册，对保税仓库进、出口报关的货物种类进行管理。海关对一个企业只设立一个经营范围电子账册。经营范围电子账册号为 12 位，第 1—2 位为标记代码（IK），第 3—6 位为关区代码，第 7—12 位为顺序号。

企业首先在电子口岸的保税仓库系统中录入经营范围各项，录完后点击"生成报文"，即实现向海关进行备案申请。海关对此进行确认审核。海关审批同意后，分别给出经营范围账册编号和批准证编号，由系统自动返填到经营范围中的"账册编号"和"保税仓批准证号"两项中。企业再录入电子账册各项。电子账册中"批文账册号"即为经营范围中的"账册编号"。录完后点击"生成报文"生成经营范围 IK 账册，即实现向海关进行备案申请。

海关审批同意后，给出统一的"账册编号"（注意：此处的"账册编号"和经营范围中的"账册编号"含义不同，经营范围中的"账册编号"在电子账册和账册分册中为"批文账册号"），由系统自动返填到电子账册的"账册编号"一项中。

企业要进行异地报关，则在电子账册备案的基础上，还需进行账册分册的备案。账册分册中的"账册编号"即为电子账册中的"账册编号"，账册分册中的"批文账册号"即为经营范围的"账册编号"。海关审批同意后，给出统一的账册分册号，由系统自动返填到账册分册的"分册号"一项中。

2）通关备案

通关电子账册是企业货物进出口的凭证，是海关管理、控制、记录保税仓库进口、出口和存仓货物数据的电子文档。一般情况下，海关对一家保税仓库只给予设立一本通关电子账册，但根据保税仓库的实际经营情况，也可以给予设立多本通关电子账册。通关电子账册有两种：一种是备案式通关电子账册（K 账册），另一种是记账式通关电子账册（J 账册）。通关电子账册号为 12 位，第 1 位为标记代码（K，J），第 2—5 位为关区代码，第 6 位为年份，第 7 位为仓库类型代码，第 8—12 位为顺序号。

备案式通关电子账册是传统的通关电子账册，保税仓库经营单位在进口报关之前必须将准备进库的货物品种数量资料等向海关申请在通关电子账册中备案，进仓货物必须限定在通关电子账册备案范围内，否则海关通关系统将在审单过程中不予通过报关单。该账册比较适用于备料库和液体库。记账式通关电子账册是不需要预先备案的电子账册，使用 J 账册，可不用预先对货物品种数量等资料向海关申请在通关电子账册中进行备案，而是在报关完成、海关放行之后，货物数据自动进入电子账册表体中。由于公用型保税仓库储存的货物有很大的不确定性，且品种很多，备案将会很烦琐，所以 J 账册比较适用于公用型保税仓库。

（3）注销保税仓库电子账册的情况

①保税仓库无正当理由连续 6 个月未经营保税仓储业务的，保税仓库经营企业应当向海关申请终止保税仓储业务，经营企业未申请的，海关注销其注册登记，并收回"保税仓库注册登记证书"；

②保税仓库不参加年审或者年审不合格的，海关注销其注册登记，并收回"保税仓库注册登记证书"；

③保税仓库因其他事由终止保税仓储业务的，由保税仓库经营企业提出书面申请，经海关审核后，交回"保税仓库注册登记证书"，并办理注销手续。

4. 减免税货物

减免税货物的前期报关阶段就是减免税申请阶段，包括减免税备案登记和办理进出口货物减免税审批两个环节，即符合减免税条件企业资格的确认和特定减免税进口货物的资格确认。基本程序为：

减免税申请人到主管海关办理减免税备案手续，海关对申请享受减免税优惠政策的减免税申请人进行减免税资格的确认，对项目是否符合减免税政策要求进行审核，确定项目的减免税额度等事项。

减免税备案后，货物进口前，减免税申请人向主管海关申领进出口货物征免税证明，主管海关进行资格审核，确认其所申请货物的减免税方式，依据其是否符合减免税政策要求决定签发进出口货物征免税证明。

（1）减免税备案

减免税申请人按照有关进出口税收优惠政策的规定申请减免税进出口相关货物，海关需要事先对减免税申请人的资格或者投资项目等情况进行确认。

1）减免税备案申请

减免税申请人应当在申请办理减免税审批手续前，向主管海关申请办理减免税备案手续，并同时提交："进出口货物减免税备案申请表"、企业营业执照或者事业单位法人证书、国家机关设立文件、社团登记证书、民办非企业单位登记证书、基金会登记证书等证明材料，相关政策规定的享受进出口税收优惠政策资格的证明材料，海关认为需要提供的其他材料。

减免税申请人按照以上规定提交证明材料的，应当交验原件，同时提交加盖减免税申请人有效印章的复印件。

2）海关审核

海关收到减免税申请人的减免税备案申请后，应当审查确认所提交的申请材料是否齐全、有效，填报是否规范。减免税申请人的申请材料符合规定的，海关应当予以受理，海关收到申请材料之日为受理之日。减免税申请人的申请材料不齐全或者不符合规定的，海关应当一次性告知减免税申请人需要补正的有关材料，海关收到全部补正的申请材料之日为受理之日。不能按照规定向海关提交齐全、有效材料的，海关不予受理。海关受理减免税申请人的备案申请后，应当对其主体资格、投资项目等情况进行审核。经审核符合有关进出口税收优惠政策规定的，应当准予备案；经审核不予备案的，应当书面通知减免税申请人。

海关应当自受理之日起 10 个工作日内作出是否准予备案的决定。因政策规定不明确或者涉及其他部门管理职责需与相关部门进一步协商、核实有关情况等原因在 10 个工作日内不能作出决定的，海关应当书面向减免税申请人说明理由。

有以上规定情形的，海关应当自情形消除之日起 15 个工作日内作出是否准予备案的决定。

减免税申请人要求变更或者撤销减免税备案的，应当向主管海关递交申请。经审核符合相关规定的，海关应当予以办理。变更或者撤销减免税备案应当由项目审批部门出具意见的，减免税申请人应当在申请变更或者撤销时一并提供。

（2）减免税审批

1）减免税审批申请

减免税申请人应当在货物申报进出口前，向主管海关申请办理进出口货物减免税审批手续，并同时提交下列材料："进出口货物征免税申请表"，企业营业执照或者事业单位法人证书、国家机关设立文件、社团登记证书、民办非企业单位登记证书、基金会登记证书等证明材料，进出口合同、发票以及相关货物的产品情况资料，相关政策规定的享受进出口税收优惠政策资格的证明材料，海关认为需要提供的其他材料。

减免税申请人按照以上规定提交证明材料的，应当交验原件，同时提交加盖减免税申请人有效印章的复印件。

2）海关审核

海关收到减免税申请人的减免税审批申请后，应当审核确认所提交的申请材料是否齐全、有效，填报是否规范。对应当进行减免税备案的，还应当审核是否已经按照规定办理备案手续。

减免税申请人的申请材料符合规定的，海关应当予以受理，海关收到申请材料之日为受理之日；减免税申请人提交的申请材料不齐全或者不符合规定的，海关应当一次性告知减免税申请人需要补正的有关材料，海关收到全部补正的申请材料之日为受理之日。不能按照规定向海关提交齐全、有效材料，或者未按照规定办理减免税备案手续的，海关不予受理。除国家政策调整等原因并经海关总署批准外，货物征税放行后，减免税申请人申请补办减免税审批手续的，海关不予受理。

海关受理减免税申请人的减免税审批申请后，应当对进出口货物相关情况是否符合有关进出口税收优惠政策规定、进出口货物的金额、数量等是否在减免税额度内等情况进行审核。对应当进行减免税备案的，还需要对减免税申请人、进出口货物等是否符合备案情况进行审核。经审核符合相关规定的，应当作出进出口货物征税、减税或者免税的决定，并签发"中华人民共和国海关进出口货物征免税证明"（以下简称"征免税证明"）。

（3）"进出口货物征免税证明"的使用

减免税申请人应当在"征免税证明"有效期内办理有关进出口货物通关手续。不能在有效期内办理，需要延期的，应当在"征免税证明"有效期内向海关提出延期申请。经海关审核同意，准予办理延长"征免税证明"有效期手续。

"征免税证明"可以延期一次，延期时间自有效期届满之日起算，延长期限不得超过 6 个月，海关总署批准的特殊情况除外。"征免税证明"有效期限届满仍未使用的，该"征免税证明"效力终止。减免税申请人需要减免税进出口该"征免税证明"所列货物的，应当重新向海关申请办理。

减免税申请人遗失"征免税证明"需要补办的，应当在"征免税证明"有效期内向主管海关提出申请。经核实原"征免税证明"尚未使用的，主管海关应当重新签发"征免税证明"，原"征免税证明"同时作废。原"征免税证明"已经使用的，不予补办。

进出口货物征免税证明实行"一批一证"、"一关一证"的原则，即一份征免税证明上的货物只能在一个进口口岸一次性进口。如果一批特定减免税货物需要分两个口岸或分两次进口要分别申请。

5. 暂准进出境货物

（1）使用 ATA 单证册的暂准进出境货物

1）ATA 单证册的适用范围

①适用的活动：临时进出境，过境。

②适用的货类：《公约》的货物共有 12 大类，我国仅限于展览会、交易会、会议及类似活动项下的货物。第三章所列暂准进出境货物范围所包括的 12 个内容里面的第 1 种情况。剩下的 11 种情况我国不接受持 ATA 单证册办理进出口申报手续。

2）ATA 单证册制度

①ATA 单证册（CARNET）的定义：

ATA 单证册是暂准进口单证册的简称。是世界海关组织（W.C.O.）通过的《货物暂准进口公约》及其附约 A 和《关于货物暂准进口的 ATA 单证册海关公约》（简称《ATA 公约》）确定的，用于替代各缔约方暂准进口货物的报关单证和税费担保文书的国际性通关文件（俗称"货物通关护照"）。ATA 由法文 Admission Temporaire 与英文 Temporary Admission 的首字母组成，表示暂准进口，从其字面可知，使用 ATA 单证册的货物有别于普通进口货物，这类货物在国际间流转时，其所有权不发生转移。

基本特点：因 ATA 单证册本身既是一种货物进出口的报关单，同时也是一份国际担保书，所以免填报关单和向海关提供担保。

目的：通过 ATA 单证册的使用来实现对特定货物简化进出境通关程序，以促进国际间经济、科技、文化的交流。

例（判断题——2002 年考题）：

ATA 单证册既是国际通用的暂准进口报关单证，又是具有国际效力的担保书，在我国，目前仅适用在展览会、交易会、会议及类似活动中供陈列或使用的货物。

答案：正确

②ATA 单证册的格式：

去一个国家使用的 ATA 单证册中包括绿色的封面和封底、黄色的出口和复进口单证、白色的进口和复出口单证各一张，以及两张蓝色的过境单证。因此，一份 ATA 单证册最少应由 8 张彩色单证组成。如果货物拟去更多国家使用，彩色单的数目应当相应增加。

每张彩色单证由存根联和凭证（正联）两部分组成，签发时，凭证上应列明持证人名称、地址、授权使用人姓名、货物用途以及出证商会名称。

③ATA 单证册的使用：

在国际上，ATA 单证册的担保协会和出证协会一般是国际商会国际局和各国海关批准的各国国际商会。在我国，中国国际商会（中国国际贸易促进委员会）是我国 ATA 单证册的担保协会和出证协会，负责签发出境ATA 单证册，向海关报送所签发单证册的中文电子文本，协助海关确认ATA 单证册的真伪，并且向海关承担 ATA 单证持证人因违反暂准进出境规定而产生的相关税费、罚款。ATA 单证册系统的运转靠的是 ATA/IBCC连环担保系统。

海关总署在北京海关设立 ATA 核销中心。ATA 核销中心对 ATA 单证册的进出境凭证进行核销、统计以及追索，应成员国担保人的要求，依据有关原始凭证，提供 ATA 单证册项下暂准进出境货物已经进境或者从我国复运出境的证明，并且对全国海关 ATA 单证册的有关核销业务进行协调和管理。

（2）不使用 ATA 单证册报关的展览品

1）进境展览品的范围

进境展览品的海关监管有使用 ATA 单证册的，也有不使用 ATA 单证册直接按展览品填制进出口货物报关单报关的。

进境展览品包含在展览会中展示或示范用的货物、物品、为示范展出的机器或器具所需用的物品（展示设备），展览者设置临时展台的建筑材料及装饰材料，供展览品做示范宣传用的电影片、幻灯片、录像带、录音带、说明书、广告、光盘、显示器材等（宣传印刷品音像材料）。合理范围的散发品和消耗品免税使用。

下列在境内展览会期间供消耗、散发的用品（以下简称展览用品，即虽然在展览活动中使用，但不是展览品的货物），由海关根据展览会性质、参展商规模、观众人数等情况，对其数量和总值进行核定，在合理范围内的，按照有关规定免征进口关税和进口环节税：

①展览活动中的小件样品，包括原装进口的或者在展览期间用进口的散装原料制成的食品或者饮料的样品；

②为展示的机器或者器件进行操作示范被消耗或者损坏的物料；

③布置、装饰临时展台消耗的低值货物；

④展览期间免费向观众散发的有关宣传品；

⑤供展览会使用的档案、表格及其文件。

上述货物、物品应当符合下列条件：

①由参展人免费提供并在展览期间专供免费分送给观众使用或者消费的；

②单价较低的，作广告样品用的；

③不适用于商业用途，并且单位容量明显小于最小零售包装容量的；

④食品及饮料的样品虽未包装分发，但确实在活动中消耗掉的。

需要征税的情况如下：

①展览会期间出售的小卖品，属于一般进出口货物范围，进口时应当缴纳进口关税和进口环节海关代征税。属于许可证件管理的商品，应当交验许可证件；

②展览会期间使用的含酒精的饮料、烟叶制品、燃料，虽然不按一般进出口货物管理，但是海关对这些商品一律征收关税；

③其中属于参展商随身携带进境的含酒精饮料、烟叶制品，按进境旅客携带物品的有关规定管理。

2）出境展览品的范围

出境展览品的范围包括国内单位赴国外举办展览会或参加外国博览会、

展览会而运出的展览品以及与展览活动有关的宣传品、布置品、招待品及其他办公用物品。

与展览品货物有关的小卖品、展卖品，可以按展览品报关出境，不按规定期限复运进境的按一般出口货物办理报关。

（3）暂准进出境货物

1）范围

暂准进出境货物一共有 12 项，除了第（1）项使用 ATA 单证册报关的展览会、交易会及类似会议活动下的货物，第（1）项"不使用 ATA 单证册报关的展览品"，以及第（9）项盛装货物的容器（集装箱箱体）以外，其余的属于暂时进出口货物（2600）的范围。

例（多选题——2004 年考题）：

下列暂准进出境货物应当按"暂时进出口货物"申报的是：

A. 马戏团演出用动物

B. 安装设备时使用的工具

C. 集装箱箱体

D. 国际车展展台用照明器具

答案：AB。

解释：C 项集装箱箱体排除，不属于暂时进出口货物。D 也排除，D 项国际车展展台用照明器具属于展览品的范围。A 项马戏团演出用动物，属于 12 项中第（2）项，文化交流活动中使用的货物。B 项安装设备时使用的工具，属于 12 项中第（8）项，其他的内容大家也要掌握。

2）暂时进出口货物的行政许可

其他暂准进出境货物进出境核准属于海关行政许可事项，应当按照海关行政许可的程序办理。

暂准进出境货物收发货人向海关提出货物暂准进出境申请时，应当按照海关要求提交"货物暂时出/进境申请书"，暂准进出境货物清单、发票、合同或者协议，以及其他相关单据。

海关就暂准进出境货物的暂准进出境作出是否批准的决定后，应当制发"中华人民共和国海关货物暂时出/进境申请批准决定书"或者"中华人民共和国海关货物暂时出/进境申请不予批准决定书"。

暂准进出境货物申请延长复运出境、进境期限，收发人应当在规定期限届满 30 个工作日前向货物暂准进出境申请核准地海关提出延期申请，并提交"货物暂时出/进境延期申请书"以及相关申请材料。直属海关作出决定并制发相应的决定书。申请延长超过 18 个月的由海关总署作出决定。

3.1.4　操练

深圳富强报关有限公司审查汽车加工中心产品信息，获悉汽车加工中心是鼓励项目，属于特定减免税货物，在货物进境通关时要向海关提交"征免税证明"。

根据《中华人民共和国海关进出口货物减免税管理办法》（海关总署令2009年第179号）第十一条规定，长安天马汽车有限公司于10月24日申请征免税证明，提交以下材料：

①"进出口货物征免税申请表"；

②企业营业执照或者事业单位法人证书、国家机关设立文件、社团登记证书、民办非企业单位登记证书、基金会登记证书等证明材料；

③相关政策规定的享受进出口税收优惠政策资格的证明材料；

④海关认为需要提供的其他材料。向主管海关申请办理进出口货物减免税证明审批手续。

经过主管海关审核，长安天马汽车有限公司提供资料齐全，按照正常手续办理减免税证明，海关应当自受理之日起10个工作日内作出是否准予备案的决定。

3.1.5　报关单相关栏目

1. 进口日期/出口日期、申报日期、填制日期

日期填报格式为8位数字，顺序为年（4位）、月（2位）、日（2位）。

（1）进口日期

指运载所申报货物运输工具申报进境的日期。本栏目填报的日期必须与相应的运输工具进境日期一致。进口申报时无法确知相应的运输工具的实际进境日期时，本栏目免予填报。

（2）出口日期

指运载所申报货物运输工具办结出境手续的日期。本栏目供海关打印报关单证明联用，在申报时免予填报。

无实际进出境的，进出口日期的填报按办理申报手续的日期填写，以海关接受申报的日期为准。

（3）申报日期

申报日期指海关接受进出口货物收发货人、受委托的报关企业申报数据的日期。以电子数据报关单方式申报的，申报日期为海关计算机系统接受申

报数据时记录的日期。以纸质报关单方式申报的，申报日期为海关接受纸质报关单并对报关单进行登记处理的日期。（进口申报日期一般晚于进口日期，预申报除外；出口申报日期早于出口日期。）

预录入及 EDI 报关单填报向海关申报的日期，与实际情况不符时，由审单关员按实际日期修改批注。本栏目在申报时免予填报。

（4）填制日期

指报关单的填制日期。电子数据报关单的填制日期由计算机自动打印。

2. 备案号

（1）定义

备案号是指进出口收发货人在海关办理加工贸易合同备案或征、减、免税备案审批等手续时，应向海关递交的备案审批文件如加工贸易手册编号、加工贸易电子账册编号、征免税证明编号、实施优惠贸易协定下原产地证书联网管理的原产地证书编号、适用 ITA 税率的商品用途认定证明编号等。

（2）分类

备案号长度为 12 位，其中第 1 位是标记代码。"标记代码"＋"关区代码"＋"顺序码"。

备案号的标记代码必须与"贸易方式"及"征免性质"、"征免"、"用途"栏目相协调，例如，贸易方式为来料加工，征免性质也应当是来料加工，备案号的标记代码应为"B"。

以下按标记代码分：

A："登记手册"备料的备案号；

B＊："来料加工及中小型补偿贸易登记手册"；

C＊："进料加工登记手册"，"外商投资企业履行产品出口合同进口料件及加工出口成品登记手册"，少量低值辅料（即＜＄5000，78 种客供辅料，按规定不使用纸质"登记手册"，所以编号为："关区代码"＋"0000000"）；

D："加工贸易不作价设备登记手册"；

E＊：加工贸易便捷通关电子账册；

F：加工贸易异地进出口分册；

G：加工贸易深加工结转分册，使用异地直接报关分册和异地深加工结转出口分册在异地口岸报关的，本栏目应填报分册号；本地直接报关分册和本地深加工结转分册限制在本地报关，本栏目应填报总册号；

H：出入出口加工区的保税货物的电子账册备案号；出入出口加工区的

征免税货物、物品，应填报标记代码为"H"、第六位为"D"的电子账册备案号；

J：保税仓库记账式电子账册；

K：保税仓库备案式电子账册；

Q：汽车零部件电子账册；

P：一般贸易；

Y＊：原产地证书联网管理的货物，优惠贸易协定项下实行原产地证书联网管理的货物，应填报原产地证书代码"Y"和原产地证书编号；未实行原产地证书联网管理的货物，本栏目免予填报；

Z＊："进出口货物征免税证明"。

（3）填报要求

①一份报关单只允许填报一个备案号。无备案审批文件的报关单，本栏目免予填报。

②加工贸易项下货物，除少量低值辅料按规定不使用"加工贸易手册"及以后续补税监管方式办理内销征税的外，填报"加工贸易手册"编号，不得为空。如"C57205711700"、"B577071700252"、"E09088322223"。

使用异地直接报关分册和异地深加工结转出口分册在异地口岸报关的，本栏目应填报分册号；本地直接报关分册和本地深加工结转分册限制在本地报关，本栏目应填报总册号。

③涉及征、减、免税备案审批的报关单，填报"征免税证明"编号，不得为空。如"Z22010870142"。

加工贸易成品凭"征免税证明"转为享受减免税或需审批备案形式办理形式进口的货物，进口报关单填报"征免税证明"等审批证件备案编号，出口报关单填报加工贸易手册编号。并在进口报关单备注栏填报加工贸易手册编号，在出口报关单备注栏填报征免税证明编号。

④对减免税设备及加工贸易设备之间的结转，转入和转出企业分别填制进、出口报关单，在报关单"备案号"栏目分别填报"加工贸易手册"编号、"征免税证明"编号或免予填报。

⑤涉及优惠贸易协定项下实行原产地证书联网管理（香港 CEPA、澳门 CEPA，下同）的报关单，填报原产地证书代码"Y"＋11 位原产地证书编号，如"Y3M03A000001"；其他未实行原产地证书联网管理的优惠贸易协定项下进口货物均不在本栏目填报原产地证书编号。

⑥减免税货物退运出口，填报"减免税进口货物同意退运证明"的编号；减免税货物补税进口，填报"减免税货物补税通知书"的编号；减免税货物

结转进口（转入），填报"征免税证明"的编号；相应的结转出口（转出），填报"减免税进口货物结转联系函"的编号。

⑦涉及构成整车特征的汽车零部件的报关单，填报备案的 Q 账册编号。

⑧出入出口加工区的保税货物，应填报标记代码为"H"、第 6 位为"D"的电子账册备案号；出口加工区企业维修、测试、检验、展览及暂准进出境货物运往区外，本栏可不需填报。

⑨进出口 ITA 税率的商品填报用途认定证明的编号。

3. 贸易方式（监管方式）

（1）含义

进（出）口货物报关单上所列的"贸易方式"，专指以国际贸易中进出口货物的交易方式为基础，结合海关对出口货物的监督管理综合设定的对进出口货物的管理方式，即海关监管方式。

监管方式代码为 4 位数字。前 2 位按照海关监管业务分类，例如 02－08、44、46 表示加工贸易货物，11－12 表示保税仓储、转口货物，20－22 表示外商投资企业进口货物，45 表示退运货物，50－53 表示特殊区域货物。后 2 位以海关统计方式为基础分类，其中 10－39 表示列入海关贸易统计，41－66 表示列入单项统计；00 表示不列入海关贸易统计和单项统计。

（2）填报要求

常见贸易方式的名称、代码、适用范围及主要填报要求如下。

1）一般贸易

一般贸易是指我国境内有进出口经营权的企业单位进口或单边出口的贸易。

本监管方式代码为"0110"，简称"一般贸易"，适用范围包括：

①以正常交易方式成交的进出口货物；

②贷款援助的进出口货物；

③外商投资企业为加工内销产品而进口的料件；

④外商投资企业用国产原材料加工成品出口或采购产品出口；

⑤供应外国籍船舶、飞机等运输工具的国产燃料、物料及零配件；

⑥保税仓库进口供应给中国籍国际航行运输工具使用的燃料、物料等保税货物；

⑦境内企业在境外投资以实物投资进出口的设备、物资；

⑧来料养殖、来料种植进出口货物；

⑨国有公益性收藏单位通过合法途径从境外购入的藏品。

2）加工贸易项下进口料件和出口成品

①来料加工。

来料加工是指进口料件由境外企业提供，经营企业不需要付汇进口，按照境外企业的要求进行加工或装配，只收取加工费，制成品由境外企业销售的经营活动。

本监管方式代码为"0214"，简称"来料加工"，主要适用于来料加工项下进口的料件和加工出口的成品。

来料加工进（出）口货物报关单"备案号"栏应填报加工贸易手册或电子账册编号。出口成品报关单"征免性质"栏应填报"全免"，应征出口税的，应填报"照章征税"。

②进料加工。

进料加工是指进口料件由经营企业付汇进口，制成品由经营企业外销出口的经营活动。进料加工对口合同是指买卖双方分别签订进出口对口合同，料件进口时，我方先付料件款，加工成品出口时再向对方收取出口成品款项的交易方式，包括动用外汇的对口合同或不同客户的对口联号合同，以及对开信用证的对口合同。

本监管方式代码为"0615"，简称"进料对口"，主要适用于进料加工项下进口料件和出口成品，以及进料加工贸易中外商免费提供进口的主、辅料和零部件。

进料加工进（出）口货物报关单"备案号"栏应填报加工贸易手册或电子账册编号，成品出口货物报关单"征免性质"栏应填报"全免"，应征出口税的，应填报"照章征税"。

3）加工贸易项下其他货物

①结转。

加工贸易经营企业将保税进口料件所加工的产品在境内结转给另一个加工贸易企业，用于再加工后复出口的，转入、转出的企业分别填制进（出）口货物报关单，监管方式填报"来料深加工"（0225）或"进料深加工"（0654）。

加工贸易经营企业将保税进口料件所加工的产品在境内结转给另一个加工贸易企业，用于在加工后复出口的，转入、转出的企业分别填制进（出）口货物报关单，监管方式填报"来料余料结转"（0258）或"进料余料结转"（0657）。

②内销。

A. 料件内销。

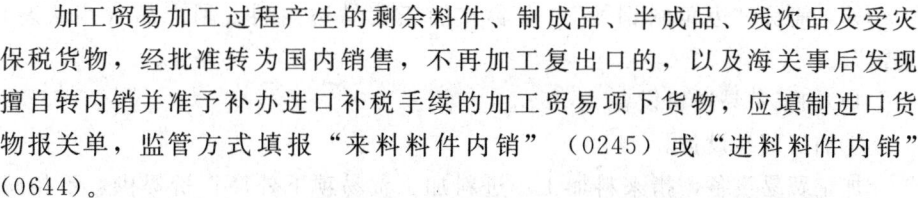

加工贸易加工过程产生的剩余料件、制成品、半成品、残次品及受灾保税货物，经批准转为国内销售，不再加工复出口的，以及海关事后发现擅自转内销并准予补办进口补税手续的加工贸易项下货物，应填制进口货物报关单，监管方式填报"来料料件内销"（0245）或"进料料件内销"（0644）。

B. 边角料内销。

加工贸易过程中有形损耗产生的边角料，以及加工副产品，有商业价值且经批准在境内销售的，应填制进口货物报关单，监管方式填报"来料边角料内销"（0845）或"进料边角料内销"（0844）。

C. 成品转减免税。

加工贸易项下制成品，在境内销售给凭征免性质税证明进口货物的企业，加工贸易经营企业填制出口货物报关单，监管方式填报"来料成品减免"（0345）或"进料成品减免"（0744）。

③退运（复出）。

加工贸易进口料件因品质、规格等原因退运出境，或加工过程中产生的剩余料件、边角料退运出境，且不再更换同类货物进口的，分别填报"来料料件复出"（0265）、"来料边角料复出"（0865）、"进料料件复出"（0664）、"进料边角料复出"（0864）。

④退换。

A. 料件退换。

加工贸易保税料件因品质、规格等原因退运出境，更换料件后复进口的，退运出境报关单和复运进境报关单的监管方式应填报"来料料件退换"（0300）或"进料料件退换"（0700）。

B. 成品退换。

加工贸易出口成品因品质、规格等原因退运进境，经加工、维修或更换同类商品复出口的，退运进境报关单和复运出境报关单的监管方式应填报"来料成品退换"（4400）或"进料成品退换"（4600）。

⑤销毁。

加工贸易企业因故无法内销或者退运而作销毁处置且未因处置获得收入的料件、残次品，其中残次品应按单耗折成料件，应填制进口货物报关单，监管方式填报"料件销毁"（0200），全称"加工贸易料件、残次品（折料）销毁"。

加工贸易企业因故无法内销或者退运而作销毁处置且未因处置获得收入的边角料、副产品，应填制进口货物报关单，监管方式填报监管方式代码

"0400"，简称"边角料销毁"，全称"加工贸易边角料、副产品（按状态）销毁"。

4）加工贸易进口设备

①加工贸易设备。

加工贸易设备，指来料加工、进料加工贸易项下外商作价提供、不扣减企业投资总额的进口设备，以及服务外包企业履行国际服务外包合同，由国际服务外包业务境外发包方免费提供的进口设备。

本监管方式代码为"0420"，对应征免性质为"一般征税"（101）或"加工设备"（501）。

②不作价设备。

加工贸易项下外商提供的不作价设备，指境外企业与境内企业开展来料、进料业务，外商免费向境内加工贸易经营单位提供加工生产所需设备，境内经营单位不需支付外汇、不需用加工费或差价偿还。

本监管方式代码为"0320"，简称"不作价设备"，对应征免性质为"加工设备"（501）。

加工贸易进口不作价设备由加工贸易合同备案地海关办理备案手续，核发加工贸易手册，手册编号第一位标记为"D"。进口《外商投资项目不予免税的进口商品目录》所列商品范围外的不作价设备，且符合规定条件的，免征进口关税。

与加工贸易免税进口不作价设备相关的监管方式有：

A. 加工设备内销，指海关监管期内的加工贸易免税进口设备经批准转售给境内非加工企业，代码"0446"。

B. 加工设备结转，指海关监管期内的加工贸易免税进口设备经批准转让给另一加工企业，或从本企业一本加工贸易手册结转入另一本加工贸易手册，代码"0456"。

C. 加工设备退运，指加工贸易免税进口设备退运出境，代码"0466"。

5）外商投资企业进口自用设备、物品

①投资总额内进口设备、物品。

外商投资企业作为投资进口的设备、物品，是指外商投资企业用投资总额内的资金（包括中方投资）进口的机器设备、零部件和其他建厂（场）物料，安装、加固机器所需材料，以及本企业自用合理数量的交通工具、生产用车辆、办公用品（设备）。

中外合资、合作企业进口设备、物品，监管方式代码为"2025"，简称"合资合作设备"；外商独资企业（以下简称外资企业）进口设备、物品，监

184

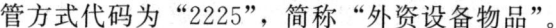

管方式代码为"2225"，简称"外资设备物品"。

②投资总额外自有资金免税进口设备。

鼓励类和限制类外商投资企业、外商投资研究开发中心、先进技术型和产品出口型外商投资型企业，以及符合中西部利用外资优势产业和优势项目目录的项目，利用投资总额以外的自有资金，在原批准的生产经营范围内，对设备进行更新维修、进口国内不能生产或性能不能满足需要的自用设备及其配套的技术、配件、备件，进口货物报关单监管方式应为"一般贸易"（0110），对应征免性质为"自有资金"（799）。

③减免税设备结转。

减免税设备结转，是指海关监管年限内的减免税设备，从进口企业结转到另一享受减免税待遇的企业。监管方式代码为"0500"，简称"减免税设备结转"，减免设备结转的转入、转出企业应分别填写进（出）口货物报关单向海关申报。

需注意的是，加工贸易项下免税进口的不作价设备结转给另一加工贸易企业，不适用本贸易方式，应适用"加工设备结转"（0456）。

6）暂准进出境货物

①进出境展览品。

进出境展览品指外国为来华或我国为到外国举办经济、文化、科技等展览或参加博览会而进出口的展览品，以及与展览品有关的宣传品、布置品、招待品、小卖品和其他物品。

本监管方式代码为"2700"，简称"展览品"，对应征免性质为"其他法定"（299）。

进出境展览品的范围主要包括在展览会、交易会、会议及类似活动中展示或者使用的货物，不复运出入境而留在境内外销售的进出境展览品，应按实际监管方式填报，不适用本监管方式。ATA 单证册项下的暂准进出展览品，持证人免填报关单，无须使用本监管方式。

②暂时进出境货物。

暂时进出境货物是指经海关批准，暂时进出关境并且在规定的期限内复运出境或进境的货物，包括国际组织、外国政府或外国和我国香港、澳门及台湾地区的企业、群众团体及个人为开展经济、技术、科学、文化合作交流而暂时运入或运出我国关境及复运出入境的货物。

本监管方式代码为"2600"，简称"暂时进出货物"，对应征免性质为"其他法定"（299）。

7）退运进出口货物

退运进出口货物是指原进、出口货物因残损、缺少、品质不良、规格不符、延误交货或其他原因退运出、进境的货物。

本监管方式代码为"4561"，简称"退运货物"。

①适用范围。

本监管方式适用于以下货物的退运出、进境：一般贸易（0110）、易货贸易（0130）、旅游购物商品（0139）、租赁贸易（1523）、寄售代销（1616）、外商投资企业设备物品（2025）/（2225）、外汇免税商品（1831）、货样广告品（3010）/（3039）、其他进出口免费（3339）、承包工程进口（3410）、对外承包出口（3422）、无偿援助（3511）、捐赠物资（3612）、边境小额（4019）、对台小额（4039）、其他贸易（9739）。

本监管方式不适用于以下货物：

A. 加工贸易项下料件、成品维修退换，监管方式为"来料料件退换"（0300）、"进料料件退换"（0700）、"来料成品退换"（4400）、"进料成品退换"（4600）。

B. 加工贸易项下料件、边角料退运，监管方式为"来料料件复出"（0265）、"来料边角料复出"（0865）、"进料料件复出"（0664）、"进料边角料复出"（0864）。

C. 加工贸易设备退运，监管方式为"加工设备退运"（0466）。

D. 货物进境后、放行结关前退运的货物，监管方式为"直接退运"（4500）。

E. "租赁不满一年"货物退运，监管方式为"租赁不满一年"（1500）。

F. 进出口无代价抵偿货物，被更换的原进口货物退运出境，监管方式为"其他"（9900）。

②相关申报要求。

退运货物进出口时，应随附原出（进）口货物报关单，并将原出（进）口货物报关单号填报在"标记唛码及备注"栏内。

8）直接退运货物

直接退运货物是指进口货物收发货人、原运输工具负责人或者其代理人在货物进境后、办结海关放行手续前，因海关责令或有正当理由获准退运境外的货物。

本监管方式代码为"4500"，简称"直接退运"。

①直接退运货物适用范围包括：

A. 在货物进境后、办结海关放行手续前，由于客观原因需向海关申请办理直接退运手续的，包括错发、误卸、溢卸、残损货物等；

B. 在货物进境后，办结海关放行手续前，由于不符合有关法令，依法应当退运，由海关责令当事人将进口货物直接退运境外的，包括违反有关进口法令，经海关处理后责令退运境外的；

C. 保税区、出口加工区及其他海关特殊监管区域和保税监管场所进口货物直接退运的。

②直接退运货物适用范围不包括：

海关放行后需办理退运出境的进口货物，以及进口转关货物在进境地海关放行后申请办理退运手续的货物。两者均应按"退运货物"（4561）手续办理报关手续。

③直接退运货物相关申报要求：

按照"先报出、后报进"的原则先办理出口手续，后办理进口手续。进口货物报关单"标记唛码及备注"栏将对应的出口货物报关单号作为"关联报关单号"填报，进（出）口货物报关单监管方式均为"直接退运"，"标记唛码及备注"栏均应填报"进口货物直接退运表"或"海关责令进口货物直接退运通知书"的编号。

9）其他免费提供的进出口货物

其他免费提供的进出口货物指除已具体列名的礼品、无偿援助和赠送物资、捐赠物资、无代价抵偿进口货物、国外免费提供的货样、广告品等归入列明监管方式的免费提供货物以外，进出口其他免费提供的货物。

本监管方式代码为"3339"，简称"其他进出口免费"。适用范围包括：外商在经贸活动中赠送的物品、外国人的捐赠品、驻外中资机构向国内单位赠送的物资、经贸活动中由外商免费提供的试车材料或消耗性物品等。

本监管方式对应征免性质为"一般征税"（101）、"其他法定"（299）。

4. 征免性质

（1）含义

"征免性质"是指海关根据《中华人民共和国海关法》、《关税条例》及国家有关政策对进出口货物实施的征、减、免税管理的性质类别。它是海关对进出口货物征、减、免税进行分类统计分析的重要基础。

（2）常见征免性质及其适用范围

①一般征税（101），适用于依照《中华人民共和国海关法》、《关税条例》、《进出口税则》及其他法律、行政法规和规章所规定的税率征收进出口关税、进口环节增值税和其他税费的进出口货物，包括除其他征免性质另有

规定外的一般照章（包括按照公开暂定税率、关税配额、反倾销、反补贴、保障措施等）征税或补税的进出口货物。

②其他法定（299），适用于依照《中华人民共和国海关法》、《关税条例》，对除无偿援助进出口物资外的其他实行法定减免税的进出口货物，以及根据有关规定非按全额货值征税的部分进出口货物。具体适用范围如下：

无代价抵偿进出口货物（照章征税的除外）；

无商业价值的广告品和货样；

进出境运输工具装载的途中必需的燃料、物料和饮食用品；

因故退还的境外进口货物；

因故退还的我国出口货物；

在境外运输途中的或者在起卸时遭受损坏或损失的货物；

起卸后海关放行前，因不可抗力遭受损坏或者损失的货物；

因不可抗力因素造成的受灾保税货物；

海关查验时已经破漏、损坏或者腐烂，经证明不是保管不慎造成的货物；

我国缔结或者参加的国际条约规定减征、免征关税的货物和物品；

暂准进出境货物；

展览会货物；

出料加工项下的出口料件及复进口的成品；

进出境的修理物品；

租赁期不满 1 年的进出口货物；

边民互市进出境货物；

非按全额货值征税的进出口货物（如按租金、修理费征税的进口货物）；

其他不按"进出口征免性质税证明"管理的减免税货物。

③来料加工（502），适用于来料加工装配项下进口所需的料件，以及经加工后出口的成品、半成品。

④进料加工（503），适用于为生产外销产品而用外汇购买进口的料件，以及加工后返销出口的成品、半成品。

⑤中外合资（601），目前一般适用于中外合资企业自产的出口产品。

⑥中外合作（602），目前一般适用于中外合作企业自产的出口产品。

⑦外资企业（603），目前一般适用于外资企业自产的出口产品。

⑧鼓励项目（789），适用于 1998 年 1 月 1 日后经主管部门审批并确认的国家鼓励发展的国有投资项目、外商投资项目、利用外国政府贷款和国际金融组织贷款项目，以及从 1999 年 9 月 1 日起，按国家规定程序审批的外商投

资研究开发中心及中西部省、自治区、直辖市利用外资优势产业和优势项目目录的项目,在投资总额内进口的自用设备,以及按合同随设备进口的技术及数量合理的配套件、备件。

⑨自有资金(799),适用于已设立的鼓励类外商投资企业(外国投资者的投资比例不低于25%),以及符合中西部利用外资优势产业和优势项目目录的项目,在投资总额以外利用自有资金(包括企业储备基金、发展基金、折旧和税后利润),在原批准的生产经营范围内进口国内不能生产或性能不能满足需要的(同时不属于《国内投资项目不予免税的进口商品目录》的)自用设备及其配套的技术、配件、备件,用于本企业原有设备更新(不包括成套设备和生产线)或维修。

"鼓励项目"和"自有资金"的使用,须依程序取得海关核发的征免性质税证明并与"征免性质"栏批注内容相符。

⑩科教用品(401),适用于为促进科学研究和教育事业的发展,科学研究机构和学校以科学研究、教学为目的按照有关征减免税政策,在合理数量范围以内,进口国内不能生产的或性能不能满足需要的、直接用于科研或教学的货物。

(3)填报要求

①报关单"征免性质"栏应按照海关核发的进出口货物征免性质税证明中批注的征免性质填报,或根据实际情况按"征免性质代码表"选择相应的征免性质简称或代码。

②一份报关单只允许填报一种征免性质,涉及多个征免性质的,应分单填报。

③加工贸易货物特殊情况填报要求:

加工贸易转内销货物,按实际应享受的征免性质填报,如"一般征税"、"科教用品"、"其他法定"等。

加工贸易料件退运出口、成品退运进口的货物填报"其他法定"。

加工贸易结转货物,本栏目为空。

5. 征税比例/结汇方式

征税比例 2005 年起不用填。

出口报关单应填报结汇方式,即出口货物的发货人或其代理人收结外汇的方式。也就是国际贸易中的货款支付、结算的方式。本栏目应按海关规定的"结汇方式代码表"(见表 3-3)选择填报相应的结汇方式名称或代码。结汇方式的名称、缩写、代码都可以单独填写在结汇方式栏,因此应熟记下表中结汇方式名称及英文缩写及对应的代码。

表 3-3　结汇方式代码表（节选）

代码	结汇方式名称	缩写	英文名称
1*	信汇*	M/T*	Mail Transfer
2*	电汇*	T/T*	Telegraphic Transfer
3*	票汇*	D/D*	Remittance By Banker's Demand Draft
4*	付款交单*	D/P*	Documents against Payment
5*	承兑交单*	D/A*	Documents against Acceptance
6*	信用证*	L/C*	Letter of Credit
7	先出后结	D/P*	Deferred Payment
8	先结后出		
9	其他		

结汇方式通常体现在发票或装箱单中，如：

A. "PAYMENT："、"PAYMENT TERM："、"PAID BY："后面跟有结汇方式名称或者缩写。

B. 还有的在备注栏中表明，如 REMARKS：T/T（表示电汇 2）。

C. 有信用证号（L/C No：）的都说明结汇方式是信用证（6）。

D. 还有的用文字叙述，例如 "L/C No：DOCUMENTS AGAINST AC-CEPTANCE"（D/A 表示承兑交单 5）。

另请注意，有些发票有固定格式，有专门的信用证号栏目，此时要注意看栏目内的具体内容。如果 "Letter of Credit No" 一项是："T/T" 或其他结汇方式的英文缩写，而非信用证编号，则结汇方式栏应填报为 "电汇" 或根据英文缩写判断为其他结汇方式。此栏目学习的重点在于从发票或者装箱单中查找和判断结汇方式。

例如，发票中描述："L/C No：DOCUMENTS AGAINST ACCEPT-ANCE"，而所给已填写报关单结汇方式栏目填写 D/P。所以首先要知道 "DOCUMENTS AGAINST ACCEPTANCE" 是承兑交单，其次还要知道承兑交单的缩写是 D/A，这样才能够判断出所给填写是错误的。

再如，2006 年考试的出口报关单找错题。在发票中的 Payment Terms 栏内写有 "T/T"，而在已填的报关单结汇方式栏填写的是 "1"。此题要求考生首先要知道 "T/T" 是结汇方式电汇的英文缩写，其次要知道电汇对应的代码是 2。这样才能够判断出填写 "1" 是错的。

6. 征免

指海关依照《中华人民共和国海关法》、《进出口关税条例》及其他法律、行政法规，对进（出）口货物进行征税、减税、免税或特案处理的实际操作方式。同一份报关单上可以有不同的征减免税方式。

本栏目应按照海关核发的"征免税证明"或有关政策规定，对报关单所列每项商品选择填报海关规定的"征减免税方式代码表"中相应的征减免税方式。

加工贸易报关单应根据"登记手册"中备案的征免规定填报。"加工贸易手册"中备案的征免规定为"保金"或"保函"的，不能按备案的征免规定填报，而应填报"全免"，见表 3-4。

表 3-4　征减免税方式代码表

代码	名称	含义
1*	照章征税*	对进出口货物依照法定税率计征各类税、费
2	折半征税	依照主管海关签发的征免税证明或海关总署的通知，对进出口货物依照法定税率折半计征关税和增值税，但照章征收消费税
3*	全免*	依照主管海关签发的征免税证明或海关总署的通知，对进出口货物免征关税和增值税，但照章征收消费税
4	特案	依照主管海关签发的征免税证明或海关总署的通知规定的税率计征各类税、费
5	随征免性质	对某监管方式下进出口的货物按照征免性质规定的特殊计税公式或税率计税、费
6	保证金	经海关批准具保放行的货物，由担保人向海关缴纳现金的一种担保形式
7	保函	担保人根据海关的要求，向海关提交的订有明确权利义务的一种担保形式
8	折半补税	对已征半税的特供区内销售的市场物资经海关核准特区外时，补征另一半相应税款
9	全额退税	对计划内出口的丝绸、山羊绒实行出口全额退税时，凭"计划内出口证明"开具出口全额退税税单，并计征关务费

7. 用途/生产厂家

进口货物填报用途，应根据进口货物的实际用途按海关规定的"用途代码表"（见表 3-5）选择填报相应的用途名称或代码。

生产厂家指出口货物的境内生产企业，填企业的名称，本栏目供必要时手工填写。

表 3-5　用途代码表

代码	名称	含义
01*	外贸自营内销*	国内外贸企业以一般贸易进口
02	特区内销	
03	其他内销	加工贸易（进料、来料、外商作加工贸易）转内销产品或进口料件生产内销产品
04*	企业自用*	进口供本单位（企业）自用的货物，如外商投资企业以及特殊区域的企业、事业和机关单位进口自用的机器设备等
05*	加工返销*	加工贸易（进料、来料、外商作加工贸易）中的进口料件生产出口产品
06	借用	从境外租借进口，在规定的使用期满后退运出境外的进口货物，如租赁贸易进口货物
07	收保证金	由担保人向海关缴纳现金的一种担保形式
08	免费提供	免费提供的进口货物。如无偿援助、捐赠、礼品等进口货物
09	作价提供	我方与外商签订合同协议，规定由外商作价提供进口的货物，事后由我方支付或从我方出口货物款中或出口加工成品的加工费中扣除，如来料加工贸易进口设备等
10*	货样广告品*	进出口用以宣传有关商品的广告宣传品
11	其他	
13	以产顶进	经国家有关经贸部门审批，对目前国内尚无法加工生产，需在境外购买的商品，可准许在境内的三资企业购买以替代进口

项目 **4** 通关现场作业阶段

关键术语

　　QP 系统　　　配合查验　　　缴纳税费

学 习 目 标

【能力目标】

1. 能够使用 QP 系统进行申报；
2. 能够正确配合海关进行货物查验。

【知识目标】

1. 掌握进出境货物查验的操作；
2. 掌握进出境货物税费缴纳的操作；
3. 熟悉进出境货物的提取、装运的操作。

　　进出境货物通常包括：通关前期作业阶段、现场作业阶段和后续作业阶段。

◢ 引导任务——从法国进口汽车发动机加工中心

　　1. 背景理解

　　盐田港保税物流园区前身是盐田港保税区，2004 年"区港联动"的政策被提出，即利用保税区的政策优势和港口的区位优势，在两者之间建立起一个通道，保税物流园区就此出现。它是依托邻近的保税区和港口，强化保税区的功能，体现保税区的政策优势和港区的区位优势。保税物流园打破保税区的地理限制，解决了进出口货物的二次报关问题，提高了通关的效率，降低了企业的物流成本。同时也实际实现了"境内关外"，即货物可入区退税，具有自由贸易区的雏形。2006 年 3 月 28 日该保税物流园区正试封关运作。

现代企业竞争非常激烈，为了获取竞争优势，首先将汽车加工中心进口到保税物流园区，然后根据实际的生产需要，再从物流园区出区进口，这样可以节省资金的占用。

2. 提出任务

实训小组认真讨论案例，并推选发言代表，在老师的引导下提出相应的问题并试着解答：

任务一　进境的汽车加工中心如何进行申报？

任务二　进境的汽车加工中心如何进行配合查验、缴纳税费和提、装货物？

4.1 任务一　申报作业

4.1.1　任务分析

长安天马有限公司进口汽车加工中心，通过项目三的学习，我们完成了汽车加工中心的前期报关阶段，为了顺利办理进境通关，必须掌握申报的相关知识和 QP 系统的操作。

4.1.2　任务实施

实训小组查询申报和 QP 系统相关的资料，写出一份分析报告，详细解说每个细节，最后制成 PPT，在课堂展示给其他同学，老师可边点评边鼓励同学课堂讨论，发问。

4.1.3　知识链接——无纸化通关申报流程及要点

1. 申报

（1）申报定义

申报是指报关单位，依照《中华人民共和国海关法》以及有关法律、行政法规的要求，在规定的期限、地点，采用电子数据报关单形式，向海关报告实际进出口货物的情况，并接受海关审核的行为。

（2）申报地点

1）实际进出口

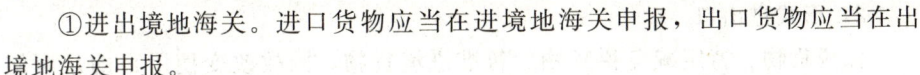

①进出境地海关。进口货物应当在进境地海关申报，出口货物应当在出境地海关申报。

②转关。经过收发货人申请，海关同意，进口货物可以在指运地申报，出口货物可以在起运地申报。

③区域通关一体化

A. "属地申报、口岸验放"模式。

属地海关，指进出口货物收发货人注册地所在地直属海关业务管辖的区域范围。

口岸海关，指进出口货物的实际进出境所在地直属海关、隶属海关。

"属地申报、口岸验放"是指符合海关规定条件的守法水平较高的企业，在其货物进出口时，可以自主选择向属地海关申报，并在口岸海关办理货物验放手续的一种通关模式。

目前，AA 类及 A 类企业、B 类生产型出口企业且一年内无违法记录的，可适用此种通关模式。

B. "属地申报、属地放行"模式。

"属地申报、属地放行"是"属地申报、口岸验放"通关模式的一种方式，即符合海关规定条件的高资信企业，在其货物进出口时，可以自主选择向属地海关申报，并在属地海关办理货物放行手续。

目前，经营单位的管理类别为 A 类，且申报单位的海关管理类别为 B 类（含 B 类）以上企业的进出口货物，除另有规定外，可适用此种通关方式。

C. 区域通关一体化。

区域通关一体化是指通过对海关监管和服务资源优势整合，采用专业分工，打破区域内海关管理区位界限，在设立的区域通关中心，利用统一的申报平台、风险防控平台、专业审单平台和现场作业平台，企业可自主选择报关纳税和货物查验地点，实现区域内海关高效执法、无缝对接的服务。实行一体化后，区域内海关统一操作规范、统一业务流程、统一执法标准，大幅度减少了海关审批手续和通关环节，使得通关更便利、成本更节约，企业无论在哪个海关办理手续，都能享受同样待遇。

目前，我国海关已实现京津冀、长江经济带、广东地区海关和东北地区区域通关一体化。区域通关作业一体化后，进出口单位可按照实际需求在各自区域内自主选择口岸清关，转关，"属地申报、口岸验放"，"属地申报、属地放行"，区域通关一体化等任何一种通关方式。区域内企业可自主选择向经营单位注册地、货物实际进出境地海关或其直属海关集中报关点办理申报、纳税和查验放行手续。

2）形式进出口

保税货物、特定减免税货物、暂准进境货物，因故改变使用目的从而使货物的性质变为一般进口货物时，进口货物的收货人或其代理人应当在货物所在地的主管机关申报。

（3）申报日期

申报日期是指申报数据被海关接受的日期。申报日期为海关计算机系统接受申报数据时记录的日期，该日期将反馈给原数据发送单位，或公布于海关业务现场，或通过公共信息系统发布。电子数据报关单经过海关计算机检查被退回的，视为海关不接受申报，进出口货物收发货人或其代理人应当按照要求修改后重新申报，申报日期为海关接受重新申报的日期。海关已接受申报的报关单电子数据，人工审核确认需要退回修改的，进出口货物收发货人、受委托的报关企业应当在 10 日内完成修改并且重新发送报关单电子数据，申报日期仍为海关接受原报关单电子数据的日期。超过 10 日的，原报关单无效，进出口货物收发货人、受委托的报关企业应当另行向海关申报，申报日期为海关再次接受申报的日期。

（4）申报时限

①进口货物：自装载进口货物的运输工具申报进境之日起 14 天内。

②出口货物：除海关特准外，货物运抵海关监管区后、装货的 24 小时以前。由于产地发货或运输途中发生问题等未能在装货 24 小时以前运到监管区，报关人申请，海关特准。出境货物、物品运抵海关监管场所时，海关监管场所经营人应当以电子数据方式向海关提交运抵报告，电子口岸设定在出口申报环节检查运抵报告。

③进口货物自装载进口货物的运输工具申报进境之日起超过 3 个月仍未向海关申报的，货物由海关提取并依法变卖。对属于不宜长期保存的货物，海关可以根据实际情况提前处理。

④滞报金：进口货物收货人未按规定期限向海关申报产生滞报的，由海关按规定征收滞报金。

滞报金征收率＝0.5‰

滞报金＝完税价格×滞报金征收率×滞报期间

起征点：人民币 50 元。以人民币"元"为计征单位，不足人民币 1 元的部分免予计收。

滞报期间（即滞报天数，简称"滞期"）：申报期限到期次日起，到申报日（含申报日当天）止；计征起始日如遇法定节假日，则顺延至其后第一个工作日。

①进口货物收货人申报并经海关依法审核，必须撤销原电子数据报关单重新申报，产生滞报的，经进口货物收货人申报并经海关审核同意，滞报金的征收，以撤销原电子数据报关单之日起第 15 日为起始日，以海关重新接受申报之日为截止日。

②进口货物因收货人在运输工具申报进境之日起超过 3 个月未向海关申报，被海关提取作变卖处理后，收货人申报发还余款的，要扣除相关的费用。如仓储费、滞报金等。滞报金的征收，以自运输工具申报进境之日起第 15 日为起始日，以该 3 个月期限的最后一日为截止日。

（5）特殊申报

1）提前申报

经批准的报关人员可以在进口货物起运后、抵港前或出口货物运入海关监管场所前 3 日内，提前向海关办理报关手续，并按照海关的要求效验有关随附单证、进出口货物批准文件及其他需提供的证明文件。

2）补充申报

是指进出口货物的收发货人、受委托的报关企业依照海关有关行政法规和规章的要求，在"中华人民共和国海关进（出）口货物报关单"之外采用补充申报单的形式，向海关进一步申报为确定货物完税价格、商品归类、原产地等所需信息的行为。

有下列情形的，收发货人、报关企业应当向海关进行补充申报：

①海关对申报时货物的价格、商品编码等内容进行审核时，为确定申报内容的完整性和准确性，要求进行补充申报的。

②海关对申报货物的原产地进行审核时，为确定货物原产地准确性，要求收发货人提交原产地证书，并进行补充申报的。

③海关对已放行货物的价格、商品编码和原产地等内容进行进一步核实时，要求进行补充申报的。

收发货人、报关企业可以主动向海关进行补充申报，并在递交报关单时一并提交补充申报单。补充申报的申报单包括"中华人民共和国海关进出口货物价格补充申报单"、"中华人民共和国海关进出口货物商品归类补充申报单"、"中华人民共和国海关进出口货物原产地补充申报单"以及海关行政法规和规章规定的其他补充申报单证。

收发货人、报关企业应按要求如实、完整地填写补充申报单，并对补充申报内容的真实性、准确性承担相应的法律责任。补充申报的内容是对报关单申报内容的有效补充，不得与报关单填报的内容相抵触。

收发货人、报关企业应当在收到海关补充申报电子指令之日起 5 个工作日内，通过系统向海关申报电子数据补充申报单。

收发货人、报关企业在规定时限内未能按要求进行补充申报的，海关可根据已掌握的信息，按照有关规定确定进口货物的完税价格、商品编码和原产地。

3）集中申报

集中申报是指经海关备案，进出口货物收发货人在同一口岸多批次进出口规定范围内的货物，可以先以集中申报清单申报货物进出口，再以报关单集中办理海关手续的特殊通关方式。适用集中申报方式的仅限于以下货物：

①图书、报纸、期刊类出版物等时效性较强的货物；

②危险品或者鲜活、易腐、易失效等不宜长期保存的货物；

③公路口岸进出境的保税货物。

适用集中申报时，进出口货物收发货人应具备一定的资质，并在货物所在地海关办理集中申报备案手续，加工贸易企业应当在主管地海关办理集中申报备案手续。进口货物应在载运进口货物的运输工具申报进境之日起 14 日内办理清单申报手续，出口货物时限为货物运海关监管区后、装货的 24 小时前。收发货人应当对一个月内以集中申报清单申报的数据进行归并，填制进出口货物报关单，一般贸易货物在次月 10 日之前、保税货物在次月底之前到海关办理集中申报手续。一般贸易货物集中申报手续不得跨年度办理。

4）定期申报

经电缆、管道、输送带或者其他特殊运输方式输送进出口的货物，经海关同意，可以定期向指定海关申报。

2．申报前的准备

（1）接单

1）检查报关随附单证是否齐全

报关企业在代理报关的情况下，与申报货物相关的进出口商业单证、贸易管理单证和海关单证等资料一般由报关委托人随报关委托协议一起提供给报关人员。

进出口货物收发货人在自理报关时，合同、发票、装箱单等基本商业单证一般由公司内部相关部门提供，与申报货物相关的贸易管理单证、海关单证的申领等事项一般会由报关人员负责。

2）获取与申报货物相关的其他信息

报关企业或进出口货物收发货人对于有些申报货物仅凭合同、发票等单据无法最终确定商品编码的，还需要获得产品说明书、照片资料、加工流程、加工工艺等。对于某些可能涉及知识产权海关保护的进出口货物，还需要获

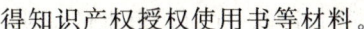

得知识产权授权使用书等材料。

对于某些进口货物，如果仅凭文字资料无法确定归类或对货物的品名、规格、数量有疑义的，可通过向海关申请申报前看货取样进一步了解货物信息。向海关提出申报前查看货物或者提取货样时，应持正本提单及复印件和其他必要单证向现场海关查验部门提出书面申请，属动植物、动植物产品及其他需要法定检疫的货物及产品的，还须向海关提供主管部门签发的检疫合格通知单或书面批准证明。海关批准后，由海关、仓储公司、报关公司三方共同对货物进行开拆包装、看货、取样和记录的工作。

（2）换单

无论是自理报关还是代理报关，大部分报关随附单证需要在进口货物进境前或出口货物运至海关监管区之前准备完毕，但有时也有些单证需要报关人员在接受申报任务后按要求到有关部门办理，如提货单、出境货物通关单等，这项工作称之为"换单"。

在海洋运输方式下，由于海运提单正本具有特权凭证性质，一般不会直接作为报关随附单证提交给海关。在申报前，报关人员需要将提单正本换成能够从港区或仓库提取货物的提货单（也称小提单），待申报时同海运提单副本一起作为报关随附单证向海关提交，货物所有人或其代理人则凭加盖"放行章"的提货单提取货物。

（3）理单

理单主要是对报关随附单证的完备性有效性、一致性进行审核，为正确的申报做好准备。

1）报关随附单证的完备性审核

不同的贸易方式、不同的进出口状态的货物在向海关申报时所提交的随附单证也有所不同，审核时须注意所提交的随附单证是否符合海关对货物的监管要求。

按照报关单填制的要求和海关对货物监管的需要，审核商业单证中关于对商品的描述是否清晰；价格成交条款是否明确；货物的单价、总价，进口商和出口商的名称及地址，商品的数量、唛头、产地等报关时所必备的相关信息是否齐全。

2）报关随附单证的有效性审核

报关随附单证的有效性审核的重点是证明、证书。证明、证书是指由官方机构签发，用以证明进出境业务进出境活动当事人的基本情况或者证实进出境活动已按法律、法规的要求办理了备案或审批持续的书面文件。证明、证书包括：国家批准进出口的许可证件，进出境检验或检疫的证明、证书，证明货物、物品性质的证明、证书，由海关签发的备案、注册、审批的证明、证书等。审核要点主要包括：证明或证书的抬头是否与其他报关随附单证的抬头一致，证明或证书是否在有效期限内，证明或证书的商品名称、数量、金额等内容是否与其他报关随附单证的相关内容一致，证明或证书的签发机构是否符合相关法律、法规的规定。如审核原产地证书时，应注意对照货物运输方式及路线，审核确认是否出现中途转运及加工或更换货物状况，原产地证书的签署日期是否迟于货物的装运日期等。

3）各报关随附单证间内容一致性的审核

①货物金额、币制是否一致。

审核商业发票中商品的单价、总价、币制是否与证明或证书中价格、币制一致。

②货物数量是否一致。

审核商业发票中商品的数量与包装单据中商品的数量是否一致，商业发票中商品的数量与运输、保险单据及证明、证书中商品的数量是否一致。

③货物名称是否一致。

审核商业发票中对商品的描述与包装单据、运输单据、保险单据、合同、证明、证书中对商品的描述是否一致。

④单证的抬头是否一致。

审核报关随附单证中各单证的抬头名称是否一致。应避免出现商业单证显示是母公司抬头，而证明、证书中显示为子公司抬头的情况，或者其他方面不相符的情况发生。

3. e时代报关系统

（1）通关作业无纸化

通关作业无纸化是指海关以企业分类管理和风险分析为基础，按照风险等级对进出口货物实施分类，运用信息化技术改变海关验核进出口企业递交纸质报关单及随附单证办理通关手续的做法，直接对企业通过中国电子口岸录入申报的报关单及随附单证的电子数据进行无纸审核、验放处理的通关作业方式。

（2）电子口岸

电子口岸是经国务院批准，由海关总署会同公安部、财政部、原铁道部、交通运输部、工业和信息化部、商务部、中国人民银行、国家税务总局、工商行政管理总局、国家质量监督检验检疫总局、中国民用航空局、国家外汇管理局、国家发展改革委和环境保护部14个部委共同建设的跨部门、跨地区、跨行业的大通关统一信息平台。它依托国家电信公网，实现进出口相关管理部门间与大通关流程相关的数据共享和联网核查，实现工商、税务、海关、外汇、外贸、质检、公安、交通、银行等部门，以及进出口企业、加工贸易企业、外贸中介服务企业、外贸货主单位的联网，将进出口管理流信息、资金流信息、货物流信息存放在一个集中式的数据库中，随时提供国家各行政管理部门进行跨部门、跨行业、跨地区的数据交换和联网核查，并向企业提供报关申报、网上支付、外汇核销、出口退税等"一站式"电子政务服务。

电子口岸分为中国电子口岸和地方电子口岸两个层面。中国电子口岸建设由国家电子口岸建设指导委员会牵头，国家 14 个部门共同建设，主要承担国务院各有关部门间与大通关流程相关的数据共享和联网核查；地方电子口岸建设由各地方政府牵头，政府各部门和当地数据分中心共同建设，主要承担地方各有关部门、单位和企业大通关核心流程和相关物流商务服务信息平台的整合。地方电子口岸是中国电子口岸的延伸和补充。

为促进电子口岸项目在全国顺利推广、保证各项业务正常运行，海关总署于 2001 年设立了中国电子口岸数据中心，主要负责中国电子口岸的项目开发、运行维护和客户服务工作，配合地方政府实施地方电子口岸建设。并于 2002 年在所有直属海关所在地设立数据分中心，承担本地区电子口岸 IC 卡的制作，向本地用户提供技术支持和咨询、培训等服务。

（3）QP 系统

"中国电子口岸客户端——通关系统"又称"速通（Quick Pass，简称 QP）系统"，是由中国电子口岸数据中心开发，并提供给申报单位用于向管理部门进行电子申报及办理相关手续的操作客户端。QP 系统具有企业注册管理、加工贸易管理、报关单电子申报等功能，是申报单位与管理部门进行数据沟通的重要平台，对提高申报单位通关效率、促进国家外贸发展，起着重要的积极作用。目前，全国只有一个口岸未推行 QP 系统，即上海口岸。其推行的是 EDI 系统，该系统大多数功能与 QP 系统一致。

（4）电子口岸 IC 卡

中国电子口岸企业 IC 卡（以下简称"电子口岸 IC 卡"），是指需要使用中国电子口岸系统的企业及其人员，通过备案申请取得的存储有用户信息的 CPU 智能卡。电子口岸 IC 卡是企业在网上使用的身份证和印章，其内部存有企业用户的密钥和证书，可进行身份认证及数字签名，是企业办理网上业务时明确法律责任、保护企业合法权益的重要用具，必须妥善保存和管理。电子口岸 IC 卡又可分为企业法人卡和企业操作员卡。

企业法人卡，又称公章卡，是指在中国电子口岸中唯一代表企业身份的

IC卡。该卡由企业的法定代表人或其指定的人员持有，企业可以为本企业人员申领操作员卡，并对本企业的操作员卡进行停用、注销等管理，并可以法人名义对本企业的电子文件进行数字签名。

企业操作员卡用于企业内部人员身份认证，其持有者经法人卡申请和主管部门批准后，可以在中国电子口岸进行具体业务操作，并对填写、修改的电子文件进行个人名义的数字签名。但经法人卡授权登记，操作员卡也可代表企业对授权范围内的电子文件进行数字签名。

4.QP系统申报的操作

（1）QP系统登录

①点击"中国电子口岸预录入客户端"图标，进入"中国电子口岸预录入客户端——通关系统"登录界面（见图4-1）。

图4-1 "中国电子口岸预录入客户端——通关系统"系统登录界面

②将操作员IC卡插入读卡器中或IKey插入计算机USB接口中，输入用户口令，点击确认，进入系统主选单界面（见图4-2）。

（2）录入

在系统主选单中点击"报关申报"图标，系统跳转至报关申报子系统。在报关申报子系统的功能菜单上点击"报关单"，弹出下拉菜单，选择下拉菜单中的"进口报关单"（见图4-3），按报关单填制要求进行录入操作。

（3）申报

数据录入完毕后，需要向海关申报的，点击"申报"按钮，系统通过逻辑校验和单证校验，该票进口报关单数据将传送至数据中心，并由数据中心

图 4-2　"中国电子口岸预录入客户端——通关系统"主选单界面

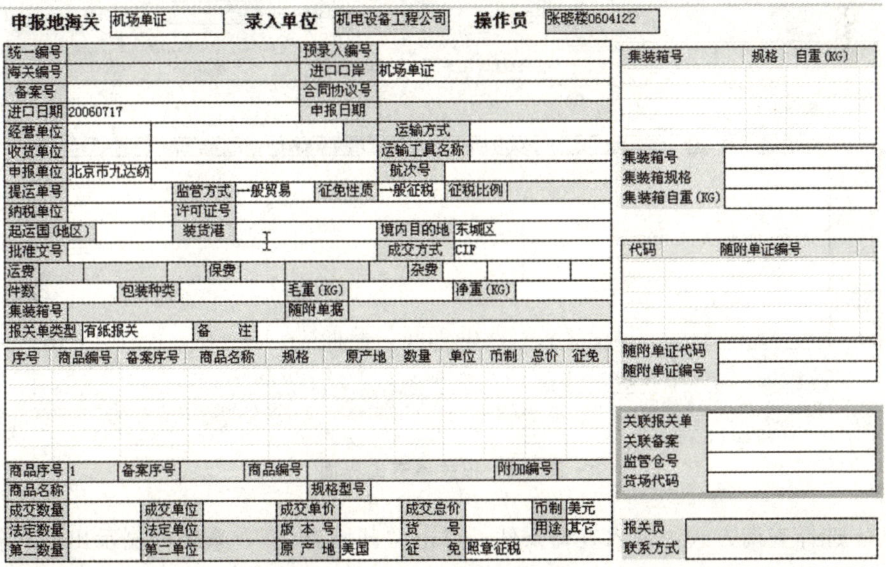

图 4-3　进口报关单录入界面

将数据传送到海关审单中心，进入审单环节。申报成功后，系统弹出对话框（见如 4-4）。

图 4-4　报关单申报成功提示

（4）查询

对于在电子口岸预录入系统录入申报的报关单，系统提供查询功能，通过查询可查看到报关单的详细数据以及当前状态。在功能菜单上点击"查询/打印"，弹出下拉菜单，选择下拉菜单中的"单据查询/打印"，即进入单据查询/打印页面（见图 4-5）。

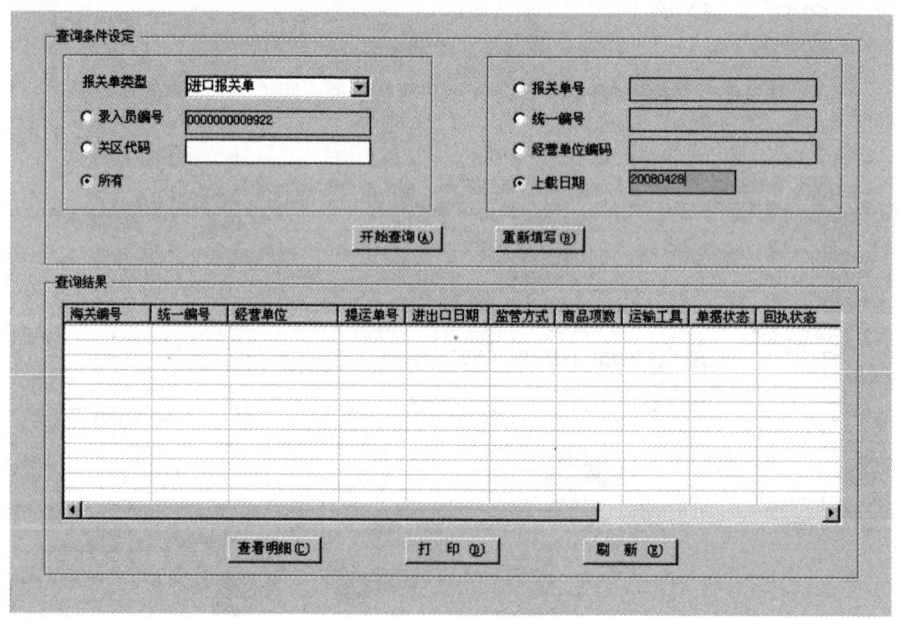

图 4-5　报关单查询界面

选择查询方式，输入查询条件，点击"开始查询"，系统即显示出所有符合查询范围的数据见图 4-6。

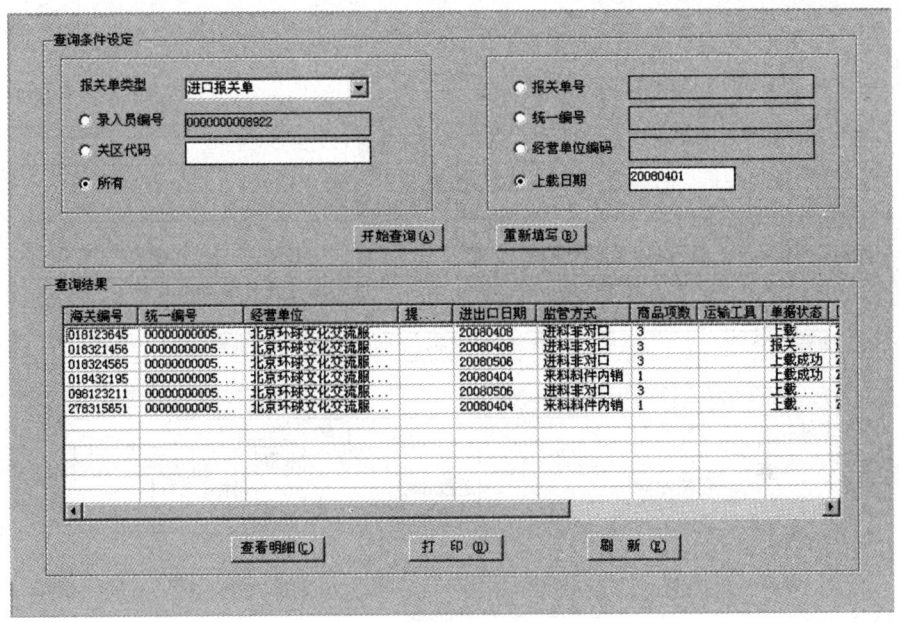

图 4-6 查询结果显示界面

4.1.4 操练

1. 操练

（1）保税物流园区进出区报关程序

10 月 29 日，汽车加工中心由深圳富强报关有限公司向深盐物流海关申报出区进口。

根据 2010 年 3 月 15 日海关总署令第 190 号公布的《海关总署关于修改〈中华人民共和国海关对保税物流园区的管理办法〉的决定》：

第二十五条 园区与区外之间进出的货物，由园区企业或者区外收、发货人（或者其代理人）在园区主管海关办理申报手续。

第二十六条 园区货物运往区外视同进口，园区企业或者区外收货人（或者其代理人）按照进口货物的有关规定向园区主管海关申报，海关按照货物出园区时的实际监管方式的有关规定办理。

第五十二条 园区与区外非海关特殊监管区域或者保税监管场所之间货物的往来，企业可以使用其他非海关监管车辆承运。承运车辆进出园区通道时应当经海关登记，海关可以对货物和承运车辆进行查验、检查。

（2）表头信息录入

①合同协议号、进口日期、进口口岸、经营单位、收货单位、申报单位、

运输方式、运输工具名称、监管方式、征免性质、启运国（地区）、装货港、境内目的地的录入（见图 4-7）。

统一编号		预录入编号		
海关编号		进口口岸	深盐物流	
备案号		合同协议号	CAPSA2012WYG-046	
进口日期	20131029	申报日期		
经营单位	4403131234 长安天马汽车有限公司 合资	运输方式	物流园区	
收货单位	4403131234 长安天马汽车有限公司	运输工具名称	粤BF0125	
申报单位	4403182345 深圳富强报关有限公司	航次号		
提运单号	监管方式 合资合作设备 征免性质	鼓励项目 征税比例		
纳税单位	许可证号			
启运国(地区) 中国	装货港 中国境内	境内目的地 深圳特区		
批准文号	成交方式			
运费	保费	杂费		
件数	包装种类	毛重(KG)	净重(KG)	
集装箱号	随附单证			
报关单类型	... 备 注			

序号	商品...	备案...	商品名称	规格	原...	数量	单..	币..	总..	征免

图 4-7　QP 系统录入界面

②成交方式、运费、保费、件数、包装种类、毛重、净重的录入（见图 4-8）。

统一编号		预录入编号		
海关编号		进口口岸	深盐物流	
备案号		合同协议号	CAPSA2012WYG-046	
进口日期	20131029	申报日期		
经营单位	4403131234 长安天马汽车有限公司 合资	运输方式	物流园区	
收货单位	4403131234 长安天马汽车有限公司	运输工具名称	粤BF0125	
申报单位	4403182345 深圳富强报关有限公司	航次号		
提运单号	监管方式 合资合作设备 征免性质	鼓励项目 征税比例		
纳税单位	许可证号			
启运国(地区) 中国	装货港 中国境内	境内目的地 深圳特区		
批准文号	成交方式 FOB			
运费 总价 50000 美元	保费 率 0.3	杂费		
件数 6	包装种类 木箱	毛重(KG) 104232	净重(KG) 93750	
集装箱号	随附单证			
报关单类型	... 备 注			

图 4-8　QP 系统录入界面

③选择"通关无纸化"（见图4-9）。

统一编号			预录入编号		
海关编号			进口口岸	深盐物流	
备案号			合同协议号	CAPSA2012WYG-046	
进口日期	20131029		申报日期		
经营单位	4403131234	长安天马汽车有限公司	合资	运输方式	物流园区
收货单位	4403131234	长安天马汽车有限公司		运输工具名称	粤BF0125
申报单位	4403182345	深圳富强报关有限公司		航次号	
提运单号		监管方式	合资合作设备	征免性质	鼓励项目	征税比例
纳税单位		许可证号			
启运国(地区)	中国	装货港	中国境内	境内目的地	深圳特区
批准文号				成交方式	FOB
运费 总价	50000	美元 保费 率	0.3	杂费	
件数 6		包装种类 木箱	毛重 (KG) 104232	净重 (KG) 93750	
集装箱号			随附单证		
报关单类型	通关无纸化	… 备注		担保验放	

图 4-9　QP 系统录入界面

（3）表体信息的录入

①录入商品序号、商品名称（见图4-10）。

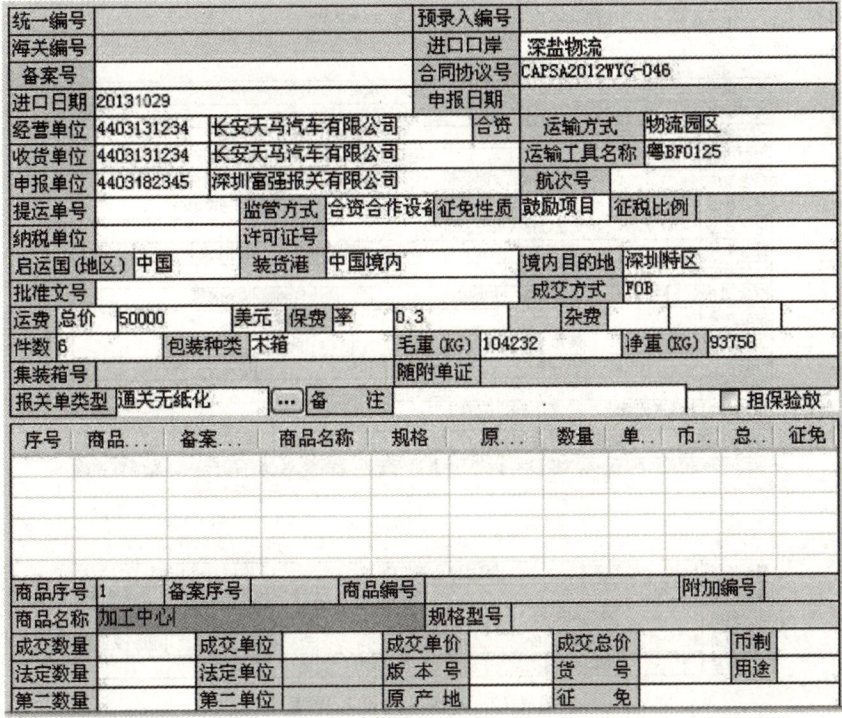

图 4-10　QP 系统录入界面

②录入商品编号，弹出商品申报要素窗口，录入规格型号（见图 4-11）。

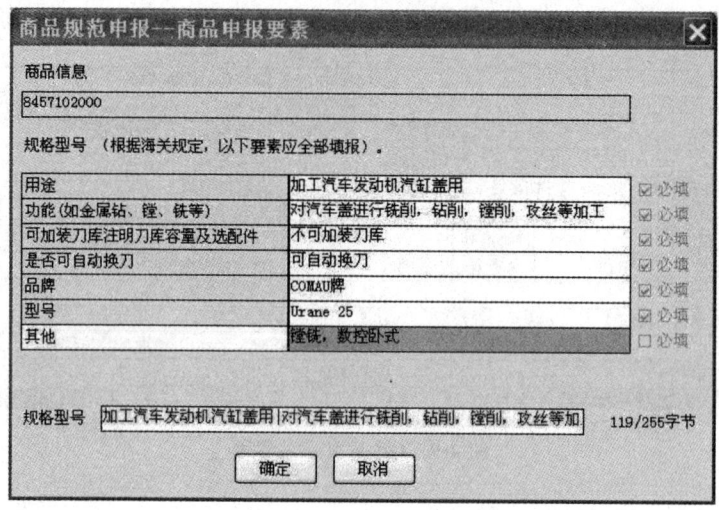

图 4-11 QP 系统录入界面

③输入成交数量、成交单位、成交单价、成交总价、币制、用途、原产地和征免，完成第一个商品的录入（见图 4-12）。

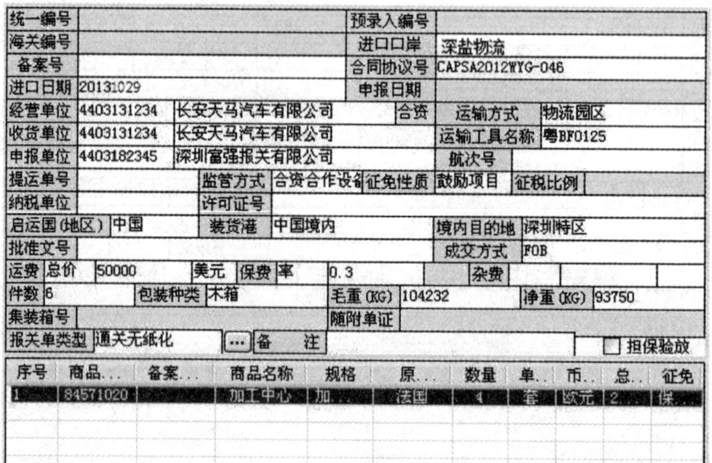

图 4-12 QP 系统录入界面

④完成第二个商品的录入（见图 4-13）。

统一编号				预录入编号				
海关编号				进口口岸				
备案号				合同协议号	CAPSA2012WYG-046			
进口日期	20131029			申报日期				
经营单位	4403131234	长安天马汽车有限公司		合资	运输方式	物流园区		
收货单位	4403131234	长安天马汽车有限公司			运输工具名称	粤BF0125		
申报单位	4403182345	深圳富强报关有限公司			航次号			
提运单号		监管方式	合资合作设备	征免性质	鼓励项目	征税比例		
纳税单位		许可证号						
启运国(地区)	中国	装货港	中国境内		境内目的地	深圳特区		
批准文号					成交方式	FOB		
运费 总价	50000	美元	保费 率	0.3		杂费		
件数 6		包装种类	木箱	毛重(KG)	104232		净重(KG)	93750
集装箱号			随附单证					
报关单类型	通关无纸化	… 备 注						□担保验放

序号	商品...	备案...	商品名称	规格	原...	数量	单...	币...	总...	征免
1	84571020		加工中心	加...	法国	4	套	欧元	2...	保
2	84571020		加工中心	加...	法国	4	套	欧元	2...	保

商品序号	2	备案序号		商品编号	84571020		附加编号	00
商品名称	加工中心			规格型号	加工汽车发动机汽缸盖用	对汽车盖进行		
成交数量	1	成交单位	套	成交单价	556800	成交总价	556800	币制 欧元
法定数量	1	法定单位	台	版 本 号		货 号		用途 企业自
第二数量		第二单位		原 产 地	法国	征 免	保证金	

图 4-13　QP 系统录入界面

⑤集装箱号、入境货物通关单录入（见图 4-14）。

统一编号				预录入编号				集装箱号	规.	自重(KG)
海关编号				进口口岸	深盐物流			CBHU9405130	L	
备案号				合同协议号	CAPSA2012WYG-046			TRIU0833653	L	
进口日期	20131029			申报日期				CBHU9408058	L	
经营单位	4403131234	长安天马汽车有限公司		合资	运输方式	物流园区		TCLU6028301	L	
收货单位	4403131234	长安天马汽车有限公司			运输工具名称	粤BF0125		CBHU9407030	L	
申报单位	4403182345	深圳富强报关有限公司			航次号			集装箱号		
提运单号		监管方式	合资合作设备	征免性质	鼓励项目	征税比例		集装箱规格		
纳税单位		许可证号						集装箱自重(KG)		
启运国(地区)	中国	装货港	中国境内		境内目的地	深圳特区				
批准文号					成交方式	FOB				
运费 总价	50000	美元	保费 率	0.3		杂费		代.	随附单证编号	
件数 6		包装种类	木箱	毛重(KG)	104232		净重(KG)	93750		
集装箱号	10		随附单证							
报关单类型	通关无纸化	… 备 注					□担保验放			

序号	商品...	备案...	商品名称	规格	原...	数量	单.	币.	总.	征免		随附单证代码	入境货物通关单
1	84571020		加工中心	加...	法国	4	套	欧元	2...	保		随附单证号码	47061011300707
2	84571020		加工中心	加...	法国	1	套	欧元	5...	保			

图 4-14　QP 系统录入界面

⑥自动进口许可证录入（见图 4-15）。

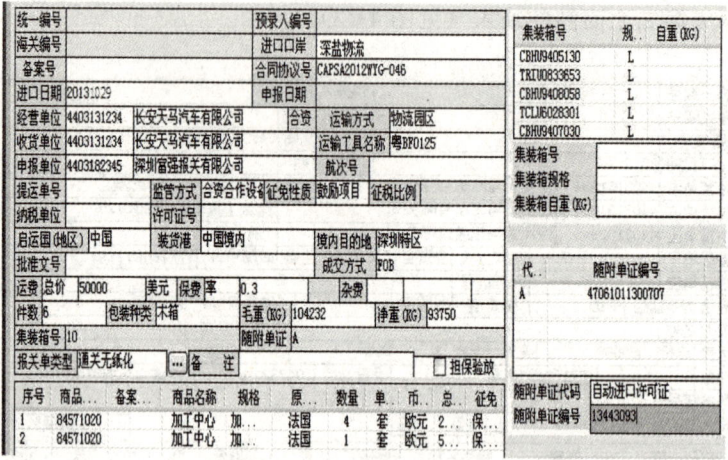

图 4-15　QP 系统录入界面

⑦点击"随附单据"按键（见图 4-16）。

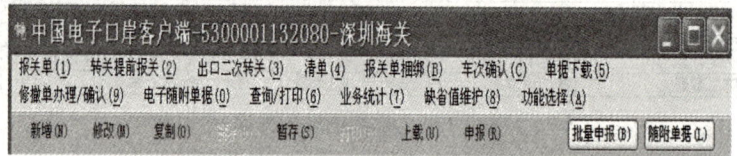

图 4-16　点击随附单据界面

弹出"随附单据上传/查看"对话框（见图 4-17）。

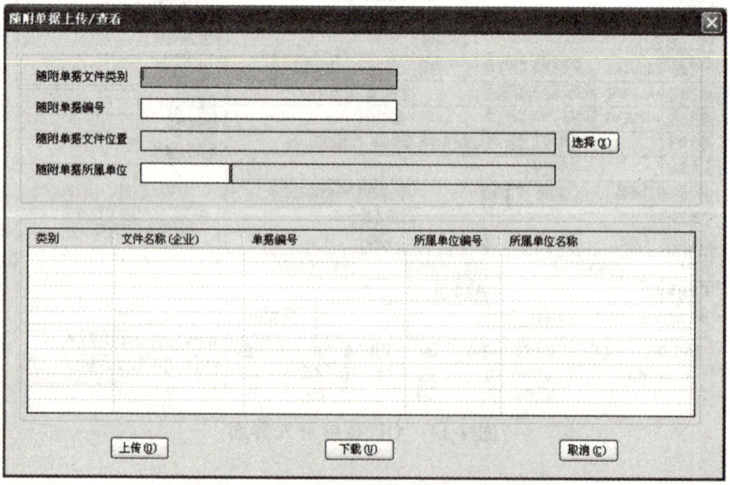

图 4-17　"随附单据上传/查看"界面

⑧点击空格键选择随附单据类型（见图 4-18）。

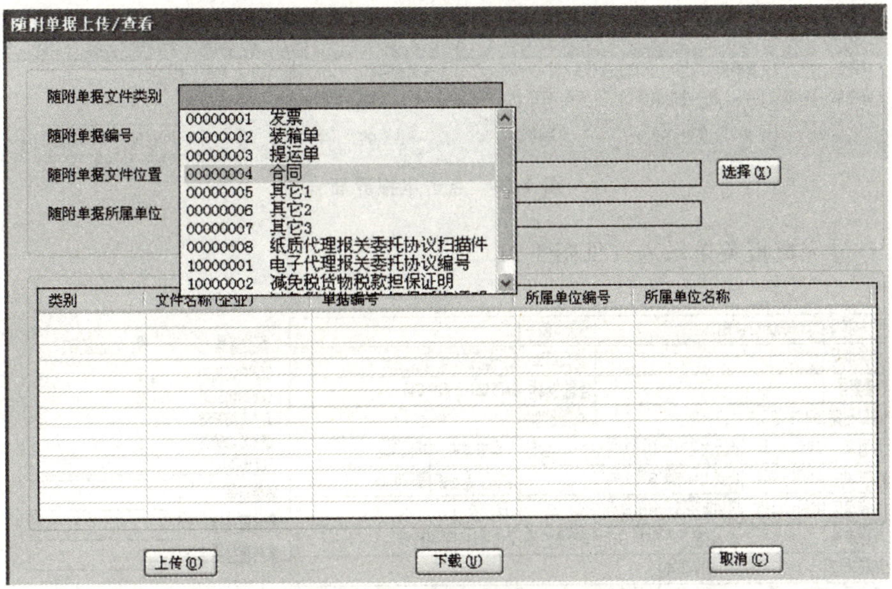

图 4-18　选择随附单据类型界面

⑨上传随附单据后，查看随附单据（见图 4-19）。

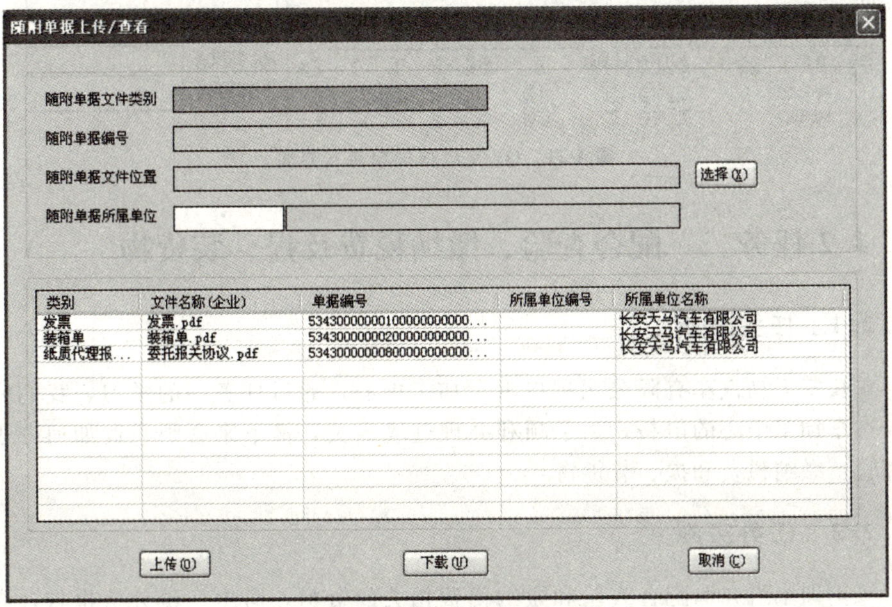

图 4-19　查看随附单据界面

⑩查看无误，点击"申报"（见图 4-20）。

图 4-20 点击申报界面

⑪完成报关单录入（见图 4-21）。

统一编号	Z000000000724436726	预录入编号			集装箱号	规..	自重(KG)
海关编号		进口口岸	深圳物流园		CBHU9407030	L	
备案号		合同协议号	CAPSA2012-WYG-046		CBHU9405130	L	
进口日期	20131029	申报日期			TRIU0833653	L	
经营单位	4403131234 长安天马汽车有限公司	合资	运输方式 物流园区		CBHU9408058	L	
收货单位	4403131234 长安天马汽车有限公司		运输工具名称 粤BF0125		TCLU6028301	L	
申报单位	4403182345 深圳富强报关有限公司		航次号		集装箱号		
提运单号		监管方式 合资合作设备 征免性质 鼓励项目 征税比例			集装箱规格		
纳税单位		许可证号			集装箱自重(KG)		
启运国(地区) 中国		装货港 中国境内	境内目的地				
批准文号			成交方式 FOB		代..	随附单证编号	
运费 总价 50000 美元 保费 率 0.3			杂费 总价 人民币		A	470610113007073100	
件数 6	包装种类 木箱	毛重(KG) 104232	净重(KG) 93750		O	1344309398	
集装箱号 10		随附单证 AO					
报关单类型 通关无纸化	... 备 注		拒保验放		随附单证代码		

序号	商品..	备案..	商品名称	规格	原..	数量	单..	币..	总..	征免	随附单证编号	
1	84571020		加工中心	加..	法国	4	套	欧元	2..	保..		
2	84571020		加工中心	加..	法国	1	套	欧元	5..	保..		

图 4-21 QP 完成报关单录入界面

4.2 任务二 配合查验、缴纳税费及提、装货物

4.2.1 任务分析

长安天马汽车有限公司进口汽车加工中心，通过任务一的学习，我们完成汽车加工中心的申报，为了顺利办理进境通关，接下来必须掌握如何办理查验、缴纳税费和提、装货物。

4.2.2 任务实施

实训小组查询配合查验和缴纳税费相关的资料，写出一份分析报告，详细解说每个细节，最后制成 PPT，在课堂展示给其他同学，老师可边点评边

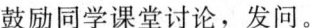

鼓励同学课堂讨论，发问。

4.2.3　知识链接——配合查验、缴纳税费和提、装货物

1. 配合查验

（1）海关查验

1）定义

指海关依法确认进出口货物的物理或化学性质、货物状况、规格、数量、价格、原产地、存放场所、包装等真实情况是否与报关单证内容一致，或者为确定商品的归类、价格、原产地等，依法对进出口货物进行实际检查的行政执法行为。

目的：海关通过查验，检查报关单位是否伪报、瞒报、申报不实，查缉走私违规行为。同时也为审价、征税、统计、后续管理提供具体可靠的资料，即检查是否"单货相符"。

2）查验地点

查验应当在海关监管区实施。

因货物易受温度、静电、粉尘等自然因素影响，不宜在海关监管区实施查验，或者因为其他特殊原因，如大宗散货、危险品、鲜货、落驳货物、展品等，需要在海关监管区外查验的货物，经进出口货物收发货人或其代理人书面申请，海关可以派员到海关监管区外实施查验。

3）查验时间

进出口货物收发货人或其代理人从电子口岸系统获知需要查验指令，约定查验的时间。查验时间一般约定在海关正常工作日。

在一些进出口业务繁忙的口岸，海关也可以接受进出口货物收发货人或其代理人的请求，在海关正常工作日以外实施查验，提前或延迟查验。

对于危险品或者鲜活、易腐、易烂、易失效、易变质等不宜长期保存的货物，以及因其他特殊情况需要紧急验放的货物，经进出口货物收发人或其代理人申请，海关可以优先实施查验。

4）查验方式

主管海关根据报关单位所申报的进出境货物具体情况、报关单位的资信情况等进行风险分析后确定是否查验、如何查验。海关实施查验可以彻底查验，也可以抽查（有选择地查验）。彻底查验是指对一票货物逐件开拆包装、验核货物实际状况；抽查是指按照一定比例有选择地对一票货物中的部分货物验核实际状况。

查验操作可以分为：

人工查验包括外形查验、开箱查验。外形查验是指对外部特征直观、易于判断基本属性的货物的包装、运输标志和外观等状况进行验核；开箱查验是指将货物从集装箱、货柜车厢等箱体中取出并拆除外包装后对货物实际状况进行验核。

设备查验是指以技术检查设备为主对货物实际状况进行的验核。

海关可以根据货物情况以及实际执法需要，确定具体的查验方式。

5）复验

海关可以对已查验货物进行复验。有下列情形之一的，海关可以复验：

①经初次查验未能查明货物的真实属性，需要对已查验货物的某些性状做进一步确认的；

②货物涉嫌走私违规，需要重新查验的；

③进出口收发货人对海关查验结论有异议，提出复验要求并经海关同意的；

④其他海关认为必要的情形。

已经参加过查验的查验人员不得参加对同一票货物的复验。

6）径行开验

径行开验是指海关在报关单位不在场，对进出口货物进行开拆包装查验。可以径行开验的情形：

①进出口货物有违法嫌疑的；

②经海关通知查验，进出口货物收发货人或其代理人届时未到场的。

海关径行开验时，存放货物的海关监管场所经营人、运输工具负责人应当到场协助，并在查验记录上签名确认。

7）免验

免验包含不予查验、免予查验、直接免验。

（2）查验实施

1）提前向海关说明被查货物情况

因进出口货物所具有的特殊属性，容易因开启、搬运不当等导致货物损毁，需要查验人员在查验过程中予以特别注意，进出口货物收发货人或其代理人应当在海关实施查验前声明。

2）搬移、开拆和重封查验货物

在配合海关查验的过程中，应负责完成查验货物的搬移、开拆和重封工作，并负责由此产生的相关装卸费用。

3）提供资料、回答询问

如海关查验需要，报关人员应提供必要的资料并如实回答海关人员的询问。因此，当海关通知货物需要查验时，报关人员须提前备齐相关资料，如装箱单、产品说明书、品牌授权书或其他有助于说明货物性质、数（重）量、产地等资料，向海关解释说明，如实回答海关的询问。

　　4）协助取样送验

　　海关为了确定进出口货物的属性、成分、含量、结构、品质、规格等事项，而需要采取化验手段对进出口货物进行剖析或对其某些指标进行核验时，需要提取货物送验。货样的化验一般由海关化验中心和委托化验机构负责。

　　①提取送验商品资料。

　　海关对进出口货物要求采样送验时，报关人员应及时到场并向海关提供有关单证和技术资料，如产品说明书、生产工艺流程等。在海关查验人员的监督下按照取样要求进行取样（特殊样品应由相关技术人员提取样品）并在"中国海关进出境货物（物品）化验取样记录单"上签字确认。

　　海关对进出口货物的属性、成分、含量、结构、品质、规格等进行测试化验后作出鉴定结论，除特殊情况外，海关化验中心和委托化验机构应当自收到送验样品之日起 15 日内作出鉴定结论并出具"中华人民共和国海关进出口货物化验鉴定书"（以下简称"化验鉴定书"）。除特殊情况外，海关化验中心会在"化验鉴定书"签发次日，将"化验鉴定书"相关信息通过海关门户网站等途径对外公布。报关人员亦可要求海关提供纸本"化验鉴定书"。

　　②申请复验。

　　报关人员对鉴定结论有异议的，可以自鉴定结论公布之日起 15 日内向送验海关提出复验申请，并说明理由。送验海关将复验申请转送海关化验中心，海关化验中心在收到复验申请，对送验样品重新化验后，出具"中华人民共和国海关进出口货物鉴定书（复验）"，并按规定公布鉴定结论。

　　③申请凭担保先予放行货物。

　　因交货期紧，申请承担放行的货物在查验过程中海关对货物取样送验时，报关人员可以向海关申请凭担保先予放行货物。目前，出口货物不适用该条规定。

　　④保密声明。

　　因货物取样送检而提供的技术资料涉及商业秘密的，报关人员应事先声明，要求海关保守其商业秘密。

　　（3）确认查验记录

　　查验结束后，查验人员如实填写查验记录并签名。查验记录了货物的数量、状态、工作原理等查验结果。查验记录应当由陪同查验的进出口货物收发货人或其代理人签名确认。

对于查验实货与申报相符的货物，查验记录经海关关员和陪同人员签字后，已缴纳税费的货物可直接由海关查验部门放行，或将查验记录及报关单证转至现场审单部门放行。对于已取样化验的货物，若查验结果与申报不符但不涉及走私、违规的，查验记录及报关单证将转至其他相关部门。

2. 缴纳税费

(1) 电子支付系统

电子支付系统是由海关业务系统、中国电子口岸系统、商业银行业务系统和第三方支付系统等 4 部分组成的进出口环节税费缴纳的信息化系统。参与电子支付业务的商业银行和进出口企业应向直属海关进行备案。

报关人员通过电子支付系统可以缴纳进出口关税、进口环节代征税、缓税利息、滞纳金、保证金和滞报金。

参与税费电子支付业务的进出口企业应在海关审结报关单生成电子税款信息之日起 10 日内，通过第三方支付平台向商业银行发送税款预扣指令。未在规定期限内发送预扣指令的，将直接转为柜台支付，海关填发税款缴款书。企业应当按照《中华人民共和国海关法》第六十条规定，自海关填发税款缴款书之日起 15 日内缴纳税款。逾期缴纳的，海关征收滞纳金。

(2) 电子支付操作

进出口报关单通过电子审结后，海关业务系统自动向中国电子口岸和支付平台发送税 (费) 信息。企业可登录中国电子口岸或支付平台查询税 (费) 信息，并通过支付平台向商业银行发送税 (费) 预扣指令。

中国电子口岸的入网用户，取得企业法人卡及操作员卡，具备联网办理业务条件的报关人员，可以参与电子支付业务。

参与电子支付业务的报关人员应向直属海关备案。

①登录海关税费电子支付系统 (见图 4-22)。

②进入税费支付子系统，输入海关报关单编号，查询关税、增值税、消费税 (见图 4-23)。

③点击直接支付按钮 (见图 4-24)。

④支付成功后，进入税费查询子系统，输入报关单号，查询税费支付状态 (见图 4-25)，状态为支付成功，即表明海关已收到税款，可以做征税放行手续。

3. 提、装货物

报关人员通过电子口岸、报关现场电子信息等获取电子放行信息。

(1) 进口提货作业

确认船舶或其他运输工具到达信息后，提取货物前，需按时要求缴纳相

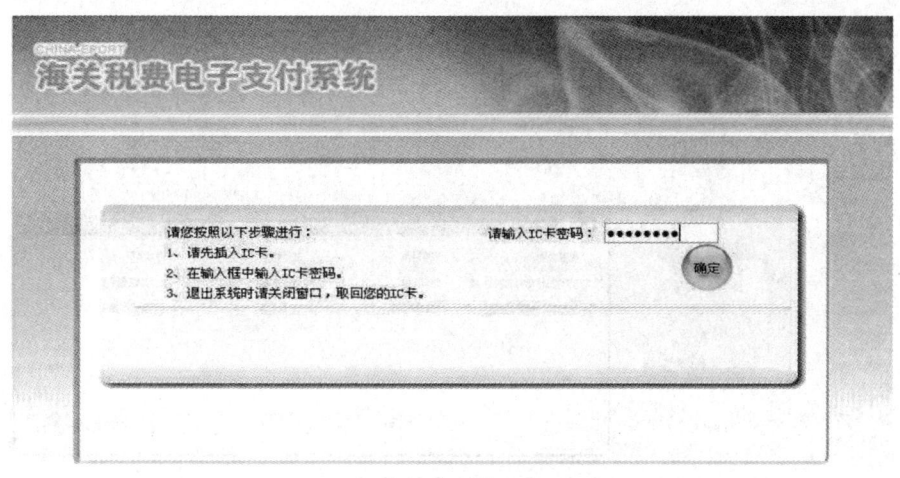

图 4-22　电子支付系统登录界面

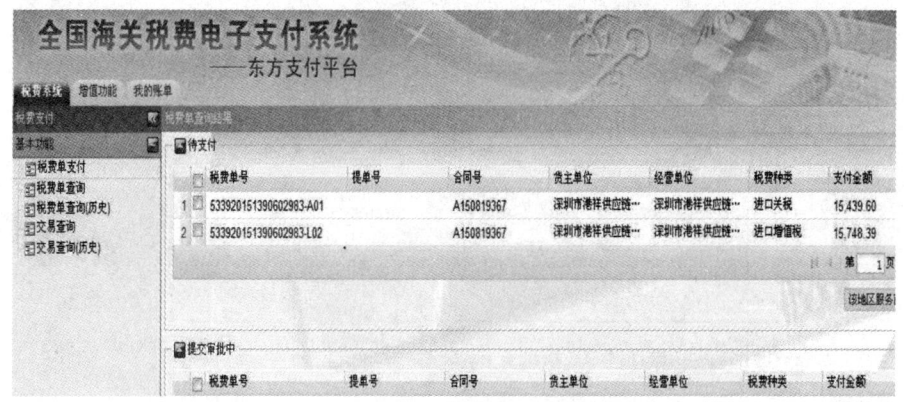

图 4-23　查询关税、增值税、消费税界面

应的费用，并办妥场站所有手续。凭电子放行指令，换发场站签发出卡证明，凭出卡口证明，将进口货物运离海关监管卡口。

（2）出口装货作业

根据海关规定，海关对申报出口货物实行运抵报告管理，出口单位应向监管场所确认货物运抵报告已发送。出口货物放行后，报关人员凭电子放行指令到场站，由场站安排出口货物装运。

4.2.4　操练

（1）配合查验

汽车加工中心从法国进口，首先进入保税物流园区，根据生产需要，

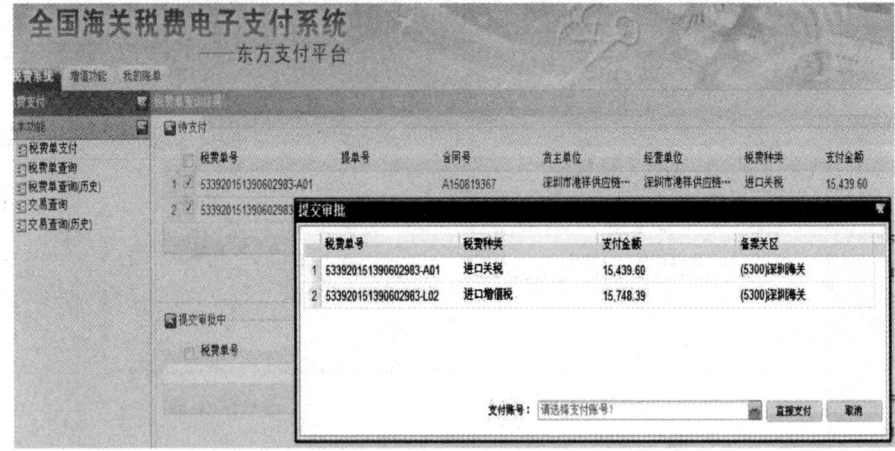

图 4-24　支付界面

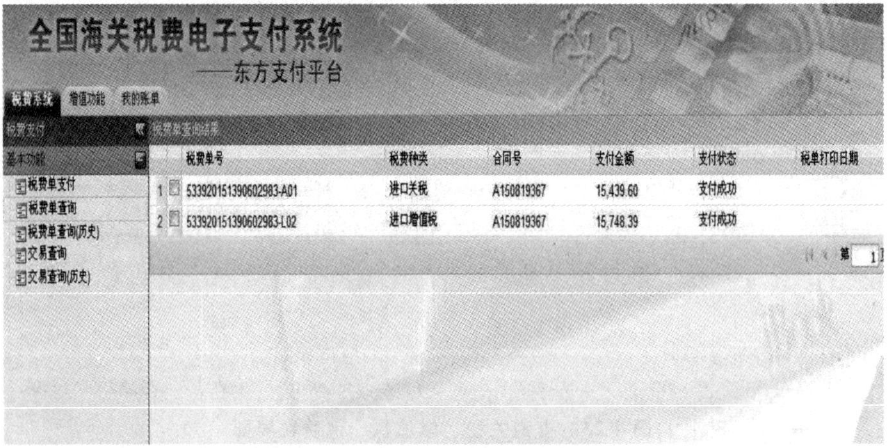

图 4-25　查询税费支付状态界面

出区报进口。从电子口岸系统获知需要查验，自行打印查验通知书（见图4-26）。

如果查验发现异常，分为两类：一类为可解释异常，现场解释或者询问货主进行解释；另外一类为非可解释异常，确认查验结果，进行修改或者删除处理，若异常部分货物金额超 2 万元人民币，通常会送缉私科，先接受罚款，再进行修改或者删除处理。

查验结束，无异常，查验科接到查验记录，解除查验指令。

（2）缴纳税费

1）征免税证明的申领

查验通知书

深圳富强报关有限公司：

你单位申报的货物（报关单号 00000001014618463）业经审核，请及时办理查验手续。

特此通知

深盐物流海关

2013 年 10 月 31 日

预录入编号：53432013143202		典储现场：深盐物流（5343）		海关号：5343201143202416		5343201314320424167
进口口岸（5343） **深盐物流**			备案号	进口日期 20131029		申报日期 20131030
经营单位 长安天马汽车有限公司 4403131234		运输方式 物流园区	运输工具名称 粤BF0125		提运单号	
收货单位 长安天马汽车有限公司 4403131234		贸易方式（2025） 合资合作设备		征免性质（789） 鼓励项目		征税比例
许可证号	启运国（地区）（142） 中国		装货港（142） 中国境内		境内目的地（44031） 深圳龙区	
批准文号	成交方式 FOB	运费 502/50000/3		保费 0.3/1	杂费	
合同协议号 CAPSA2012-WYG-046	件数 6	包装种类 木箱		毛重（千克） 104232	净重（千克） 93750	
集装箱号 CBHU9407030/40/3700	随附单证 A:470610113007073100				用途 企业自用	

标记唛码及备注
O:1344309398
海关准予办理减免税货物税款担保证明号：RS53001302
CBHU9405130/40/3700 TRIU0833653/40/3700 CBHU9408058/40/3700 TCLU6028301/40/3700

项号	商品编号	商品名称、规格型号	数量及单位	原产国（地区）	单价	总价	币制	征免
1	84571020.00	加工中心 加工汽车发动机汽缸盖用「对汽缸 盖进行铣削、钻削、镗削、攻丝	4台法国 （305） 4套		529800.0000	2119200.00	（300）保证金 欧元	
2	84571020.00	加工中心 加工汽车发动机汽缸盖用「对汽缸 盖进行铣削、钻削、镗削、攻丝	1台法国 （305） 1套		556800.0000	556800.00	（300）保证金 欧元	

兹申明，以上通知由我公司根据海关电子回执打印，保证准确无误。

深圳富强报关有限公司（签印）

图 4-26 查验通知书

深圳富强报关有限公司审查汽车加工中心产品信息，获悉汽车加工中心是鼓励项目，属于特定减免税货物，海关 HS 编码 84571020，监管条件为 AO，进境时需提供入境货物通关单和自动进口许可证（新旧机电产品）。

根据《中华人民共和国海关进出口货物减免税管理办法》（海关总署令 2008 年第 179 号）第十一条规定，长安天马汽车有限公司于 10 月 24 日申请征免税证明，提交以下材料：

①"进出口货物征免税申请表"；

②企业营业执照或者事业单位法人证书、国家机关设立文件、社团登记证书、民办非企业单位登记证书、基金会登记证书等证明材料；

③相关政策规定的享受进出口税收优惠政策资格的证明材料；

④海关认为需要提供的其他材料。向主管海关申请办理进出口货物减免税证明审批手续。

经过主管海关审核，长安天马汽车有限公司提供资料齐全，按照正常手续办理减免税证明，海关应当自受理之日起 10 个工作日内作出是否准予备案的决定。

2）减免税货物税款担保

根据《中华人民共和国海关进出口货物减免税管理办法》（海关总署令2008 年第 179 号）第十九条有下列情形之一的，减免税申请人可以向海关申请凭税款担保先予办理货物放行手续：

①主管海关按照规定已经受理减免税备案或者审批申请，尚未办理完毕的；

②有关进出口税收优惠政策已经获国务院批准，具体实施措施尚未明确，海关总署已确认减免税申请人属于享受该政策范围的；

③其他经海关总署核准的情况。

第二十条　减免税申请人需要办理税款担保手续的，应当在货物申报进出口前向主管海关提出申请，并按照有关进出口税收优惠政策的规定向海关提交相关材料。

主管海关应当在受理申请之日起 7 个工作日内，作出是否准予担保的决定。准予担保的，应当出具"中华人民共和国海关准予办理减免税货物税款担保证明"（以下简称"准予担保证明"）；不准予担保的，应当出具"中华人民共和国海关不准予办理减免税货物税款担保决定"。

第二十一条　进出口地海关凭主管海关出具的"准予担保证明"，办理货物的税款担保和验放手续。

长安天马汽车有限公司由于生产急需汽车加工中心，向深圳海关申请税款担保先予办理货物放行手续，并进行加急，当天，海关出具"准予办理减免税货物税款担保证明"（见图 4-27）。

3）保证金计算

保证金包括关税和增值税。

根据项目 2 任务四的贸易成本核算结果，

保证金＝2167269.9298＋4166744.0124＝6334013.9422

长安天马汽车有限公司缴纳保证金到海关指定的账户。

（3）提、装货物

海关查询收到保证金后，深圳富强报关有限公司自行打印"进口放行通

中华人民共和国
海关准予办理减免税货物税款担保证明

编号：　RS53001302

主管海关	深圳海关	进口口岸	深圳海关
减免税申请人	长安天马汽车有限公司		
减免税依据	署税[1997]1062号		
批准文件	总署令179号		
担保原因	设备即将抵达口岸，但企业减免税手续正在办理中，无法及时获批减免税证明。		
担保期限	自2013年10月24日至2014年4月24日止		

税款担保货物清单

序号	货物名称	数量/单位	金额	币制	备注
1	加工中心/镗铣/数控卧式	4.00 套	2,119,200.00	欧元	CAPSA2012-WYG-046
2	加工中心/镗铣/数控卧式	1.00 套	556,800.00	欧元	CAPSA2012-WYG-046

注：在本证明规定的担保期限届满之日仍未办妥有关减免税手续的，减免税申请人应在担保期限届满10个工作日前向主管海关提出延长税款担保期限的申请，否则，进口地海关对有关货物予以照章征税。

深圳海关　海关（印章）

2013年10月29日

图 4-27　海关准予办理减免税货物税款担保证明

知书”（图 4-28），凭以办理提货手续。

通关无纸化进口放行通知书

深圳富强报关有限公司：

你单位申报的货物（报关单号 00000001014618463）于 2013-11-1 业经通关无纸化放行，请及时办理后续海关手续。特此通知。

深盐物流海关

2013 年 11 月 1 日

预录入编号：53432013143202	典储现场：深盐物流（5343）	海关编号：53432013143202416	534320131432024167

进口口岸 (5343) 深盐物流		备案号	进口日期 20131029	申报日期 20131030
经营单位 长安天马汽车有限公司 4403131234		运输方式 物流园区	运输工具名称 粤BF0125	提运单号	
收货单位 长安天马汽车有限公司 4403131234		贸易方式 (2025) 合资合作设备	征免性质 (789) 鼓励项目	征税比例	
许可证号	启运国（地区）(142) 中国	装货港 (142) 中国境内	境内目的地 (44031) 深圳特区	
批准文号	成交方式 FOB	运费 502/50000/3	保费 0.3/1	杂费
合同协议号 CAPSA2012-WYG-046	件数 6	包装种类 木箱	毛重（千克） 104232	净重（千克） 93750
集装箱号 CBHU9407030/40/3700	随附单证 A:470610113007073100			用途 企业自用

标记唛码及备注
O:1344309398
海关准予办理减免税货物税款担保证明编号：RS53001302:
CBHU9405130/40/3700 TRTU0833653/40/3700 CBHU9408058/40/3700 TCLU6028301/40/3700

项号	商品编号	商品名称、规格型号	数量及单位	原产国（地区）	单价	总价	币制	征免
1	84571020.00	加工中心 加工汽车发动机汽缸盖用|对汽缸 盖进行铣削、钻削、镗削、攻丝	4台 (305) 4套	法国	529800.0000	2119200.00	(300) 欧元	保证金
2	84571020.00	加工中心 加工汽车发动机汽缸盖用|对汽缸 盖进行铣削、钻削、镗削、攻丝	1台 (305) 1套	法国	556800.0000	556800.00	(300) 欧元	保证金

兹申明，以上通知由我公司根据海关电子回执打印，保证准确无误。

深圳富强报关有限公司（签印）

图 4-28　进口放行通知书

项目 **5** 通关后续作业阶段

关键术语

海关监管货物　　后期阶段　　报关单证明联　　货物进口证明书

学 习 目 标

【能力目标】

1. 能够正解操作保税加工货物后期阶段的手续；
2. 能够正解操作特定减免税货物后期阶段的手续；
3. 能够正解操作担保的销案；
4. 能够正确操作报关单的归档。

【知识目标】

1. 熟悉货物放行后的报关单的修改和撤销；
2. 熟悉报关单证明联、货物证明书的获取。

　　进出境的货物通常都包括：通关前期作业阶段、现场作业阶段和后续作业阶段。

▷ 引导任务——从法国进口汽车发动机加工中心

　　1. 背景理解

　　不同的海关监管货物通关流程有所相同，有些海关监管货物有后续阶段，货物进境后，须向海关办理相关的后续手续。

2. 提出任务

实训小组认真讨论案例，并推选发言代表，在老师的引导下提出相应的问题并试着解答：

任务一　海关监管货物后期阶段要完成哪些手续？

▷ 5.1 任务一　通关后续作业

5.1.1　任务分析

长安天马汽车有限公司进口汽车加工中心，通过项目四的学习，我们完成了汽车加工中心的现场作业阶段，为了顺利完成进境通关，我们须掌握海关监管货物在放行之后应该办理的后续手续。

5.1.2　任务实施

实训小组查询海关监管货物后续阶段相关的资料，写出一份分析报告，详细解说每个细节，最后制成 PPT，在课堂上展示给其他同学，老师可边点评边鼓励同学课堂讨论，发问。

5.1.3　知识链接——通关后续作业

1. 货物放行后的报关单修改或撤销

第一，当事人可以向原接受申报的海关办理进出口货物报关单修改或者撤销手续。

（1）适用的情形（海关另有规定的除外）

①出口货物放行后，由于装运、配载等造成原申报货物部分或者全部退关、变更运输工具的；

②进出口货物在装载、运输、存储过程中发生溢短装，或者由于不可抗力造成灭失、短损等，导致原申报数据与实际货物不符的；

③由于办理退补税、海关事务担保等其他海关手续而需要修改或者撤销报关单数据的；

④根据贸易惯例先行采用暂时价格成交、实际结算时按商检品质认定或者国际市场实际价格付款方式需要修改申报内容的；

⑤已申报进口货物办理直接退运手续，需要修改或者撤销原进口货物报关单的；

⑥由于计算机、网络系统等技术导致电子数据申报错误的。

（2）作业实施

当事人应在中国电子口岸预录入系统"修撤单办理/确认"功能（以下简称预录入系统）录入报关单修改或者撤销相关事项，并提交下列材料的电子数据：

①符合第一项情形的，应当提交退关、变更运输工具证明材料；

②符合第二项情形的，应当提交商检机构或者相关部门出具的证明材料；

③符合第三项情形的，应当提交签注海关意见的相关材料；

④符合第四项情形的，应当提交全面反映贸易实际状况的发票、合同、提单、装箱单等单证，并如实提供与货物买卖有关的支付凭证以及证明申报价格真实、准确的其他商业单证、书面资料和电子数据；

⑤符合第五项情形的，应当提交"进口货物直接退运表"或者"责令进口货物直接退运通知书"；

⑥符合第六项情形的，应当提交计算机、网络系统运行管理方出具的说明材料；

⑦其他证明材料。

当事人通过预录入系统办理报关单修改或者撤销手续的，视同当事人已向海关提交"进出口货物报关单修改/撤销表"或"进出口货物报关单修改/撤销确认书"。

当事人向海关提交材料符合规定，并且齐全、有效的，海关应当及时进行修改或者撤销。海关办理后通过预录入系统将办理情况反馈当事人，当事人可通过预录入系统查询已提交的修改或者撤销手续的办理进度。

第二，由于报关人员操作或者书写失误造成申报内容需要修改或者撤销的，当事人应在预录入系统录入报关单修改或者撤销相关事项，并提交下列材料的电子数据：

①可以证明进出口货物实际情况的合同、发票、装箱单、提运单或者载货清单等相关单证、证明文书；

②详细情况说明；

③其他证明材料。

海关未发现报关人员存在逃避海关监管行为的，可以修改或者撤销报关单。不予修改或者撤销的，海关应当及时通知当事人，并且说明理由。

海关办理后通过预录入系统将办理情况反馈当事人，当事人可通过预录入系统查询已提交的修改或者撤销手续的办理进度。

第三，海关发现进出口货物报关单需要修改或者撤销，海关通过预录入系统向当事人发起报关单修改或者撤销确认。当事人应通过预录入系统及时查询并在 5 日内向海关确认"同意办理"或者"不同意办理"的意见。

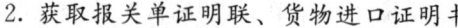

2.获取报关单证明联、货物进口证明书

（1）报关单证明联

报关单证明联作为进出口货物收发货人向海关、税务、外汇管理等部门办理加工贸易手册核销、出口退税、进出口货物收付汇手续的重要凭证，进出口货物收发货人或其代理人在办理结关手续后，按照不同的海关监管方式，可以向海关申请签发以下报关证明联：

出口货物报关单收汇证明联，进口货物报关单付汇证明联，进（出）口货物报关单加工贸易核销联。

为进一步深化海关通关作业无纸化改革，减少纸质单证流转，海关不再为国家外汇管理局分支局（以下简称外汇局）核定的货物贸易外汇管理A类企业（以下简称A类企业）提供纸质报关单收、付汇证明联。A类企业办理货物贸易外汇收付业务，按规定须提交纸质报关单的，通过中国电子口岸自行以普通A4纸打印报关单证明联（出口收汇或进口付汇用）并加盖企业公章。对于外汇局核定的货物贸易外汇管理B类和C类的企业，海关仍按现行做法为其提供纸质报关单收、付汇证明联。

此外，海关不再签发纸质出口货物报关单证明联（出口退税专用），并同时停止向国家税务总局传输出口货物报关单证明联（出口退税专用）相关电子数据，改由海关总署向国家税务总局传输出口报关单结关信息电子数据。

（2）货物进口证明书

证明书是指依据国家有关法律、行政法规、规章和国际公约的要求，海关在办结进口货物放行手续后，应进口货物收货人的申请所签发的证明文书。

1）适用情况

下列情况，收货人可在办结进口货物放行手续后向海关申请签发证明书：

①进口汽车和摩托车整车；

②有特殊管理规定，明确需签发证明书的进口货物；

③我国所加入或缔结的国际公约要求缔约国履行签发证明书义务的进口货物；

④海关同意签发证明书的进口货物。

2）作业实施

对进口汽车和摩托车整车，收货人可在向海关办理报关手续后，通过相同报关单预录入系统补充并提交汽车、摩托车具体数据，向海关申请签发证明书（证明书样本见图5-1）。

汽车具体数据包括商品项号、商品名称、规格型号、动力类型、发动机号/电动机号、排气量/电动机功率、车辆识别代号、颜色、原产国、出厂日期；摩托车具体数据包括商品项号、商品名称、规格型号、发动机号、排气量、车辆识别代号、颜色、原产国（地区）、出厂日期。

海关办结货物进口放行手续后，对符合签发条件的进口货物，可应收货人申请签发证明书。

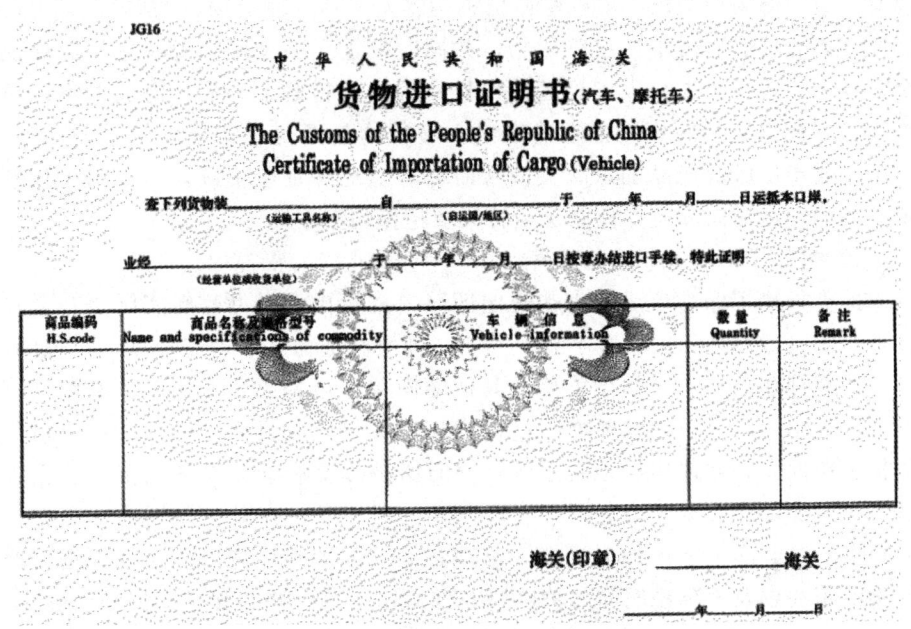

图 5-1 车辆用"货物进口证明书"

3. 担保销案

进出境报关中的担保主要涉及海关手续未办结前因为进出口货物的商品归类、完税价格、原产地等尚未确定或报关资料不齐全而申请担保放行货物、取得相关证明文件，以及因适用暂时进出口、修理物品等海关监管方式通关而申请担保放行这两类。

（1）担保销案的条件

报关人在限期内履行有关义务或者海关依法收取担保的情形不再存在的，海关将即时书面通知报关人办理财产、权利凭证退还手续，报关人须于规定的担保期限届满前，凭海关保证金收据或留存的保证函或其他担保凭证向海关办理销案手续。因此，担保人履行了向海关承诺的义务或者海关依法收取担保的情形不再存在，是担保销案的前提。

（2）担保销案的手续

1）进出口货物的商品归类、完税价格、原产地尚未确定等担保放行此类担保在货物进出口后需向海关提交可以证明申报货物的商品归类、完税价格，以及原产地信息正确、真实、符合规定的相关资料，在海关确认其资料符合要求后方可办理销案手续。例如，进口货物收货人在办理原产于美国、日本、韩国的其他光导纤维（商品编码：90011000.19）的进口报关手续时，应向海关提交出入境检验检疫机构签发的"入境货物通关单"，海关可先凭"入境货物通关单"放行货物，并同时按适用的反倾销税税率征收保证金。在企业向海关提交入境检验检疫机构签发的检验证书后，海关凭出入境检验检疫机构签发的检验证书确定出入境货物是否属于实施反倾销的产品。对于不属于反倾销产品的，海关应及时办理退还保证金手续，对于属于反倾销产品的，则需向海关办理保证金转税及担保销案手续。

2）暂时进出口及修理物品等

此类货物担保进口后，应在规定期限内复运出境或办理转实际进口，在此基础上可以办理相关销案手续。例如，进境修理物品修理完毕复运出境的，应凭原修理物品进口货物报关单及其他随附单据申报出口，在海关查验放行办理出运手续后，凭原修理物品进口货物报关单及放行后的修理物品出口货物报关单向海关办理担保销案手续，同时必须提交企业开具的保证金收据以及海关"保证金收据"第一联，办理完海关手续后，在既定周期内企业指定账户上会收到海关退还的保证金。修理物品因故留在境内的，应凭原进口修理物品报关单及情况说明向海关申请办理留用手续，并办理进口保证金转税，将原进口保证金收据交与海关换取进口税单。

（3）担保销案后的其他工作

担保销案后有些情况需要办理报关单修改手续，例如，修理物品无法修理留在境内，以及因商品归类、完税价格、原产地等情况征收保证金先放行进口的，报关人在取得相关证明材料办理完销案手续后，需向海关提出报关单修改/撤销申请，将进境修理物品报关单"征免性质"栏由原先的"保证金"改为"照章征税"，报关单备注栏增加"转税"字样。

因商品归类、完税价格、原产地等情况向海关提交的证明材料与实际申报存在差异，由此带来的报关单其他栏目的修改，依据《中华人民共和国海关进出口货物报关单修改和撤销管理办法》（海关总署令第 220 号）及《中华人民共和国海关行政处罚实施条例》的相关规定执行。

4．报关单归档

（1）归档报关单证的范围

需归档的报关单证主要包括：报关单、进出口单证、合同、与进出口业务直接有关的其他资料等。

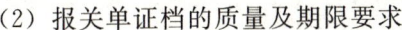

（2）报关单证档的质量及期限要求

①所有留存的单证应真实、详细；

②应按照海关单证管理的规定要求和统一原则进行分类、汇总、存储，形成档案；

③报关单证、进出口单证、合同及与进出口业务直接有关的其他资料，应自进出口货物放行之日起保管 3 年，并自觉接受海关及相关机构的日常监督和检查。

（3）报关单证归档签收

1）办理报关业务前的报关单证签收

代理报关公司接受客户的委托办理进出口业务报关前，收到进出口货物报关所需的报关单证后，应将报关单证扫描或复印，按照客户的业务种类进行分类，并将扫描件或复印件留档。自理企业可根据情况保存好相应的报关文件。

2）办理报关业务后的报关单证签收

进出口货物放行后，代理报关公司与客户交接报关单证，将已放行的报关单证明联扫描或复印作为公司留档。客户报关单证签收表的样式见表 5-1。

表 5-1   客户×××报关单证签收表

×××年××月××日

提运单号	报关单号	页数	付汇联	核销联	退税联	收汇联	手册/许可证件号	税单	签收

（4）已归档报关单证的保管

一票货物的报关单证按照客户名称、业务种类或公司编号等方式分类后，按日期顺序排列进行归档。此票货物的档案中应保留通关过程中各个环节的操作日期、所发生的问题，以及与客户进行的各种单证的交接记录。

根据海关的相应规定，报关单证应自进出口货物解除监管之日起保存 3 年。从公司的长期发展来看，某些具有典型案例的报关单证适宜长期保存，作为日后工作的参考。

（5）已归档报关单证的利用

建立报关单证存档管理，其目的之一就是可以利用完整的记录信息为日后的报关工作提供参考的数据。例如，类似商品的归类、各种监管方式所需的报关单证、各种报关许可证件的样式、通关中类似问题的解决方式等。此外，作为代理报关企业，报关单证存档后，当客户在某些方面有需要时，由其提供一定的检索信息，也可以很方便快捷地查询到相关内容，从而为客户提供更好的服务。

因此，完整的报关单证存档管理，不仅是公司日常文件的记录，是公司工作经验的总结，也是培训公司员工的教材，更是为客户提供更优质服务的保障。

5. 货物后续流向确定与处理

（1）保税加工货物

1）核销的时间

①加工贸易手册项下自最后一批成品出口或者加工贸易手册到期之日起30日内向海关报核；经营企业对外签订的合同提前终止的，应当自合同终止之日起30日内向海关报核。

②电子账册项下以180日为一个报核期限，满180日后的30日内报核。

海关应当自受理报核之日起30日内予以核销。特殊情况需要延长的，经直属海关关长或者其授权的隶属海关关长批准可以延长30日。

2）保税加工货物的后续处理

①内销：

加工贸易保税进口料件或者成品因故转为内销的，海关凭主管部门准予内销的有效批准文件，对保税进口料件依法征收税款并且加征缓税利息。

②退运：

经营企业因故将加工贸易进口料件退运出境的，海关凭有关退运单证核销。

③放弃报关：

企业申请放弃加工贸易货物，除按现行规定提交有关单证、材料外，还需提供经政府价格主管部门认定资质的价格评估机构出具的关于拟放弃的加工贸易货物的价值证明。由海关按规定作变卖处理的加工贸易放弃货物，企业应当在海关作出准予放弃之日起15日内将加工贸易放弃货物全部运至海关指定的仓库，并与该指定仓库的经营者办理放弃货物的交接入库手续。

按照规定需要进行销毁处理的加工贸易放弃货物，企业应当在实施销毁3个工作日前向主管海关报送销毁方案，并自海关作出准予放弃之日起15日内完成全部放弃货物的销毁工作。

④销毁：

加工贸易货物销毁处置，是指加工贸易企业对因故无法内销或者退运的边角料、剩余料件、残次品、副产品或者受灾保税货物，向海关申报，委托具有法定资质的单位，采取焚烧、填埋和用其他无害化方式，改变货物物理、化学和生物等特性的处置活动。

加工贸易企业应委托工商营业执照的经营范围中列明废物处理的单位进行销毁处置；法律、行政法规对废物处置资质有特殊规定的，从其规定。

⑤受灾货物的报关：

加工贸易企业在受灾后 7 日内向主管海关书面报告，并提供如下材料，海关可视情况派员核查取证。

商务主管部门的签注意见；

有关主管部门出具的证明文件；

保险公司出具的保险赔款通知书或检验检疫部门出具的有关检验检疫证明文件。

A. 不可抗力：

受灾保税加工货物灭失或失去使用价值，可由海关审定，免税。需销毁的受灾货物，同其他保税货物销毁处理一样。如受灾保税加工货物虽失去原使用价值但可再利用的，按照海关审定的保税货物价格，按照对应的税率交纳进口税和缓税利息。其对应进口料件属关税配额管理的，按照关税配额税率计征税款。

因不可抗力造成的受灾保税货物处理时，对应的原进口料件内销征税，属于许可证管理的，免交许可证。

B. 非不可抗力：

对非不可抗力因素造成的受灾保税加工货物，海关按照原进口货物成交价格审定完税价格，照章征税。属关税配额管理而在办理纳税手续时没有配额证的，应当按该商品配额外适用的税率缴纳进口税。

因非不可抗力造成的受灾保税货物处理时，对应的原进口料件内销征税，属于许可证管理的，应当交验进口许可证。

3）盘点核查核销

海关核销可以采取纸质单证核销、电子数据核销的方式，必要时可以下厂核查，企业应当予以配合。海关结合企业盘点实施核查核销时，应当将电子底账核算结果与联网企业实际库存量进行对比，并分别进行以下处理：

①实际库存量多于电子底账核算结果的，海关应当按照实际库存量调整电子底账的当期余额；

②实际库存量少于电子底账核算结果且联网企业可以提供正当理由的，对短缺的部分，海关应当责令联网企业申请内销处理；

③实际库存量少于电子底账核算结果且联网企业不能提供正当理由的，对短缺的部分，海关除责令联网企业申请内销处理外，还可以按照《中华人

民共和国海关行政处罚实施条例》对联网企业予以处罚。

4）核销结案

①对经核销结案的加工贸易手册，海关向经营企业签发"核销结案通知书"。

②经营企业已经办理担保的，海关在核销结案后按照规定解除担保。

③加工贸易货物的手册设立和核销单证自加工贸易手册核销结案之日起留存 3 年。

（2）减免税货物

1）许可证件管理

减免税货物是实际进口货物。若进口货物需要提交许可证件的，提交许可证件义务不能免除，另有规定的除外。一般不豁免进出口许可证，其流向确定所以不豁免许可证件，即应接受各项国家管制。按照国家有关规定在进口时免予提交许可证件的进口减免税货物，减免税申请人向海关申请进行转让、抵押、质押、移作他用或者其他处置时，按照规定需要补办许可证件的，应当补办有关许可证件。

2）税收征管

特定条件下减免进口关税，即一次性无偿向符合条件的进口货物使用企业提供的关税优惠，而非暂时。减免税货物转让给进口同一货物享受同等减免税优惠待遇的其他单位的，不予恢复减免税货物转出申请人的减免税额度，减免税货物转入申请人的减免税额度按照海关审定的货物结转时的价格、数量或者应缴税款予以扣减。

减免税货物因品质或者规格原因原状退运出境，减免税申请人以无代价抵偿方式进口同一类型货物的，不予恢复其减免税额度；未以无代价抵偿方式进口同一类型货物的，减免税申请人在原减免税货物退运出境之日起 3 个月内向海关提出申请，经海关批准，可以恢复其减免税额度。对于其他提前解除监管的情形，不予恢复减免税额度。

减免税货物因转让或者其他原因需要补征税款的，补税的完税价格以海关审定的货物原进口时的价格为基础，按照减免税货物已进口时间与监管年限的比例进行折旧，其计算公式如下：

补税的完税价格 = 海关审定的货物原进口时的价格 $\times$ $\left(1 - \dfrac{减免税货物已进口时间}{监管年限 \times 12}\right)$

减免税货物已进口时间自减免税货物的放行之日起按月计算，不足 1 个月但超过 15 日的按 1 个月计算；不超过 15 日的，不予计算。

按照以上规定计算减免税货物补征税款的，已进口时间的截止日期按以下规定确定：

①转让减免税货物的，应当以海关接受减免税申请人申请办理补税手续之日作为计算其已进口时间的截止之日；

②减免税申请人未经海关批准，擅自转让减免税货物的，应当以货物实际转让之日作为计算其已进口时间的截止之日。转让之日不能确定的，应当以海关发现之日作为截止之日；

③在海关监管年限内，减免税申请人发生破产、撤销、解散或者其他依法终止经营情形的，已进口时间的截止日期应当为减免税申请人破产清算之日或者被依法认定终止生产经营活动的日期。

减免税申请人将减免税货物移作他用，应当补缴税款的，税款的计算公式为：

补缴税款＝海关审定的货物原进口时的价格×税率×（需补缴税款的时间监管年限×12×30）

上述计算公式中的税率，应当按照《关税条例》的有关规定，采用相应的适用税率。需补缴税款的时间是指减免税货物移作他用的实际时间，按日计算，每日实际生产不满 8 小时或者超过 8 小时的均按 1 日计算。

3）监管期限

特定减免税货物自货物进入关境起至海关监管期满解除海关监管或办结纳税手续止。进口后在特定的海关监管期限内接受海关监管，货物进口后必须在特定范围内使用，除海关总署另有规定外，在海关监管年限内，减免税申请人应当按照海关规定保管、使用进口减免税货物，并依法接受海关监管。

进口减免税货物的监管年限为：

①船舶、飞机：8 年；

②机动车辆：6 年；

③其他货物：5 年。

监管年限自货物进口放行之日起计算。在海关监管年限及其后 3 年内，海关依照《中华人民共和国海关法》和《中华人民共和国海关稽查条例》有关规定对减免税申请人进口和使用减免税货物情况实施稽查。

例（单选题）：

享受特定减免税优惠进口的钢材，必须按照规定用途使用，未经海关批准不得擅自出售、转让、移作他用，按照现行规定，海关对其的监管年限为：

A. 8 年　　　　B. 6 年　　　　C. 5 年　　　　D. 3 年

答案：C

4）减免税货物的处置

在进口减免税货物的海关监管年限内，未经海关许可，减免税申请人不得擅自将减免税货物转让、抵押、质押、移作他用或者进行其他处置。

①减免税货物结转：

在海关监管年限内，减免税申请人将进口减免税货物转让给进口同一货物享受同等减免税优惠待遇的其他单位的，应当按照下列规定办理减免税货物结转手续：

减免税货物的转出申请人持有关单证向转出地主管海关提出申请，转出地主管海关审核同意后，通知转入地主管海关。

减免税货物的转入申请人向转入地主管海关申请办理减免税审批手续。转入地主管海关审核无误后签发"征免税证明"。

转出、转入减免税货物的申请人应当分别向各自的主管海关申请办理减免税货物的出口、进口报关手续。转出地主管海关办理转出减免税货物的解除监管手续。结转减免税货物的监管年限应当连续计算。转入地主管海关在剩余监管年限内对结转减免税货物继续实施后续监管。

转入地海关和转出地海关为同一海关的，按照（1）规定办理。

在海关监管年限内，减免税申请人将进口减免税货物转让给不享受进口税收优惠政策或者进口同一货物不享受同等减免税优惠待遇的其他单位的，应当事先向减免税申请人主管海关申请办理减免税货物补缴税款和解除监管手续。

②减免税货物移作他用：

在海关监管年限内，减免税申请人需要将减免税货物移作他用的，应当事先向主管海关提出申请。经海关批准，减免税申请人可以按照海关批准的使用地区、用途、企业将减免税货物移作他用。

以上所称移作他用包括以下情形：

将减免税货物交给减免税申请人以外的其他单位使用如出售、转让等；

未按照原定用途、地区使用减免税货物；

未按照特定地区、特定企业或者特定用途使用减免税货物的其他情形。

除海关总署另有规定外，按照1）规定将减免税货物移作他用的，减免税申请人还应当按照移作他用的时间补缴相应税款。移作他用时间不能确定的，应当提交相应的税款担保，税款担保不得低于剩余监管年限应补缴税款总额。

5）监管期满申请解除监管

减免税货物海关监管年限届满的，自动解除监管。

在海关监管年限内的进口减免税货物，减免税申请人书面申请提前解除监管的，应当向主管海关申请办理补缴税款和解除监管手续。按照国家有关规定在进口时免予提交许可证件的进口减免税货物，减免税申请人还应当补交有关许可证件。

减免税申请人需要海关出具解除监管证明的，可以自办结补缴税款和解除监管等相关手续之日或者自海关监管年限届满之日起 1 年内，向主管海关申请领取解除监管证明。海关审核同意后出具"中华人民共和国海关进口减免税货物解除监管证明"。

（3）暂准进出口货物

1）使用 ATA 单证册报关的暂准进出境货物

①正常核销结关：

持证人在规定的期限内将进境展览品和出境展览品复运出境或复运进境，海关在白色复出口单证和黄色复进口单证上分别签注，留存单证正联，存根联随 ATA 单证册其他各联退持证人，正式核销结关。

②非正常核销结关：

ATA 单证册项下暂时进境货物复运出境时，因故未经我国海关核销、签注的，ATA 核销中心凭由另一缔约国的海关在 ATA 单证册上签注的该批货物从该国进境或者复运进境的证明，或者我国海关认可的能够证明该批货物已经实际离开我国境内的其他文件，作为已经从我国复运出境的证明，对 ATA 单证册予以核销。

发生上述情况的，ATA 单证册持证人应当按照规定向海关缴纳调整费。在我国海关尚未发出"ATA 单证册追索通知书"前，如果持证人凭其他国海关出具的货物已运离我国关境的证明要求予以核销单证册的，海关免予收取调整费。

使用 ATA 单证册暂准进出境货物因不可抗力的原因受损，无法原状复运出境、进境的，ATA 单证册持证人应当及时向主管海关报告，可以凭有关部门出具的证明材料办理复运出境、进境手续；因不可抗力的原因灭失或失去使用价值的，经海关核实后可以视为该货物已经复运出境、进境。

使用 ATA 单证册暂准进出境货物因不可抗力以外的原因灭失或受损，ATA 单证册持证人应当按照货物进出口的有关规定办理海关手续。

2）不使用 ATA 单证册报关的展览品

按最终（实际）去向处理有如下销案方式：

①复运进出境。

进境展览品按规定期限复运出境，出境展览品按规定期限复运进境后，海关分别签发报关单证明联，展览品所有人或其代理人凭以向主管海关办理核销结关手续。

异地复运进出境的展览品，进出境展览品的收发货人应当持主管海关签章的海关单证向复运进境、出境地海关办理手续。货物复运进境、出境后，主管海关凭复运进境、出境地海关签章的海关单证办理核销结关手续。

展览品未能按规定期限复运进出境的，展览会主办单位或出国举办展览会的单位应当向主管海关申请延期，在延长期内办理复运进出境手续。

②转为正式进出口。

进境展览品在展览期间被人购买，由展览会主办单位或代理人向海关办理进口申报、纳税手续，其中属于许可证件管理的，还应当提交进口许可证件。

出境展览品在境外参加展览会后被人销售的，由海关核对展览品清单后要求企业补办正式出口手续。

③展览品放弃或赠送。

展览会结束后，进境展览品的所有人决定将展览品交由海关处理的，由海关依法变卖后将款项上缴国库。

展览品的所有人决定将展览品赠送的，受赠人应当向海关办理进口手续，海关根据进口礼品或经贸往来赠送品的规定办理。

④受灾展览品。

A. 非不可抗力：

进出境展览品因不可抗力以外的原因灭失或受损，进出境展览品收发货人应当按照货物进出口的有关规定办理海关手续。进境展览品因毁坏、丢失、被窃等原因不能复运出境的，展览会主办单位或代理人应向海关报告。对于毁坏的展览品，海关根据毁坏的程度估价征税；对于丢失或被窃的展览品，海关按照进口同类货物征收进口税。

B. 不可抗力：

进出境展览品因不可抗力的原因受损，无法原状复运出境、进境的，进出境展览品收发货人应当及时向主管海关报告，可以凭有关部门出具的证明材料办理复运出境、进境手续；因不可抗力的原因灭失或失去使用价值的，经海关核实后可以视为该货物已经复运出境、进境。

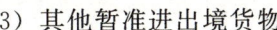

3）其他暂准进出境货物

①复运进出境。

其他暂准进境货物复运出境，其他暂准出境货物复运进境后，进出口货物收发货人或其代理人必须留存由海关签章的复运进出境报关单，准备报核。

②转为正式进出口。

其他暂准进出境货物因特殊情况，改变特定的暂准进出境目的转为正式进出口，收发货人应当在货物复运出境、进境期限届满 30 个工作日前向主管地海关申请，经主管地直属海关批准后，按照规定提交有关许可证件，办理货物的正式进口或出口的报关纳税手续。

③放弃。

其他暂准进境货物在境内完成暂时进境的特定目的后，如货物所有人不准备将货物运出境的，可以向海关申请将货物放弃，海关按放弃货物的有关规定处理。

④不可抗力。

因不可抗力的原因受损，无法原状复运出境、进境的，收发货人应当及时向主管海关报告，可以凭有关部门出具的证明材料办理复运出境、进境手续。因不可抗力的原因灭失或失去使用价值的，经海关核实后可以视为该货物已经复运出境、进境。因不可抗力以外的原因灭失或受损，进出境展览品收发货人应当按照货物进出口的有关规定办理海关手续。

其他暂准进出境货物复运出境或进境，或者转为正式进出口，或者放弃后，收发货人向海关提交经海关签注的进出口货物报关单，或者处理放弃货物的有关单据，以及其他有关单证，申请报核。海关经审核，情况正常的，退还保证金或办理其他担保销案手续，予以结关。

5.1.4 操练

保证金退还手续：

①深圳富强报关有限公司持退理保证金审批表、海关保证金专用收据、进出口货物减免税证明（见图 5-2）和情况说明（见图 5-3）等到海关办理退理保证金手续。

②海关审查后给予开据补税通知（该批货物免关税，增值税不免）。

③长安天马汽车有限公司补交增值税。

④海关给予办理保证金退还。

GS04

中华人民共和国海关
进出口货物征免税证明

******
主页
******

******
进口
******

编号：Z53001408362

第1页 共1页

减免税申请人 长安天马汽车有限公司	征免性质/代码：鼓励项目 / 789	审批依据：署税(1997)1062号文
发证日期：2013 年 11 月 4 日	有效期： 至 2014 年 05 月 09 日止	
到货口岸：深圳盐田港保税物流园	合同号：CAPSA2012-WYG-046	项目性质：中外合资

序号	货名	规格	税号	数量	单位	金额	币制	主管海关审批征免意见 关税	增值税	其它
1	加工中心/加工汽车发动机汽缸盖用	对汽缸i	8457102000	4.00	套	2119200.00	EUR	0%	17%	
2	加工中心/加工汽车发动机汽缸盖用	对汽缸i	8457102000	1.00	套	556800.00	EUR	0%	17%	
3	<以下空白>									
4										
5										

备注：核保/关单号432024167/1)攻丝｜不可加刀｜可换刀｜COMAU牌｜Urane25｜镗铣，数控卧式｜快移速度80m/min；四轴联动；工作台宽度630mm；2)攻丝｜不可加刀｜可换刀｜COMAU牌｜SBOOTO...｜镗铣，数控卧式｜重复定位精度0.0029mm：

审批海关签章：

负责人：

2014 年 10 月 14 日

核发海关批注：

负责人：

年 月 日

1. 本证明使用一次有效，同一合同项下货物分口岸进口或分批到货的，应向审批海关申明，并按到货口岸、到货日期分别申请此证明。
2. 货物进口时应向海关交验本证明，复印件无效。
3. 本证明有效期应按照具体政策规定填写，但最长不得超过半年；如需延期，应在有效期内向原审批海关提出延期申请。
4. 规定由海关监管使用的减免税货物，在海关监管年限内，减免税申请人应按照特定用途、特定企业、特定地区使用；未经海关许可，不得擅自转让、抵押、质押、移作他用或者进行其他处置，否则，海关将依法处理。
5. 如不服本证明决定，依照《中华人民共和国行政复议法》第九条、第十二条、第十六条、《中华人民共和国海关法》第六十四条之规定，可以在本证明送达之日起六十日内向上一级海关（海关总署）申请行政复议，对复议决定仍不服的，依照《中华人民共和国行政诉讼法》第三十八条第二款之规定，可以自收到复议决定书之日起十五日内，向人民法院提起诉讼。

图 5-2　减免税证明

情况说明

致深圳海关：

兹有深圳富强报关有限公司于 2013 年 10 月 29 日向贵关申报进口出区货物加工中心一批，报关单号 534320131432024167，总件数 6 件，总毛重 104232 KG，总净重 93750 KG，该批货物由于免税证明未办理完成，故持续海关准予办理减免税货物税款担保证明（编号 RS53001302），通过缴纳保证金办理通关手续，现该批货物的减免税备案在深圳海关已完成，免税证明编号：Z53001408362。现特向贵关申请修改该份报关单，由些给贵关工作上带来的诸多不便深表歉意，万望批准为盼，谢谢！

此致

敬礼

深圳富强报关有限公司 报关专用章

深圳富强报关有限公司

2013 年 11 月 12 日

图 5-3　情况说明

项目 **6** e 时代通关热点聚焦与展望

关键术语

大通关　单一窗口　关检合作　区域通关一体化　自贸区　跨境电商

学 习 目 标

【知识目标】

1. 熟悉"三互"推进大通关改革；
2. 熟悉区域通关一体化；
3. 熟悉海关特殊监管区域整合优化的改革；
4. 熟悉跨境电商的报关程序。

从 2013 年开始，随着国务院相关指导性文件的出台，海关部署协同相关部门进行了通关的一系列的改革，使得通关的工作处于一个持续的变化过程中。为了让大家更好地对通关的工作有一个全局性和前瞻性的认识，我们特别增加了项目 6 "E 时代通关热点聚焦与展望"。

1. "三互"推进大通关建设改革

按照《中共中央关于全面深化改革若干重大问题的决定》精神和国务院决策部署，为落实"推动内陆同沿海沿边通关协作，实现口岸管理相关部门信息互换、监管互认、执法互助"的重大举措，制定国发〔2014〕68 号《国务院关于印发落实"三互"推进大通关建设改革方案》（见图 6-1）。

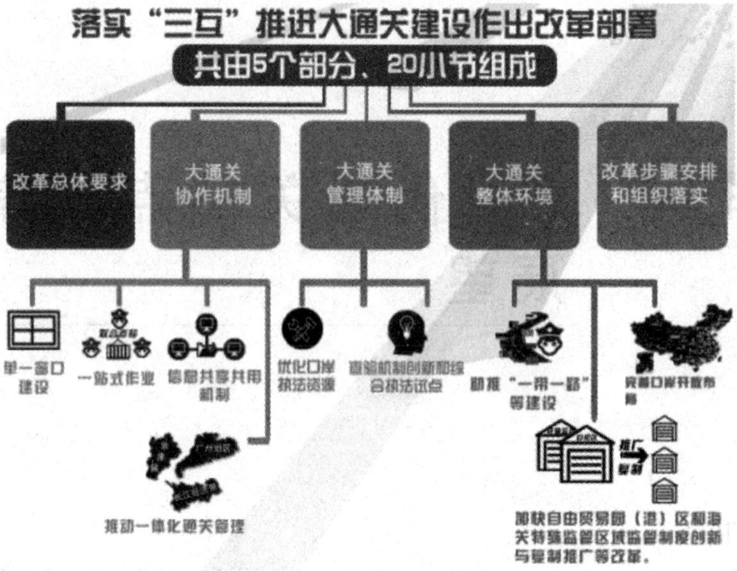

图 6-1 "三互"推进大通关建设改革方案

（1）总体要求

1）指导思想

以邓小平理论、"三个代表"重要思想、科学发展观为指导，深入贯彻党的十八大和十八届二中、三中、四中全会精神，全面落实党中央、国务院的各项决策部署，围绕"五位一体"总布局和服务构建开放型经济新体制，坚持依法行政，维护公平正义，坚持安全便利并重，优化口岸管理机制，转变职能实现方式，推进口岸综合治理体系和治理能力现代化。

2）改革目标

立足更加积极主动的对外开放战略，强化跨部门、跨区域的内陆沿海沿边通关协作，完善口岸工作机制，实现口岸管理相关部门信息互换、监管互认、执法互助（以下简称"三互"），提高通关效率，确保国门安全，力争到2020 年，形成既符合中国国情又具有国际竞争力的大通关管理体制机制。

3）基本原则

遵循法治。运用法治思维和法治方式，凝聚改革共识、破解改革难题，坚持严格规范公正文明执法，提升口岸管理的制度化、规范化、科学化水平。

安全便利。通过加强口岸管理相关部门监管协作，优化作业流程，提高通关效率，切实做到管住管好又高效便利。

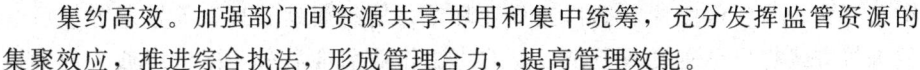

集约高效。加强部门间资源共享共用和集中统筹，充分发挥监管资源的集聚效应，推进综合执法，形成管理合力，提高管理效能。

协同治理。充分发挥口岸管理相关部门现有职能作用，更加注重沟通、协作和构建伙伴关系，实现单向管理向多元治理的转变。

（2）强化大通关协作机制，实现"三互"

推进"单一窗口"建设。建立国务院口岸工作部际联席会议，统一承担全国及各地方电子口岸建设业务指导和综合协调职责，将电子口岸建设成为共同的口岸管理共享平台，简化和统一单证格式与数据标准，实现申报人通过"单一窗口"向口岸管理相关部门一次性申报，口岸管理相关部门通过电子口岸平台共享信息数据、实施职能管理，执法结果通过"单一窗口"反馈申报人。中央层面通过国务院口岸工作部际联席会议统筹推进全国"单一窗口"建设，地方层面由各省（区、市）人民政府牵头形成"单一窗口"建设协调推进机制，负责推动相关工作的具体落实。

全面推进"一站式作业"。推行"联合查验、一次放行"等通关新模式。海关、检验检疫、边检、交通运输（陆路）、海事（水路）需要对同一运输工具进行检查时，实施联合登临检查；需要对同一进出口货物查验时，实施联合查验；在旅检、邮递和快件监管等环节全面推行关检"一机两屏"。

建立健全信息共享共用机制。建立信息全面交换和数据使用管理办法。依托电子口岸平台，以共享共用为原则，推动口岸管理相关部门各作业系统的横向互联，实现口岸管理相关部门对进出境运输工具、货物、物品（如外币现钞）、人员等申报信息、物流监控信息、查验信息、放行信息、企业资信信息等全面共享。对有保密要求的信息实行有条件共享。

整合监管设施资源。现有口岸查验场地，应由口岸所在地市级人民政府协调，尽量统筹使用。新设口岸的查验场地要统一规划建设、共享共用。加强口岸基础设施改造，在人员通关为主的口岸，要为出境入境人员提供充足的候检场地。根据口岸管理相关部门相近的监管要求和标准，共同研发视频监控、X光机等监管查验设备，并以口岸为单元统一配备。运输工具、货物和行李物品通行的同一通道只配备一套同类别查验装备，各查验部门共同使用。

推动一体化通关管理。强化跨部门、跨地区通关协作，加快推进内陆沿海沿边一体化通关管理，实现在货物进出口岸或申报人所在地海关和检验检疫机构均可以办理全部报关报检手续。除特定商品管理需求外，逐步取消许可证件指定报关口岸的管理方式，实现申报人自主选择通关口岸。

打造更加高效的口岸通关模式。口岸管理相关部门在口岸通关现场仅保留必要的查验、检验检疫等执法作业环节，通过属地管理、前置服务、后续核查等方式将口岸通关现场非必要的执法作业前推后移，把口岸通关现场执法内容减到最低限度。广泛实施口岸通关无纸化和许可证件联网核查核销。加快旅客通关信息化建设，积极推进旅客自助通道建设，提高旅客自助通关人员比例。

建立口岸安全联合防控机制。立足口岸安全防控，保卫国家安全，建立常态化的联合工作机制。相关部门联合开展情报收集和风险分析研判，定期发布口岸安全运行报告，在条件成熟的情况下，研究建立口岸风险布控中心，各口岸管理相关部门可根据各自职能特点，适时视情选择参加。加大口岸安防设施设备等硬件的投入。完善口岸监管执法互助机制，强化口岸管理相关部门在防控暴恐、应对突发事件、打击走私、打击骗退税、查处逃避检验检疫、反偷渡和制止不安全产品及假冒伪劣商品进出境等方面的全方位合作。

（3）完善大通关管理体制

优化口岸执法资源。深化口岸体制改革，改进口岸管理模式，合理配置海关、检验检疫、边检、交通运输（陆路）、海事（水路）等部门执法力量，其中职责任务相近、执法对象相同的，在条件成熟的情况下，研究探索行政执法权相对集中行使和跨部门联合执法。

开展查验机制创新和综合执法试点。在珠海与澳门间的拱北、横琴、湾仔和珠澳跨境工业区口岸等开展查验机制创新试点。在有条件的口岸开展"前台共同查验、后台分别处置"综合执法试点，口岸管理相关部门按职责分工，除针对废物、危险货物等带有特殊专业技术性要求的执法作业外，对进出口岸运输工具、货物、物品、人员的查验合并进行，发现违法行为依职权分别处置。根据试点情况适时总结评估，稳步实施。

（4）改善大通关整体环境

完善口岸开放布局。加大内陆和沿边地区口岸开放力度。制定口岸开放准入标准，简化口岸开放的申报和审批环节、验收程序以及口岸临时开放的审批手续。制定口岸退出、整合管理办法，对开放后长期无通关业务和业务量小、社会效益差的口岸进行整合或关闭。按照水陆空铁、内陆沿海沿边、货物人员通行类别等区分不同口岸功能和作用，在硬件设施、机构设置、人力资源及查验装备配置、通关模式等方面探索实行口岸差别化管理。

加快自由贸易园（港）区和海关特殊监管区域监管制度创新与复制推广。加快完善与新时期自由贸易园（港）区和海关特殊监管区域发展相适应的政策与监管模式。对试点成熟的制度创新措施，根据相关条件满足程度，建立"自由贸易园（港）区—海关特殊监管区域—区外"的分级复制推广机制，推动全方位扩大开放。

畅通国际物流大通道，助推"一带一路"等建设。建立与"一带一路"和长江经济带发展战略相适应的通关管理机制。在水运、空运、铁路、公路等交通枢纽建设多式联运物流监管中心，通过多方联网获取多式联运物流全程信息，除需在口岸实施检疫和检验的商品、运输工具、包装容器外，实现多式联运一次申报、指运地（出境地）一次查验，对换装地不改变施封状态的予以直接放行。扩大内外贸同船运输、国轮捎带、国际航班国内段货物运输适用范围，提升运力资源综合效能。根据政策沟通、设施联通、贸易畅通、资金融通、民心相通五大领域齐头并进的要求，加强与"一带一路"沿线国家口岸执法机构的机制化合作，推进"三互"的海关合作，以及检验检疫、认证认可、标准计量、统计信息等方面的多双边合作，推进跨境共同监管设施的建设与共享，加强跨境监管工作日和工作时间、程序和手续的协调，探索联合监管，推广旅客在同一地点办理出入境手续的"一地两检"查验模式等，落实世界贸易组织《贸易便利化协定》，推动签订口岸基础设施互联互通协议，完善国际执法互助，降低人员、商品、资金、信息跨境流动的时间和成本。

推进通关诚信体系建设。按照国家社会信用体系建设总体部署，加快推进进出口企业综合资信库、口岸管理政策法规资讯库等建设和应用。及时公布进出境活动管理相对人违法行为信息，并与其他部门实现互联互通、共享交换。根据守信激励、失信惩戒原则，实现差别化通关管理，对诚信守法者予以支持和激励，对失信违法者实行相应的限制和禁止。

完善通关法治体系建设。坚持立改废释并举，增强法律法规的及时性、系统性、针对性、有效性。推动口岸管理相关部门共同简政放权、放管结合，逐步取消和下放前置审批等项目，完善事中事后监管。制定口岸工作条例，完善口岸管理相关法律法规。建立口岸管理相关部门执法的权力清单和责任清单，依法公开行政审批、行政执法的依据、流程和结果，提高执法透明度和公信力。加强政务公开机制和平台建设，提供规范高效的公共服务。

拓展和规范通关服务。结合各口岸进出境物流、客流实际，因地制宜、动态调整口岸开闭关时间，拓展24小时通关服务。建立进出口货物口岸放行时间评价体系，统一评测、公布全国口岸平均通关效率。公布全国口岸收费项目、标准和依据。优化出口退税服务。建立健全与跨境贸易电子商务、外贸综合服务发展相适应的通关管理机制，完善与服务贸易特点相适应的通关管理模式。充分发挥口岸相关行业协会的作用，促进口岸通关中介服务市场健康发展。

（5）加强大通关组织领导

①明确重要领域和关键环节改革推进步骤。

近期（2014-2015年）：出台口岸工作条例和国家电子口岸建设协调指导委员会成员单位数据共享和使用管理办法。完善电子口岸平台功能，健全信息交换和共享共用机制。在沿海各口岸建成"单一窗口"。在全面实施关检合作"三个一"（一次申报、一次查验、一次放行）的基础上，加快推进京津冀、长江经济带、广东地区等经济联系密切区域通关一体化改革和检验检疫一体化改革，2015年覆盖到全国。在珠海开展口岸查验机制创新试点。

中期（2016-2017年）：修订完善口岸管理相关法律法规。口岸管理相关部门执法互助机制有效建立。在全国各个口岸建成"单一窗口"。新建及现有口岸查验设备、科技装备和场所设施实现共享共用。口岸作业环节前推后移，新型通关模式有效建立。推进"一站式作业"改革。建立健全常态化的口岸安全联合防控机制。

远期（2018-2020年）：跨部门、跨区域的内陆沿海沿边大通关协作机制有效建立，信息共享共用，同一部门内部统一监管标准、不同部门之间配合监管执法，互认监管结果，优化通关流程，形成既符合中国国情又具有国际竞争力的管理体制机制。

②加强方案的组织落实。发挥国务院口岸工作部际联席会议的协调作用，明确各项改革的推进步骤和完成时限，协调解决改革实施中跨部门的重大问题。对改革所涉及的法律法规立改废释及试点工作所需要的法律授权问题，各部门要加强与立法机关的联系衔接，确保各项改革措施于法有据。各部门要通力合作，全力推进相关改革措施的落实，适时组织阶段性评估，总结经验并形成可复制可推广的制度体系。各级人民政府要建立健全大通关建设的协调和保障机制，落实和强化工作责任。各部门、各地区要加强对本改革方案落实工作的监督检查，推动大通关体制机制建设。要适应改革发展需要，提升口岸管理相关部门执法队伍素质能力，强化改革保障。要充分发挥市场主体的作用，形成良好氛围，共同推进大通关建设。

2. 区域通关一体化

（1）全面深化区域通关业务改革

为贯彻落实国家区域发展战略和国务院促进贸易便利化推动进出口稳定发展的决策部署，进一步加大区域通关改革力度，优化海关作业流程，切实提高通关效率，促进区域通关一体化，海关总署决定全面深化区域通关业务改革。现将有关事项公告如下：

1）拓展"属地申报、口岸验放"通关模式

自 2013 年 11 月 1 日起，实行"属地申报、属地放行"。

"属地申报、属地放行"是"属地申报、口岸验放"通关模式的一种方式，是指收发货人为 AA 类且报关企业为 B 类（含 B 类）以上企业（以下简称"AA 类企业"）进出口货物时，可自主选择向属地海关申报，并在属地海关办理货物放行手续。

对需查验的进出口货物、因海关规定或国家许可证件管理，须在货物实际进出境地海关（以下简称"口岸海关"）申报并办理验放手续的进出口货物、口岸海关未实现出口运抵报告和进口理货报告电子数据传输的进出口货物，不适用"属地申报、属地放行"方式。"许可证件"不包括"入（出）境货物通关单"。

对于 AA 类企业涉嫌走私、侵犯知识产权和违反海关监管规定（以下统称"违法"）并被海关立案调查的，自立案之日起，暂停其适用"属地申报、属地放行"方式的资格。

已与海关联网的口岸海关监管场所，监管场所经营人凭口岸海关电子放行信息为企业办理提货手续；未与海关联网的口岸海关监管场所，监管场所经营人凭口岸海关签章的纸质单证为企业办理提货手续。

2）扩大"属地申报、口岸验放"通关模式适用范围

自 2013 年 11 月 1 日起，B 类生产型出口企业（以海关企业分类管理评定记录为准）且一年内无违法记录，适用"属地申报、口岸验放"进口通关模式。自 2014 年 3 月 1 日起，B 类生产型企业（以海关企业分类管理评定记录为准）且一年内无违法记录，适用"属地申报、口岸验放"进出口通关模式。

对因海关规定或国家许可证件管理，须在口岸海关申报并办理验放手续的进出口货物，不适用于"属地申报、口岸验放"通关模式。"许可证件"不包括"入（出）境货物通关单"。

本公告所称 B 类生产型企业，系指根据《中华人民共和国海关企业分类管理办法》（海关总署令第 197 号）有关规定，适用 B 类管理且经海关审核企业类型为生产型的企业。

3）明确适用"属地申报、口岸验放"通关模式企业职责义务

凡企业拟采用"属地申报、口岸验放"通关模式的，需向所在地直属海关提出书面申请，直属海关根据海关对企业分类管理评定标准等对申请企业进行审核，并提出是否同意的书面答复意见。

凡适用"属地申报、口岸验放"（包括"属地申报、属地放行"方式）通关模式的企业，须与所在地直属海关签署关企合作备忘录。

4）推行公路转关作业无纸化

公路转关作业无纸化是指海关运用信息化技术，改变海关验核企业递交纸质转关申报单/载货清单及随附单证办理公路转关手续的做法，对企业向海关申报的转关单电子数据/载货清单进行无纸审核、放行、核销的转关作业方式。

自2013年12月1日起，在应用安全智能锁、卡口前端设备、卫星定位装置等物联网设备以及卡口控制与联网信息系统的基础上，进出境运输方式为海运、空运、铁路、公路且境内运输方式为"公路运输"的进出口转关货物可实行公路转关作业无纸化。

5）扩大跨境快速通关模式适用范围

自2014年5月1日起，在启用公路舱单的基础上，将跨境快速通关改革范围扩大至广东省内各直属海关。

6）本公告内容自发布之日起实施

（2）区域通关一体化

自2014年7月开始正式启动区域通关一体化，包括：北京、天津、石家庄海关启动京津冀海关区域，广州、深圳、拱北、汕头、黄埔、江门、湛江海关（以下简称广东地区海关）启动区域，南昌、武汉、长沙、重庆、成都、贵阳、昆明海关正式启用区域，山东、河南、山西、陕西、甘肃、宁夏、青海、新疆、西藏（以下称丝绸之路经济带）等九省（区）内的青岛、济南、郑州、太原、西安、兰州、银川、西宁、乌鲁木齐、拉萨等十个海关（以下称丝绸之路经济带海关）启动丝绸之路经济带海关区域，辽宁、吉林、黑龙江、内蒙古（以下称东北地区）等四省（区）内的大连、沈阳、长春、哈尔滨、呼和浩特、满洲里等六个海关（以下称东北地区海关）启动东北地区海关区域。

区域通关一体化通关方式包括：

①区域通关一体化通关方式适用于区域内企业在区域内各口岸海关进出口的货物。区域内企业可自主选择向经营单位注册地、货物实际进出境地海关或其直属海关集中报关点办理申报、纳税和查验放行手续。

企业可根据实际需要，自主选择口岸清关、转关、区域通关一体化等任何一种通关方式。

②取消区域内报关企业跨关区从事报关服务的限制，允许报关企业"一地注册、多地报关"；允许区域外报关企业在区域内设立的分支机构，在区域海关直接报关；允许许可证件证面签注口岸为区域内任一口岸的货物（除国家明确实施口岸限制管理措施的货物外），在区域内任一海关办理申报验放

手续。

③区域内海关间互认商品预归类、价格预审核、原产地预确定和归类、价格、原产地等专业认定结果以及暂时进出境等行政许可决定；待系统完善后，在银行总担保及汇总征税项目的基础上，实现企业的一份税款保函在区域内海关互认通用。

④区域内海关区域通关一体化报关单审核、税单打印、税费核注核销、无纸转有纸、汇总征税试点等操作按现行规定办理。

⑤区域内海关区域通关一体化报关单所涉货物可由企业根据物流实际需求，自主选择在口岸或属地海关监管场所实施查验。对需转运分流到属地监管场所实施查验的，进出境货物及其运输工具应符合海关途中监管的要求。

⑥区域内海关可凭电子放行信息办理货物出场（库、区）手续，实现卡口自动核放。

（3）海关特殊监管区域及保税监管场所实施区域通关一体化改革

①海关区域通关一体化方式适用于特殊区域和保税监管场所内企业在各口岸进出境的货物。

②企业可根据实际需要，自主选择口岸清关、转关、区域通关一体化等任何一种通关方式。

③特殊区域和保税物流中心（B型）企业对采用区域通关一体化方式的进境货物应向主管海关办理申报，企业可根据物流实际需求，自主选择在特殊区域或进境口岸实施查验，但海关查验有特殊要求的除外。

④特殊区域和保税物流中心（B型）企业可以采用自行运输方式将进境货物运至特殊区域或保税物流中心（B型）。对需转运分流至特殊区域实施查验的，进境货物及其运输工具应符合海关途中监管的要求。

⑤特殊区域通关一体化的备案清单审核、查验、转运分流、备案清单修改撤销、应急保障等操作均参照现行区域通关一体化规定办理。

⑥保税物流中心（A型）、保税仓库和出口监管仓库的进出境货物参照现行区域通关一体化方式操作。

3. 加快海关特殊监管区域整合优化方案

海关特殊监管区域是我国开放型经济发展的先行区，是加工贸易转型升级的集聚区，为承接国际产业转移、推进区域经济协调发展、促进对外贸易和扩大就业等作出了积极贡献。当前，深化改革扩大开放对海关特殊监管区域发展提出了新的更高要求。为加快海关特殊监管区域整合优化，促进海关特殊监管区域科学发展，国办发〔2015〕66号《国务院办公厅关于印发加快海关特殊监管区域整合优化方案的通知》。

（1）总体要求

1）指导思想

深入贯彻落实党的十八大和十八届二中、三中、四中全会精神，按照党中央、国务院决策部署，主动适应经济发展新常态，紧紧围绕国家战略，解放思想、改革创新，简政放权、转变职能，依法行政、强化监管，优化服务、促进发展，加快海关特殊监管区域整合优化，推动海关特殊监管区域创新升级，提高发展质量和效益。

2）发展目标

增强科学发展内生动力。完善政策、创新制度、拓展功能、优化管理，营造国际化、市场化、法治化环境，促进区内企业参与国际市场竞争，更好地服务外向型经济发展和改革开放，推动海关特殊监管区域量质并举。

促进加工贸易转型升级。优化产业结构，推进加工贸易向中西部和东北地区梯度转移、向海关特殊监管区域集中，充分发挥海关特殊监管区域统筹国际国内两个市场、两种资源的作用。

发挥要素集聚和辐射带动作用。服务"一带一路"、京津冀协同发展和长江经济带等重大国家战略实施，促进区域经济协调发展。

3）基本原则

坚持市场导向。充分发挥市场在资源配置中的决定性作用，尊重企业的主体地位，促进企业按照市场规律利用国际国内两个市场、两种资源，培育公平、开放、便利的市场环境。

坚持问题导向。抓住发展中存在的主要矛盾和突出问题，分类施策、综合协调、创新驱动，使海关特殊监管区域不断适应新的发展和需求。

坚持法治导向。建立健全与海关特殊监管区域发展要求相适应的法律法规体系，实现法治建设和创新发展相衔接，提升管理的制度化、规范化、科学化水平。

坚持效能导向。牢牢把握发展大势，坚持稳中求进，加快政府职能转变，优化指导和服务；建立保护知识产权、维护质量安全、促进守法便利、维护公平、奖优惩劣、互联互通的管理机制，为海关特殊监管区域发展营造更好的环境。

4）重点任务

创新制度。借鉴自由贸易试验区创新制度的成功经验，进一步优化作业流程，创新管理模式，提高管理效能，激发企业活力。

统一类型。统筹考虑不同地区经济发展特点和需求，因地制宜，加快存量整合。结合实施《推进"三个1亿人"城镇化实施方案》，支持中西部和东北地区符合条件的大中城市设立综合保税区。逐步统一各类海关特殊监管区域的监管模式，规范海关特殊监管区域政策。

拓展功能。在大力发展高端制造业的基础上，促进区内产业向研发、物流、销售、维修、再制造等产业链高端发展，提升附加值，促进新技术、新产品、新业态、新商业模式发展，促进海关特殊监管区域产业转型升级和多元化发展。

规范管理。切实落实好准入、退出机制，坚持按需设立，适度控制增量，整合优化存量，规范运行管理。严格执行土地管理政策，提高土地利用率和综合运营效益，对土地利用率低、运行效益差的，责令整改、核减面积或予以撤销。

（2）推进海关特殊监管区域整合

1）整合类型

逐步将现有出口加工区、保税物流园区、跨境工业区、保税港区及符合条件的保税区整合为综合保税区。新设立的海关特殊监管区域统一命名为综合保税区。

2）整合功能

逐步整合海关特殊监管区域保税功能，使其具有服务外向型经济发展和改革开放、连接国际国内两个市场、支持企业创新发展、满足产业多元化需求、发挥集约用地和要素集聚辐射带动作用等基本功能。

3）整合政策

规范、完善海关特殊监管区域税收政策，促进区内企业参与国际市场竞争，同时为其参与国内市场竞争创造公平的政策环境。

4）整合管理

逐步统一海关特殊监管区域信息化管理系统，统一监管模式。整合管理资源，加快完善管理部门间的合作机制，实现相关管理部门信息互换、监管互认、执法互助（以下称"三互"），加强事中事后监管。简化整合、新设海关特殊监管区域的审核和验收程序，提高行政效率。

（3）实现海关特殊监管区域优化

1）优化产业结构

鼓励辐射带动能力强的大型项目入区发展。引导加工贸易向中西部和东北地区转移，鼓励加工贸易企业向与当地产业结构相配套的海关特殊监管区域集中，延伸产业链，充分发挥海关特殊监管区域辐射带动作用。推动区内制造企业实现技术创新和产业转型，促进与制造业相关联的销售、结算、物流、检测、维修和研发等生产性服务业有序发展。在自由贸易试验区内的海关特殊监管区域积极推进内销选择性征收关税政策先行先试。

2）优化业务形态

促进海关特殊监管区域发展保税加工、保税物流和保税服务等多元化业务。支持区内企业利用剩余产能承接境内区外委托加工。促进企业提高统筹两个市场、利用两种资源能力，助推企业提升创新能力和核心竞争力。在中国（上海）自由贸易试验区、中国（福建）自由贸易试验区的海关特殊监管区域统筹研究推进货物状态分类监管试点。继续推进苏州、重庆贸易多元化试点。

3）优化贸易方式

鼓励区内企业开展高技术含量、高附加值项目的境内外维修、再制造业务。支持企业运用跨境电子商务开拓国际市场，按照公平竞争原则开展跨境电子商务进口业务。支持海关特殊监管区域企业开展期货保税交割和仓单质押融资等业务，允许在海关特殊监管区域内设立保税展示交易平台。支持开展融资租赁业务，对注册在中国（广东）自由贸易试验区、中国（天津）自由贸易试验区海关特殊监管区域内的融资租赁企业进出口飞机、船舶和海洋工程结构物等大型设备涉及跨关区的，在执行现行相关税收政策前提下，根据物流实际需要，实行海关异地委托监管。

4）优化监管服务

创新通关监管服务模式，深化"一线放开"、"二线安全高效管住"贸易便利化改革。落实"三互"推进大通关建设，创新监管查验机制。优化保税货物流转管理系统，实现海关特殊监管区域间保税货物流转便利化。加强口岸与海关特殊监管区域以及海关特殊监管区域间联动发展，将海关特殊监管区域纳入通关一体化格局。加快推广中国（上海）自由贸易试验区"单一窗口"建设试点经验。加快复制推广自由贸易试验区及海关特殊监管区域试点成熟的创新制度措施。

（4）实施步骤

近期目标（2015—2016年）：严格准入退出，推进简政放权，强化部门协作，创新监管制度，积极推动试点工作。

①按照《海关特殊监管区域设立审核办法》，严格新设审批，推动条件成熟的地区设立综合保税区。

②推动符合条件的各类海关特殊监管区域整合为综合保税区。

③落实《海关特殊监管区域退出管理办法》，对现有海关特殊监管区域开展复核评估，对土地节约集约利用及运行效益较差的，责令整改、核减面积或予以撤销。

④简化海关特殊监管区域整合、新设的审核和验收程序。

⑤加快信息化系统建设步伐，探索实现相关管理部门"三互"，加快推广中国（上海）自由贸易试验区"单一窗口"建设试点经验。

⑥在自由贸易试验区内的海关特殊监管区域积极推进内销选择性征收关税政策先行先试。

⑦扎实做好苏州、重庆贸易多元化试点工作，及时总结评估，适时研究扩大试点。

⑧研究制定方案，在中国（上海）自由贸易试验区、中国（福建）自由贸易试验区的海关特殊监管区域内统筹推进货物状态分类监管试点。

⑨按照公平竞争原则开展并扩大跨境电子商务进口业务。

⑩支持区内企业利用剩余产能承接境内区外委托加工。

⑪推广期货保税交割海关监管制度、境内外维修海关监管制度，在中国（广东）自由贸易试验区、中国（天津）自由贸易试验区试点融资租赁海关监管制度。

⑫推动口岸与海关特殊监管区域以及海关特殊监管区域间联动发展，将海关特殊监管区域纳入通关一体化格局。

中期目标（2017—2018年）：总结经验，制定相配套的管理办法，复制推广创新制度措施。

①在总结前期试点经验和成效的基础上，加快复制推广自由贸易试验区、海关特殊监管区域试点成熟的创新制度措施。

②将海关保税港区管理暂行办法修订为海关综合保税区管理办法。

③构建海关特殊监管区域发展绩效评估体系，引导海关特殊监管区域科学发展。

④建立健全与海关特殊监管区域发展要求相适应、相配套的制度体系。

远期目标（2019—2020年）：健全法制，完善政策，全面实现发展目标，促进海关特殊监管区域又好又快发展。

①按程序制定海关综合保税区管理条例。

②完善促进海关特殊监管区域科学发展的相关政策。

③按照国际化、法治化标准，不断培育海关特殊监管区域竞争新优势，努力将海关特殊监管区域打造为自由贸易试验区的重要载体。

④服务"一带一路"发展战略，推进跨国产业联动发展。建立与沿线国家海关特殊监管区域的常态化和务实性合作机制，共商合作规划、合作内容，开展海关制度、建设标准和数据交换等各领域的务实合作。

（5）组织保障

统筹推进海关特殊监管区域整合优化工作。海关总署要会同各有关部门做好业务指导和服务工作，及时督促检查并跟踪了解海关特殊监管区域整合优化工作进展情况；各有关部门要加强协作，密切配合，共同研究解决整合优化过程中出现的困难和问题。各省（区、市）人民政府要根据本方案和当地的实际情况，制定相应的实施方案，加强统筹，落实责任，稳妥推进相关工作，确保海关特殊监管区域整合优化取得实效。

4. 上海自贸区

中国（上海）自由贸易试验区（China（Shanghai）Pilot Free Trade Zone），简称上海自由贸易区或上海自贸区 [1]，是中国政府设立在上海的区域性自由贸易园区，位于浦东境内，属中国自由贸易区范畴。2013 年 9 月 29 日中国（上海）自由贸易试验区正式成立，面积 28.78 平方公里，涵盖上海市外高桥保税区、外高桥保税物流园区、洋山保税港区和上海浦东机场综合保税区等 4 个海关特殊监管区域。2014 年 12 月 28 日全国人大常务委员会授权国务院扩展中国（上海）自由贸易试验区区域，将面积扩展到 120.72 平方公里。

上海自由贸易试验区范围涵盖上海市外高桥保税区、外高桥保税物流园区、洋山保税港区和上海浦东机场综合保税区、金桥出口加工区、张江高科技园区和陆家嘴金融贸易区七个区域。

2013 年上海综保区将推进国际贸易结算中心、融资租赁、期货保税交割功能、扩大保税船舶登记试点规模、研究建立具有离岸特点的国际账户等十项功能先行先试，即深化国际贸易结算中心试点运作、融资租赁功能全面发展、以期货保税交割功能促进大宗商品产业集聚、扩大保税船舶登记试点规模、推动机场区港一体化迈出实质性步伐、做大洋山保税港区国际中转集拼业务、全面推进亚太营运商计划、探索"前店后库"联动模式、试点全球维修检测业务、研究建立具有离岸特点的国际账户。

中国（上海）自由贸易试验区是中国大陆境内第一个自由贸易区，是中国经济新的试验田，力争建设成为具有国际水准的投资贸易便利、货币兑换自由、监管高效便捷、法制环境规范的自由贸易试验区。上海自贸区的政策与经验强调复制性和推广性。

上海自贸试验区可复制改革试点经验，原则上，除涉及法律修订、上海国际金融中心建设事项外，能在其他地区推广的要尽快推广，能在全国范围内推广的要推广到全国。

（1）在全国范围内复制推广的改革事项

1）投资管理领域

外商投资广告企业项目备案制、涉税事项网上审批备案、税务登记号码网上自动赋码、网上自主办税、纳税信用管理的网上信用评级、组织机构代码实时赋码、企业标准备案管理制度创新、取消生产许可证委托加工备案、企业设立实行"单一窗口"等。

2）贸易便利化领域

全球维修产业检验检疫监管、中转货物产地来源证管理、检验检疫通关无纸化、第三方检验结果采信、出入境生物材料制品风险管理等。

3）金融领域

个人其他经常项下人民币结算业务、外商投资企业外汇资本金意愿结汇、银行办理大宗商品衍生品柜台交易涉及的结售汇业务、直接投资项下外汇登记及变更登记下放银行办理等。

4）服务业开放领域

允许融资租赁公司兼营与主营业务有关的商业保理业务、允许设立外商投资资信调查公司、允许设立股份制外资投资性公司、融资租赁公司设立子公司不设最低注册资本限制、允许内外资企业从事游戏游艺设备生产和销售等。

5）事中事后监管措施

社会信用体系、信息共享和综合执法制度、企业年度报告公示和经营异常名录制度、社会力量参与市场监督制度，以及各部门的专业监管制度。

（2）在全国其他海关特殊监管区域复制推广的改革事项

1）海关监管制度创新

期货保税交割海关监管制度、境内外维修海关监管制度、融资租赁海关监管制度等措施。

2）检验检疫制度创新

进口货物预检验、分线监督管理制度、动植物及其产品检疫审批负面清单管理等措施。

5. 关于改进口岸工作支持外贸发展的若干意见

口岸是国家对外开放的门户，是对外交往和经贸合作的桥梁，是国家安全的重要屏障。改革开放30多年来，口岸快速发展，对我国改革开放和现代化建设产生了广泛而深刻的影响。当前，我国改革进入攻坚期和深水区，经济发展进入新常态，对外开放步入新阶段，这些都对口岸工作提出了新的更高要求。为适应新形势新要求，推动外贸稳定增长和转型升级，促进经济平稳健康发展，按照党中央、国务院的决策部署，现就改进口岸工作、支持外贸发展提出如下意见：

（1）优化口岸服务，促进外贸稳定增长

1）加大简政放权力度

在现有基础上再取消下放一批涉及口岸通关及进出口环节的行政审批事项，全部取消非行政许可审批。建立规范口岸相关部门行政审批的管理制度。严格控制新设行政审批事项，不得违法设定或变相设定审批。明确审查标准，承诺办理时限，不得违法提高审批门槛、延长审批时限。健全完善行政审批制度改革配套管理制度，优化内部核批程序，减少审核环节，在改进服务、高效便民的同时做到放管结合，加强事中事后监管。研究探索实行联合审批、并联审批。尽快制定公布权力清单和责任清单。规范并发挥口岸相关行业协会作用，促进口岸通关中介服务市场健康发展。

2）改进口岸通关服务

加强口岸执法政务公开的系统性、及时性，进一步规范和公布通关作业时限。推进口岸监管方式创新，通过属地管理、前置服务、后续核查等方式将口岸通关现场非必要的执法作业前推后移，把口岸通关现场执法减到最低限度。对企业实施分类管理，拓宽企业集中申报、提前申报范围，支持企业扩大出口、增加进口。完善查验办法，增强查验针对性和有效性。提高非侵入、非干扰式检查检验比例。对查验没有问题的货物免除企业吊装、移位、仓储等费用，此类费用由中央财政负担。同时，加大对有问题企业的处罚力度。对"走出去"企业在国外生产加工的符合我国要求的产品进口，予以通关便利。

3）清理规范收费

坚决取缔进出口环节违规设立的行政事业性收费，进一步规范进出口环节经营服务性收费，切实减轻外贸企业负担。对依法合规设立的进出口环节行政事业性收费、政府性基金以及实施政府定价或指导价的经营服务性收费实行目录清单管理，未列入清单的一律按乱收费查处。对征收对象相同、计征方式相似、使用范围相近的收费项目予以归并，适当降低收费标准。厘清各类电子商务平台边界，属于政府投入的免费向社会开放，属于市场化增值服务的放开资质要求，鼓励多元化投入。清理整顿报关、报检、货代、船代、港口服务等环节收费，坚决取缔依托行政机关、依靠行政权力提供强制服务、不具备资质、只收费不服务的"红顶中介"。协调毗邻国家公布进出境环节各类收费的项目、标准和依据。

4）推进通关作业无纸化

优化报关单随附单证传输方式，提高企业申报效率，节约报关成本。加快推进税费电子数据联网进程，取消纸质税单，实现税单无纸化。进一步完

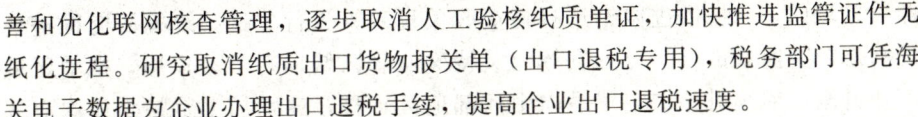

善和优化联网核查管理，逐步取消人工验核纸质单证，加快推进监管证件无纸化进程。研究取消纸质出口货物报关单（出口退税专用），税务部门可凭海关电子数据为企业办理出口退税手续，提高企业出口退税速度。

（2）加强口岸建设，推动外贸转型升级

1）加强口岸基础设施建设

以共享共用为目标，整合口岸监管设施资源和查验场地。尽快制定口岸查验设施建设标准。研究规范口岸查验设施建设、改造、运行维护等资金管理，进一步明确资金来源渠道，加大资金投入力度。规范国家对外开放口岸查验设施建设改造中央基建投资补助申请渠道。利用多种资金渠道，加强边境口岸改造及查验设施建设，改善边境口岸通行条件。统筹使用援外资金，对国际运输大通道所涉及毗邻国家口岸基础和查验设施建设的援助优先予以安排，确保我国与毗邻国家边境口岸通行能力相当以及跨境基础设施互联互通。

2）积极推进国际贸易"单一窗口"建设

依托电子口岸公共平台，推进国际贸易"单一窗口"建设，加快推进形成电子口岸跨部门共建、共管、共享机制。推动"单一窗口"共享数据标准化，完善和拓展"单一窗口"的应用功能，进一步优化口岸监管执法流程和通关流程。按照2015年底在沿海口岸、2017年在全国所有口岸建成"单一窗口"的目标，加快推广上海自贸试验区"单一窗口"建设试点经验，条件成熟的地区可探索建立与区域发展战略相适应的"单一窗口"。同时，加强风险分析和综合研判，推动监控指挥、全程可视化物流监控体系建设。推进出入境证件电子化，推广旅客自助式通关系统和车辆"一站式"电子验放系统。

3）支持新型贸易业态和平台发展

支持跨境电子商务综合试验区建设，建立和完善跨境电子商务通关管理系统和质量安全监管系统，为大众创业、万众创新提供更为宽松、便捷的发展环境，取得经验后，逐步扩大综合试点范围。加快出台促进跨境电子商务健康快速发展的指导意见，支持企业运用跨境电子商务开拓国际市场，按照公平竞争原则开展并扩大跨境电子商务进口业务。进一步完善相关政策，创新监管方式，扩大市场采购贸易试点范围，推动外贸综合服务企业加快发展，支持扩大外贸出口。

4）推进海关特殊监管区域制度创新

加强口岸与海关特殊监管区域联动发展，加快复制推广自贸试验区及海关特殊监管区域试点成熟的创新制度措施。规范、完善海关特殊监管区域税收政策，为区内企业参与国内市场创造公平竞争的政策环境。总结苏州、重庆贸易多元化试点经验，适时研究扩大试点。在上海自贸试验区的海关特殊监管区域内，积极推进内销选择性征收关税政策先行先试，统筹研究推进货物状态分类监管试点。充分发挥海关特殊监管区域辐射带动作用，推动区域产业升级，继续引导加工贸易向中西部地区转移，鼓励加工贸易企业向海关特殊监管区域集中。促进与加工贸易相关联的销售、结算、物流、检测、维修和研发等生产性服务业有序发展。

5）支持地方依托口岸发展经济

依托口岸优势，建设海关特殊监管区域、边境经济合作区、跨境经济合作区及现代物流园区等平台和载体，打造集综合加工、商贸流通、现代物流、文化旅游等于一体的口岸经济增长极。推进内陆与沿海沿边口岸之间的物流合作和联动发展，发展国际物流，构建集仓储、运输、加工为一体的现代物流体系。配合国家产业政策，增设整车、药品等进口口岸。在有条件的口岸支持建设检验检疫指定口岸。完善免税店政策，优化口岸免税店空间布局，促进免税业务健康发展。规范边民互市贸易，支持边境地区发展特色优势产业，促进边贸与产业互促互动。继续发挥边境贸易资源能源通道作用，支持边境贸易企业参与大宗资源能源产品经营。

（3）深化口岸协作，改善外贸发展环境

1）创新大通关协作机制和模式

统筹推进全国一体化通关改革，实现全国海关报关、征税、查验、放行通关全流程的一体化作业，推动检验检疫一体化，实现通报、通检、通放。在京津冀、长江经济带和广东地区区域通关一体化先行先试基础上，加快跨行政区域、跨部门口岸大通关建设步伐。建立健全中欧班列等便捷通关协作机制，创新多式联运监管体系。促进粤港澳口岸通关事务合作，加强口岸跨境重大基础设施建设项目的沟通协调，完善粤港、粤澳口岸联络协作机制，密切粤港澳人员和经贸往来。创新珠澳口岸查验机制和通关模式。

2）加强口岸执法协作

加快实现信息互换、监管互认、执法互助，扩大联合执法、联合查验范围。进一步优化监管执法流程，逐步由"串联执法"转为"并联执法"。在全面实施关检合作"三个一"（一次申报、一次查验、一次放行）的基础上，逐步向"单一窗口"转变，实现口岸相关部门信息共享共用。探索对进出境运输工具、货物实施"联合查验、一次放行"等通关新模式，减少重复查验。

3）促进与周边国家口岸互联互通

积极推动双边和多边口岸国际合作交流，加快加入国际便利运输公约等谈判进程，构建国际运输大通道多国跨区域口岸通关和便利运输协作机制。将边境口岸合作事务纳入与邻国签署的共建"一带一路"合作备忘录等协议，与毗邻国家围绕重点口岸开展合作。建立健全我国与毗邻国家口岸合作机制，加强双边在口岸对等设立、工作制度、安全防范、便利通关和基础设施建设等方面的沟通与协作。支持边境口岸地方政府、口岸查验机构与毗邻国家对应政府和机构开展交流协作，协调解决通关中存在的问题。选择部分条件较好的边境口岸开展查验监管模式创新的国际合作，研究实施"一地两检"、"绿色通道"、"联合监管"等措施，推动陆路边境口岸提升通行能力和通关效率。

4）保障口岸安全畅通

建立健全口岸突发事件应急联动机制和处置预案，明确任务分工，落实安全防控措施。加大对口岸查验及安防设备等硬件的投入，提高查验监管科技水平和疫病疫情防控能力。口岸查验各部门要加强联防联控，及时交换相关情报信息，推动在防控暴恐、应对突发事件、打击走私、打击骗退税、查处逃避检验检疫、反偷渡和制止不安全产品及假冒伪劣商品进出境等方面的合作，提高口岸整体安防管控水平，确保口岸运行安全、高效、畅通。

（4）扩大口岸开放，提升对外开放水平

1）扩大内陆地区口岸对外开放

完善"一带一路"内陆地区口岸支点布局，支持在国际铁路货物运输沿线主要站点和重要内河港口合理设立直接办理货物进出境手续的查验场所。支持内陆航空口岸增开国际客货运航线、航班。在符合条件的地方扩大旅客联程中转、口岸签证和过境免签政策试点口岸范围。发展江海、铁水、陆航等多式联运，允许运输工具、货物换装和集拼，实现多式联运一次申报、指运地（出境地）一次查验，对换装地不改变施封状态的予以直接放行，加快形成横贯东中西、联结南北方的对外经济贸易走廊。

2）加快沿边地区口岸开放步伐

将沿边重点开发开放试验区、边境经济合作区、跨境经济合作区建成与周边合作的重要平台，允许沿边重点口岸、边境城市、经济合作区在人员往来、加工物流、旅游等方面实施特殊方式和政策。有序推动边境口岸的对等设立和扩大开放，加快建设丝绸之路经济带重要开放门户和跨境通道。支持边境地区完善口岸功能，推进边境口岸城镇化建设，促进城镇、产业与口岸经济协同可持续发展。研究制定边民通道管理办法，规范云南、广西等省区边民通道管理，支持"一口岸多通道"监管模式创新。

3）提升沿海地区口岸开放水平

推进 21 世纪海上丝绸之路建设所涉港口对外开放，支持上海、广东、天津、福建等自贸试验区范围内港口、机场的开放和建设。统筹规划、有序开发利用沿海对外开放的港口码头和岸线资源，实现同一经济区域内口岸合理布局、错位发展、优势互补。按照长三角、珠三角、环渤海、北部湾等区域经济协同发展需求，在沿海地区形成若干具有较强国际竞争力的枢纽型水运、航空口岸和区域口岸集群。

（5）夯实口岸基础，提高服务经济社会发展能力

1）创新口岸开放管理机制

加强口岸运量统计、通关效率和发展状况监测分析，科学预测中远期客货运量，为口岸的开放布局、优化整合、投资建设等提供数据支撑。实施口岸动态管理，制定口岸准入退出管理办法，整合或关闭开放后长期无通关业务和业务量小、国家批准后长期不开放的口岸。推行口岸分级管理，根据口岸的功能定位、客货运量，探索实施国际枢纽口岸、国家重要口岸和地区普通口岸三级管理方式，在扩大开放、建设投入、功能扩展、通关模式和人力资源配置等方面实行差别化措施。优化整合、规范管理内陆无水港、监管点和车辆检查场等查验场所。

2）优化口岸开放工作流程

深入研究新形势下口岸的功能定位，科学论证经济社会发展对口岸工作的需求，准确评估全国口岸布局状况，研究制定国家"十三五"口岸发展规划。由省、自治区、直辖市人民政府按照国家口岸发展规划和口岸开放有关要求，按程序提出口岸开放申请，涉及口岸查验机构设置和人员编制、国家基建投资补助及军事设施保护措施等，统一由国家口岸管理部门会商中央编办、国务院相关部门和总参谋部研究确定。健全口岸开放审批会商机制，明确各环节办理时限，加强有关信息沟通，提高口岸开放审批效率。完善口岸开放验收的标准、条件和工作规程。完善临时开放口岸管理办法，根据需求适当延长临时开放期限。

3）优化口岸查验人力资源配置

按照"总量控制、动态调整"原则，健全查验机构设置、人员编制的调配机制，促进系统内编制的挖潜调剂与优化配置。进一步优化查验流程、整合内设机构，合理设置工作岗位，推行口岸查验机构扁平化管理模式，加大人员向执法一线倾斜力度。通过深化改革、简政放权、改进管理、创新监管，进一步提高查验机构工作效能。深入开展窗口建设、行风治理。以外树形象、内强素质为重点，加强队伍建设，努力打造文明、公正、廉洁的高素质口岸查验队伍。

4）完善通关法治体系建设

抓紧出台口岸工作条例。推动适时修订完善与口岸执法相关的法律法规。

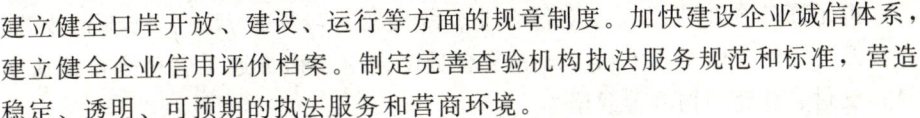

建立健全口岸开放、建设、运行等方面的规章制度。加快建设企业诚信体系，建立健全企业信用评价档案。制定完善查验机构执法服务规范和标准，营造稳定、透明、可预期的执法服务和营商环境。

（6）加强对口岸工作的组织领导

1）加强组织领导和工作协调

充分发挥国务院口岸工作部际联席会议制度的作用，协调解决全国口岸改革发展中的重大问题，研究确定并推进实施口岸重大改革方案和政策措施，推进口岸通关中各部门的协作配合。国务院口岸工作部际联席会议统一承担全国及各地方电子口岸建设业务指导和综合协调职责。国家口岸管理部门要加强政策研究和协调，会同有关部门制定联席会议工作规则，完善工作机制，加强督促落实。

2）强化地方政府责任

各省、自治区、直辖市人民政府要制定落实国家口岸发展规划的配套措施，结合本地实际进一步完善口岸工作制度，统筹规划口岸发展。县级以上地方人民政府要进一步加强对本地区口岸工作的领导，建立健全口岸工作综合协调机制，完善口岸基础设施，强化口岸综合治理，推进跨区域口岸合作和大通关建设，做好口岸服务保障工作，确保口岸安全高效运行。

6. 跨境电商

为做好跨境贸易电子商务（以下简称电子商务）进出境货物、物品监管工作，促进电子商务健康发展，海关总署就电子商务进出境货物、物品监管问题公告如下：

（1）监管要求

电子商务企业或个人通过经海关认可并且与海关联网的电子商务交易平台实现跨境交易进出境货物、物品的，按照本公告接受海关监管。

电子商务企业应提交"中华人民共和国海关跨境贸易电子商务进出境货物申报清单"（以下简称"货物清单"），采取"清单核放、汇总申报"方式办理电子商务进出境货物报关手续；个人应提交"中华人民共和国海关跨境贸易电子商务进出境物品申报清单"（以下简称"物品清单"），采取"清单核放"方式办理电子商务进出境物品报关手续。

"货物清单"、"物品清单"与"进出口货物报关单"等具有同等法律效力。

存放电子商务进出境货物、物品的海关监管场所的经营人，应向海关办理开展电子商务业务的备案手续，并接受海关监管。未办理备案手续的，不得开展电子商务业务。

电子商务企业或个人、支付企业、海关监管场所经营人、物流企业等，应按照规定通过电子商务通关服务平台适时向电子商务通关管理平台传送交易、支付、仓储和物流等数据。

（2）企业注册登记及备案管理

开展电子商务业务的企业，如需向海关办理报关业务，应按照海关对报关单位注册登记管理的相关规定，在海关办理注册登记。

上述企业需要变更注册登记信息、注销的，应按照注册登记管理的相关规定办理。

开展电子商务业务的海关监管场所经营人应建立完善的电子仓储管理系统，将电子仓储管理系统的底账数据通过电子商务通关服务平台与海关联网对接；电子商务交易平台应将平台交易电子底账数据通过电子商务通关服务平台与海关联网对接；电子商务企业、支付企业、物流企业应将电子商务进出境货物、物品交易原始数据通过电子商务通关服务平台与海关联网对接。

电子商务企业应将电子商务进出境货物、物品信息提前向海关备案，货物、物品信息应包括海关认可的货物 10 位海关商品编码及物品 8 位税号。

（3）电子商务进出境货物、物品通关管理

电子商务企业或个人、支付企业、物流企业应在电子商务进出境货物、物品申报前，分别向海关提交订单、支付、物流等信息。

电子商务企业或其代理人应在运载电子商务进境货物的运输工具申报进境之日起 14 日内，电子商务出境货物运抵海关监管场所后、装货 24 小时前，按照已向海关发送的订单、支付、物流等信息，如实填制"货物清单"，逐票办理货物通关手续。个人进出境物品，应由本人或其代理人如实填制"物品清单"，逐票办理物品通关手续。

除特殊情况外，"货物清单"、"物品清单"、"进出口货物报关单"应采取通关无纸化作业方式进行申报。

电子商务企业或其代理人应于每月 10 日前（当月 10 日是法定节假日或者法定休息日的，顺延至其后的第一个工作日，第 12 月的清单汇总应于当月最后一个工作日前完成），将上月结关的"货物清单"依据清单表头同一经营单位、同一运输方式、同一启运国/运抵国、同一进出境口岸，以及清单表体同一 10 位海关商品编码、同一申报计量单位、同一法定计量单位、同一币制规则进行归并，按照进、出境分别汇总形成"进出口货物报关单"向海关申报。

电子商务企业或其代理人未能按规定将"货物清单"汇总形成"进出口货物报关单"向海关申报的，海关将不再接受相关企业以"清单核放、汇总申报"方式办理电子商务进出境货物报关手续，直至其完成相应汇总申报工作。

电子商务企业在以"货物清单"方式办理申报手续时，应按照一般进出口货物有关规定办理征免税手续，并提交相关许可证件；在汇总形成"进出口货物报关单"向海关申报时，无需再次办理相关征免税手续及提交许可证件。

个人在以"物品清单"方式办理申报手续时，应按照进出境个人邮递物品有关规定办理征免税手续，属于进出境管制的物品，需提交相关部门的批准文件。

电子商务企业或个人修改或者撤销"货物清单"、"物品清单"，应参照现行海关进出口货物报关单修改或者撤销等有关规定办理，其中"货物清单"修改或者撤销后，对应的"进出口货物报关单"也应做相应修改或者撤销。

"进出口货物报关单"上的"进出口日期"以海关接受"进出口货物报关单"申报的日期为准。

电子商务进出境货物、物品放行后，电子商务企业应按有关规定接受海关开展后续监管。

（4）电子商务进出境货物、物品物流监控

电子商务进出境货物、物品的查验、放行均应在海关监管场所内完成。

海关监管场所经营人应通过已建立的电子仓储管理系统，对电子商务进出境货物、物品进行管理，并于每月10日前（当月10日是法定节假日或者法定休息日的，顺延至其后的第一个工作日）向海关传送上月进出海关监管场所的电子商务货物、物品总单和明细单等数据。

海关按规定对电子商务进出境货物、物品进行风险布控和查验。海关实施查验时，电子商务企业、个人、海关监管场所经营人应按照现行海关进出口货物查验等有关规定提供便利，电子商务企业或个人应到场或委托他人到场配合海关查验。

电子商务企业、物流企业、海关监管场所经营人发现涉嫌违规或走私行为的，应主动报告海关。

电子商务进出境货物、物品需转至其他海关监管场所验放的，应按照现行海关关于转关货物有关管理规定办理手续。

参考文献 ●

［1］杨鹏强．报关实务（第三版）［M］．北京：中国海关出版社，2011.

［2］报关基础知识．报关水平测试教材编写委员会［M］．北京：中国海关出版社，2015.

［3］报关业务技能．报关水平测试教材编写委员会［M］．北京：中国海关出版社，2015.

［4］进出口商品编码查询手册．报关水平测试教材编写委员会［M］．北京：中国海关出版社，2015.

［5］李齐．现代关税实务（第二版）［M］．北京：中国海关出版社，2012.

［6］报关职业全国统一教材编写组．报关职业全国统一教材（2015 版）［M］．北京：中国海关出版社，2015.

［7］进出口商品税则对照使用手册．全国海关进出口商品归类中心广州分中心广州市海通科技服务公司［M］．北京：中国海关出版社，2015.

［8］"关务通·电子口岸系列"编委会．电子口岸实务操作与技巧—通关篇（第二版）［M］．北京：中国海关出版社，2014.

［9］"关务通·电子口岸系列"编委会．电子口岸实用功能（第二版）［M］．北京：中国海关出版社，2014.

［10］"关务通·电子口岸系列"编委会．电子口岸实务精讲［M］．北京：中国海关出版社，2015.

［11］"关务通·电子口岸系列"编委会．电子口岸疑难解惑 800 例［M］．北京：中国海关出版社，2014.

［12］海关总署报关员资格考试教材编写委员会．报关员资格全国统一考试教材报（2013 年版）［M］．北京：中国海关出版社，2011.

［13］陈旭东．海关全面深化改革全图解［J］．中国海关，2015（1）：12—23.

［14］杨鹏强．国际贸易操作与核算［M］．北京：中国商务出版社，2015.

［15］祝卫，程洁，谈英．国际贸易操作能力实用教程［M］．上海：上海人民出版社，2013.

［16］中国海关部署 http：//www.customs.gov.cn/publish/portal0/

［17］中国商务部 http：//www. mofcom. gov. cn/

［18］国家质量监督检验检疫总局 http：//www. aqsiq. gov. cn/

［19］中国人民共和国深圳海关 http：//shenzhen. customs. gov. cn/publish/
　　　portal109/

书目介绍

乐 贸 系 列

书名	作者	定价	书号	出版时间
📖 跨境电商系列				
1. **118 问玩转速卖通——跨境电商海外淘金全攻略**	红鱼	38.00 元	978-7-5175-0095-7	2016 年 1 月第 1 版
📖 外贸职场高手系列				
1. **Mr. Hua 创业手记——从 0 到 1 的"华式"创业思维**	华超	45.00 元	978-7-5175-0089-6	2015 年 10 月第 1 版
2. **外贸会计上班记**	谭天	38.00 元	978-7-5175-0088-9	2015 年 10 月第 1 版
3. **JAC 外贸工具书——JAC 和他的外贸故事**	JAC	45.00 元	978-7-5175-0053-7	2015 年 7 月第 1 版
4. **外贸菜鸟成长记(0~3 岁)**	何嘉美	35.00 元	978-7-5175-0070-4	2015 年 6 月第 1 版
📖 外贸操作实务子系列				
1. **金牌外贸业务员找客户(第三版)——跨境电商时代开发客户的 9 种方法**	张劲松	40.00 元	978-7-5175-0098-8	2016 年 1 月第 3 版
2. **实用外贸技巧助你轻松拿订单(第二版)**	王陶(波锅涅)	30.00 元	978-7-5175-0072-8	2015 年 7 月第 2 版
3. **外贸全流程攻略——进出口经理跟单手记**	温伟雄	33.00 元	978-7-5175-0015-5	2014 年 5 月第 1 版
4. **出口营销实战(第三版)**	黄泰山	45.00 元	978-7-80165-932-3	2013 年 1 月第 3 版
5. **外贸实务疑难解惑 220 例**	张浩清	38.00 元	978-7-80165-853-1	2012 年 1 月第 1 版
6. **外贸高手客户成交技巧**	毅冰	35.00 元	978-7-80165-841-8	2012 年 1 月第 1 版
7. **外贸纠纷处理实务——案例与技巧**	熊志坚	35.00 元	978-7-80165-789-3	2011 年 1 月第 1 版
8. **报检七日通**	徐荣才 朱瑾瑜	22.00 元	978-7-80165-715-2	2010 年 8 月第 1 版
9. **外贸业务经理人手册(第 2 版)**	陈文培	39.00 元	978-7-80165-671-1	2010 年 1 月第 1 版
10. **外贸会计实务精要**	疏影	28.00 元	978-7-80165-633-9	2009 年 5 月第 1 版
11. **外贸实用工具手册**	本书编委会	32.00 元	978-7-80165-558-5	2009 年 1 月第 1 版
12. **外贸实务经验分享 33 例**	沱沱网中文站	28.00 元	978-7-80165-560-8	2009 年 1 月第 1 版
13. **外贸实务案例精华 80 篇**	刘德标 吴珊红	29.80 元	978-7-80165-561-5	2009 年 1 月第 1 版
14. **快乐外贸七讲**	朱芷萱	22.00 元	978-7-80165-373-4	2009 年 1 月第 1 版

书名	作者	定价	书号	出版时间

📖 通关实务子系列

书名	作者	定价	书号	出版时间
1. 外贸企业轻松应对海关估价	熊 斌 赖 芸 王卫宁	35.00 元	978-7-80165-895-1	2012 年 9 月第 1 版
2. 报关实务一本通（第 2 版）	苏州工业园区海关	35.00 元	978-7-80165-889-0	2012 年 8 月第 2 版
3. 如何通过原产地证尽享关税优惠	南京出入境检验检疫局	50.00 元	978-7-80165-614-8	2009 年 4 月第 3 版

📖 彻底搞懂子系列

书名	作者	定价	书号	出版时间
1. 彻底搞懂信用证（第二版）	王腾 曹红波	35.00 元	978-7-80165-840-1	2011 年 11 月第 2 版
2. 彻底搞懂中国自由贸易区优惠	刘德标 祖月	34.00 元	978-7-80165-762-6	2010 年 8 月第 1 版
3. 彻底搞懂贸易术语	陈 岩	33.00 元	978-7-80165-719-0	2010 年 2 月第 1 版
4. 彻底搞懂海运航线	唐丽敏	25.00 元	978-7-80165-644-5	2009 年 7 月第 1 版
5. 彻底搞懂提单	张敏 赵通	29.80 元	978-7-80165-602-5	2009 年 6 月第 1 版
6. 彻底搞懂关税	孙金彦	29.00 元	978-7-80165-618-6	2009 年 6 月第 1 版

📖 外贸英语实战子系列

书名	作者	定价	书号	出版时间
1. 十天搞定外贸函电	毅 冰	38.00 元	978-7-80165-898-2	2012 年 10 月第 1 版
2. 外贸高手的口语秘籍	李 凤	35.00 元	978-7-80165-838-8	2012 年 2 月第 1 版
3. 外贸英语函电实战	梁金水	25.00 元	978-7-80165-705-3	2010 年 1 月第 1 版
4. 外贸英语口语一本通	刘新法	29.00 元	978-7-80165-537-0	2008 年 8 月第 1 版
5. 英汉物流词汇精析——结合实务操作	应海新	68.00 元	978-7-80165-517-2	2008 年 5 月第 1 版

📖 外贸谈判子系列

书名	作者	定价	书号	出版时间
1. 外贸英语谈判实战（第二版）	王慧 仲颖	38.00 元	978-7-5175-0111-4	2016 年 3 月第 2 版
2. 外贸谈判策略与技巧	赵立民	26.00 元	978-7-80165-645-2	2009 年 7 月第 1 版

📖 国际商务往来子系列

书名	作者	定价	书号	出版时间
国际商务礼仪大讲堂	李嘉珊	26.00 元	978-7-80165-640-7	2009 年 12 月第 1 版

📖 贸易展会子系列

书名	作者	定价	书号	出版时间
外贸参展全攻略——如何有效参加 B2B 贸易商展（第三版）	钟景松	38.00 元	978-7-5175-0076-6	2015 年 8 月第 3 版

书名	作者	定价	书号	出版时间

📖 **区域市场开发子系列**

书名	作者	定价	书号	出版时间
中东市场开发实战	刘军 沈一强	28.00 元	978-7-80165-650-6	2009 年 9 月第 1 版

📖 **国际结算子系列**

书名	作者	定价	书号	出版时间
1. 国际结算函电实务	周红军 阎之大	40.00 元	978-7-80165-732-9	2010 年 5 月第 1 版
2. 出口商如何保障安全收汇 ——L/C、D/P、D/A、O/A 精讲	庄乐梅	85.00 元	978-7-80165-491-5	2008 年 5 月第 1 版

📖 **国际贸易金融工具子系列**

书名	作者	定价	书号	出版时间
1. 出口信用保险 ——操作流程与案例	中国出口信用 保险公司	35.00 元	978-7-80165-522-6	2008 年 5 月第 1 版
2. 福费廷	周红军	26.00 元	978-7-80165-451-9	2008 年 1 月第 1 版

📖 **加工贸易操作子系列**

书名	作者	定价	书号	出版时间
1. 加工贸易实务操作与技巧	熊 斌	35.00 元	978-7-80165-809-8	2011 年 4 月第 1 版
2. 加工贸易达人速成 ——操作案例与技巧	陈秋霞	28.00 元	978-7-80165-891-3	2012 年 7 月第 1 版

📖 **乐税子系列**

书名	作者	定价	书号	出版时间
1. 外贸企业免抵退税实务 ——经验·技巧分享	徐玉树 罗玉芳	45.00 元	978-7-5175-0135-0	2016 年 6 月第 1 版
2. 外贸会计账务处理实务 ——经验·技巧分享	徐玉树	38.00 元	978-7-80165-958-3	2013 年 8 月第 1 版
3. 生产企业免抵退税实务 ——经验·技巧分享(第二版)	徐玉树	42.00 元	978-7-80165-936-1	2013 年 2 月第 2 版
4. 外贸企业出口退(免)税常 见错误解析 100 例	周朝勇	49.80 元	978-7-80165-933-0	2013 年 2 月第 1 版
5. 生产企业出口退(免)税常 见错误解析 115 例	周朝勇	49.80 元	978-7-80165-901-9	2013 年 1 月第 1 版
6. 外汇核销指南	陈文培等	22.00 元	978-7-80165-824-1	2011 年 8 月第 1 版
7. 外贸企业出口退税操作手册	中国出口 退税咨询网	42.00 元	978-7-80165-818-0	2011 年 5 月第 1 版
8. 生产企业免抵退税从入门 到精通	中国出口退 税咨询网	98.00 元	978-7-80165-695-7	2010 年 1 月第 1 版
9. 出口涉税会计实务精要 (《外贸会计实务精要》 第 2 版)	龙博客 工作室	32.00 元	978-7-80165-660-5	2009 年 9 月第 2 版

📖 **专业报告子系列**

书名	作者	定价	书号	出版时间
1. 国际工程风险管理	张 燎	1980.00 元	978-7-80165-708-4	2010 年 1 月第 1 版
2. 涉外型企业海关事务 风险管理报告	《涉外型企业海关 事务风险管理 报告》研究小组	1980.00 元	978-7-80165-666-7	2009 年 10 月第 1 版

书名	作者	定价	书号	出版时间

外贸企业管理子系列

	作者	定价	书号	出版时间
1. 小企业做大外贸的制胜法则——职业外贸经理人带队伍手记	胡伟锋	35.00 元	978-7-5175-0071-1	2015 年 7 月第 1 版
2. 小企业做大外贸的四项修炼	胡伟锋	26.00 元	978-7-80165-673-5	2010 年 1 月第 1 版

国际贸易金融子系列

书名	作者	定价	书号	出版时间
1. 信用证风险防范与纠纷处理技巧	李道金	45.00 元	978-7-5175-0079-7	2015 年 10 月第 1 版
2. 国际贸易金融服务全程通（第二版）	郭党怀 张丽君 张贝	43.00 元	978-7-80165-864-7	2012 年 1 月第 2 版
3. 国际结算与贸易融资实务	李华根	42.00 元	978-7-80165-847-0	2011 年 12 月第 1 版

毅冰谈外贸子系列

书名	作者	定价	书号	出版时间
毅冰私房英语书——七天秀出外贸口语	毅冰	35.00 元	978-7-80165-965-1	2013 年 9 月第 1 版

"实用型"报关与国际货运专业教材

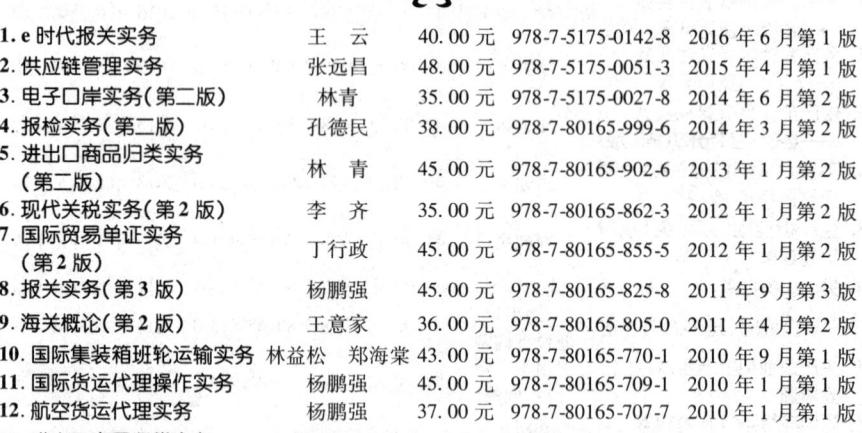

书名	作者	定价	书号	出版时间
1. e 时代报关实务	王云	40.00 元	978-7-5175-0142-8	2016 年 6 月第 1 版
2. 供应链管理实务	张远昌	48.00 元	978-7-5175-0051-3	2015 年 4 月第 1 版
3. 电子口岸实务（第二版）	林青	35.00 元	978-7-5175-0027-8	2014 年 6 月第 2 版
4. 报检实务（第二版）	孔德民	38.00 元	978-7-80165-999-6	2014 年 3 月第 2 版
5. 进出口商品归类实务（第二版）	林青	45.00 元	978-7-80165-902-6	2013 年 1 月第 2 版
6. 现代关税实务（第 2 版）	李齐	35.00 元	978-7-80165-862-3	2012 年 1 月第 2 版
7. 国际贸易单证实务（第 2 版）	丁行政	45.00 元	978-7-80165-855-5	2012 年 1 月第 2 版
8. 报关实务（第 3 版）	杨鹏强	45.00 元	978-7-80165-825-8	2011 年 9 月第 3 版
9. 海关概论（第 2 版）	王意家	36.00 元	978-7-80165-805-0	2011 年 4 月第 2 版
10. 国际集装箱班轮运输实务	林益松 郑海棠	43.00 元	978-7-80165-770-1	2010 年 9 月第 1 版
11. 国际货运代理操作实务	杨鹏强	45.00 元	978-7-80165-709-1	2010 年 1 月第 1 版
12. 航空货运代理实务	杨鹏强	37.00 元	978-7-80165-707-7	2010 年 1 月第 1 版
13. 进出口商品归类实务——实训题参考答案	林青	12.00 元	978-7-80165-692-6	2009 年 12 月第 1 版

"精讲型"国际贸易核心课程教材

书名	作者	定价	书号	出版时间
1. 海关法教程（第三版）	刘达芳	45.00 元	978-7-5175-0113-8	2016 年 4 月第 3 版

书名	作者	定价	书号	出版时间
2. 国际电子商务实务精讲 （第二版）	冯晓宁	45.00 元	978-7-5175-0092-6	2016 年 3 月第 2 版
3. 国际贸易单证精讲 （第 4 版）	田运银	45.00 元	978-7-5175-0058-2	2015 年 6 月第 4 版
4. 国际贸易操作实训精讲 （第 2 版）	田运银　胡少甫 史　理　朱东红	48.00 元	978-7-5175-0052-0	2015 年 2 月第 2 版
5. 国际贸易实务精讲 （第 6 版）	田运银	48.00 元	978-7-5175-0032-2	2014 年 8 月第 6 版
6. 进出口商品归类实务精讲	倪淑如 倪　波　田运银	48.00 元	978-7-5175-0016-2	2014 年 7 月第 1 版
7. 外贸单证实训精讲	龚玉和　齐朝阳	42.00 元	978-7-80165-937-8	2013 年 4 月第 1 版
8. 外贸英语函电实务精讲	傅龙海	42.00 元	978-7-80165-935-4	2013 年 2 月第 1 版
9. 国际结算实务精讲	庄乐梅　李　菁	49.80 元	978-7-80165-929-3	2013 年 1 月第 1 版
10. 报关实务精讲	孔德民	48.00 元	978-7-80165-886-9	2012 年 6 月第 1 版
11. 国际商务谈判实务精讲	王　慧　唐力忻	26.00 元	978-7-80165-826-5	2011 年 9 月第 1 版
12. 国际会展实务精讲	王重和	38.00 元	978-7-80165-807-4	2011 年 5 月第 1 版
13. 国际贸易实务疑难解答	田运银	20.00 元	978-7-80165-718-3	2010 年 9 月第 1 版
14. 集装箱运输系统与操作 实务精讲	田聿新　杨永志	38.00 元	978-7-80165-642-1	2009 年 7 月第 1 版
15. 国际货运代理实务精讲	杨占林	39.00 元	978-7-80165-636-0	2009 年 6 月第 1 版

"实用型"国际贸易课程教材

1. 国际金融实务	李　齐　唐晓林	48.00 元	978-7-5175-0134-3	2016 年 6 月第 1 版
2. 外贸跟单实务	罗　艳	48.00 元	978-7-80165-954-5	2013 年 8 月第 1 版
3. 国际贸易实务	丁行政　罗艳	48.00 元	978-7-80165-962-0	2013 年 8 月第 1 版

电子商务大讲堂·外贸培训专用

1. 外贸操作实务	本书编委会	30.00 元	978-7-80165-621-6	2009 年 5 月第 1 版
2. 网上外贸 ——如何高效获取订单	本书编委会	30.00 元	978-7-80165-620-9	2009 年 5 月第 1 版
3. 出口营销指南	本书编委会	30.00 元	978-7-80165-619-3	2009 年 5 月第 1 版
4. 外贸实战与技巧	本书编委会	30.00 元	978-7-80165-622-3	2009 年 5 月第 1 版

中小企业财会实务操作系列丛书

1. 小企业会计疑难解惑 300 例	刘华　刘方周	39.80 元	978-7-80165-845-6	2012 年 1 月第 1 版
2. 做顶尖成本会计应知应会 150 问	张　胜	38.00 元	978-7-80165-819-7	2011 年 8 月第 1 版
3. 会计实务操作一本通	吴虹雁	35.00 元	978-7-80165-751-0	2010 年 8 月第 1 版

教师反馈及课件申请表

为更有针对性地为广大教师服务,提升教学质量,在您确认将本书作为指定教材后,请您填好以下表格,并经系主任签字盖章后寄回,我们将免费为您提供相应教学资料。

书名/书号			
您所需要的教学资料	教学课件;配套习题(学习用书);配套习题精解(教师用书)		
您的姓名		E – mail	
院/校		系	
您所讲授的课程名称			
每学期学生人数	_____人 _____年级	学时	
您目前采用的教材	作者:_____ 出版社:_____ 书名:_____		
您准备何时用此书			
您的联系地址			
邮政编码		联系电话	
您对本书的建议:		系主任签字	
		盖章	

我们的联系方式:

地址:北京市朝阳区东四环南路甲 1 号 中国海关出版信息大厦 6 层

邮编:100023

联系人:胡佳辰

电话:010 – 65194242 – 7509

传真:010 – 65194234

电子邮件:jiachen_hu666@163.com